This is TRENDY HALF!

심우철
하프 모의고사

공시계를 선도하는
트렌디한
하프 콘텐츠

POINT 1. 2025 대비 신경향 하프

심우철 하프 모의고사는 2025 시험을 미리 볼 수 있는
신유형 문제들을 적극 반영하여 출제합니다.
시험 기조 변화로 혼란스러운 수험생에게
올바르고 효율적인 가이드라인을 제시할 것입니다.

POINT 2. 차원이 다른 고퀄리티 실전 문제

심우철 하프 모의고사는 심혈을 기울여 문제를 출제합니다.
실제 시험 출제 경험이 있는 교수, 토익 전문 강사 및 연구원,
수능 출판사 연구원, 그리고 심우철 선생님과 심슨영어연구소가
협업으로 만든 고퀄리티 실전 문제를 제공합니다.

POINT 3. 문제점 파악과 솔루션을 제공하는 강의

심우철 선생님의 하프 모의고사 강의는 특별합니다.
① 왜 틀렸는가? ② 무엇이 부족한가? ③ 어떻게 보완해야 하는가?
세 가지의 요소를 정확하게 짚어주는 클리닉 방식 수업입니다.

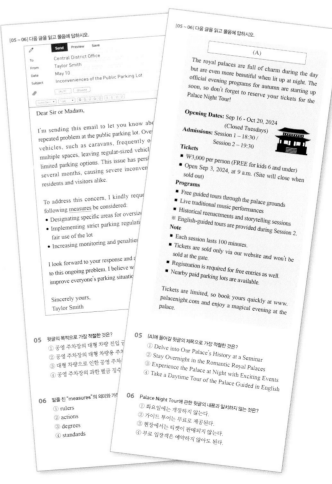

신유형이 적극 반영된 신경향 하프

2025 심우철

구문·문법·독해·생활영어 All in One 전략서

심슨 전략서

1 한 권으로 완벽 마스터하는 공시 영어 압축 요약서

심슨 전략서 한 권으로 구문·문법·독해·생활영어 전 영역 완벽 대비, 공시생들의 재도전, 초시생들의 기본서 복습 요약을 위한 압축서

2 심슨쌤만의 유일무이한 문제 풀이 전략

28년의 강의 노하우를 응축시킨 총 59가지 핵심 전략을 통해 심슨쌤만의 특별한 문제 풀이 비법과 스킬 전수

3 신경향, 신유형 완벽 반영

2025 출제 기조 전환 예시 문제를 철저하게 분석하여 교재에 완벽 반영, 새로운 경향에 맞추어 시험에 나오는 포인트들만을 엄선

4 풍부한 연습 문제

전략을 적용해 볼 수 있는 풍부한 연습 문제와 더불어 실전 감각까지 늘릴 수 있는 실전 모의고사 1회분 수록

5 상세한 해설

별도의 책으로 구성된 정답 및 해설서로 빠르게 정오답 확인 및 상세한 해설 파악

6 암기 노트

문법·어휘·생활영어 추가 학습을 위해 핸드북 형태로 암기 노트를 구성하여 시험 직전까지 핵심 문법 포인트/실무 중심 어휘/생활영어 표현 회독 연습 가능

하프 모의고사

Shimson_lab

2025 심우철 영어
하프 모의고사 시리즈

This is
TRENDY
HALF!

심우철 지음

Season 5

2025
신경향

커넥츠 공단기 gong.conects.com   심슨영어연구소 카페 cafe.naver.com/shimson2000

2025 심우철

하프
모의고사

This is
TRENDY
HALF!

심우철 지음

Season 5

Shimson_lab

**2025 심우철 영어
하프 모의고사 시리즈**

2025
신경향

📖 정답/해설 2p

[01 ~ 02] 밑줄 친 부분에 들어갈 말로 가장 적절한 것을 고르시오.

01

> She was offered a high-paying job overseas, but she was _____ to leave her family and friends behind, feeling unsure about the offer.

① eager
② relieved
③ reluctant
④ apathetic

02

> She had her computer _____ after it stopped working, making sure all the necessary updates were installed to prevent future issues.

① repair
② repaired
③ to repair
④ be repaired

03 밑줄 친 부분 중 어법상 옳지 않은 것은?

> Barbie is a very popular collectible item, ① attracting aficionados who are interested in both old Barbies and the special-edition Barbies ② that Mattel creates for this market. Although Barbie's sales since the year 2000 ③ have not raised as steeply as they ④ did in the 1990s, they still amount to more than a billion dollars annually.

04 밑줄 친 부분에 들어갈 말로 가장 적절한 것은?

> A: Hello, I would like to register my child's birth.
> B: Of course. Could you hand me your ID and the birth certificate?
> A: Sure, here you go.
> B: Thank you. Is this a copy of the certificate?
> A: Yes, I don't usually carry the original with me just in case I lose it.
> B: Unfortunately, _____.
> A: I should've checked beforehand. I'll come back with the original document then.
> B: Just make sure to complete the registration within a month of the birth.

① we can't proceed with a photocopy
② the certificate expired a month ago
③ you can't use a driver's license here
④ please fill out the form in front of you

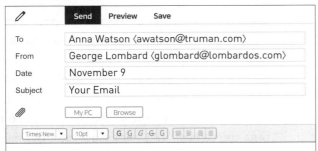

Dear Ms. Watson,

I read your email about the service you received when you visited my restaurant, Lombardo's, two nights ago. I truly regret that you were disappointed not only with the meal but also with the treatment you received by my staff.

According to your email, you were served food that you didn't order, and when your meal finally arrived, it was not prepared as requested. You also <u>remarked</u> that the waiter, Gordon Jefferson, was rude to you while you were dining. I've already spoken with him and the rest of the staff about this, and we are taking immediate steps to improve service. Mr. Jefferson has been instructed to adopt the proper behavior and polite attitude.

Please inform me the next time you intend to dine at Lombardo's. I'd like to offer you a complimentary meal.

Sincerely,

George Lombard
Owner, Lombardo's

05 윗글의 목적으로 가장 적절한 것은?

① To request feedback on the restaurant service
② To invite Ms. Watson to have lunch together
③ To provide an update on restaurant staffing
④ To apologize for a poor dining experience

06 밑줄 친 "remarked"의 의미와 가장 가까운 것은?

① rejected
② praised
③ mentioned
④ confused

07 다음 글의 내용과 일치하지 않는 것은?

The Alternative Education Commission

Founding
In 2008, Edward Morrison established the Alternative Education Commission (AEC). Since then, this organization, formed entirely by volunteers, has opened 23 offices in cities around the country, thereby providing countless youths with alternatives to traditional education.

Mission
The goal of the AEC is to expand education beyond the realm of the traditional classroom. The AEC provides people with alternative education choices, including homeschooling, distance learning, and online education. By providing people with the knowledge they require to select the learning method ideal for them, the AEC assists those who reject traditional learning for various reasons. The AEC's efforts have enabled young learners to improve themselves, and it strives to expand its operations to as many locations as possible.

① The people working at the AEC do not get paid.
② The AEC focuses its efforts on helping educate young people.
③ People learn about various types of learning from the AEC.
④ The AEC will no longer open new offices around the country.

Abandoned, unplugged oil wells in the U.S. are accelerating global warming not by producing fossil fuel, but by directly emitting greenhouse gases. According to a study cited by the Environmental Protection Agency (EPA), unplugged wells leak 280,000 metric tons of methane into the atmosphere each year — 5000 times more than plugged wells do. That amount of methane has roughly the same warming effect as the carbon dioxide emitted by all the power plants in Massachusetts in a year. David Wieland, regional organizer with the Western Organization of Resource Councils, said that just in Texas, there are more than 140,000 unused oil wells, many of which may have been abandoned.

① the consequences of reckless use of fossil fuel
② the impact of inactive industrial facilities on the environment
③ the necessity of development of sustainable resources
④ the conflict of opinions between eco-activists and entrepreneurs

Furthermore, bureaucracy has another big drawback: it limits capabilities of its employees.

Although bureaucracy claims to have a framework to organize things, there are a lot of paperwork, files, registrations and processes in a bureaucratic system. (①) This makes dealing with customers or consumers more troublesome, complex and problematic. (②) For example, if a consumer complains about a product or service, he requires immediate action on his complaint. He does not want to get caught up in filing procedures, structured hierarchy and complex systems. (③) Bureaucracy does not allow them to work beyond their designated responsibilities as the bureaucratic system believes in heavy compartmentalization and division of job responsibilities. (④) The rigid boundaries caused by the compartmentalization not only limit the personal growth and motivation of the employee, but also confine the overall productivity level of the organization.

Globalization, it turns out, was not one event or even a sequence of events: it is a process that has been slowly evolving for a very long time. The world did not abruptly become "flat" with the invention of the Internet, and commerce did not suddenly, at the end of the 20th century, become dominated by large corporations with worldwide reach. Beginning at the dawn of recorded history with high-value cargoes, then slowly expanding into less precious and more bulky and perishable goods, the markets of the Old World have gradually become more integrated. With the first European voyages to the New World, this process of global integration accelerated. Today's massive container ships, the Internet, and an increasingly globalized network are just further evolutionary steps in a process that has been going on for the past five thousand years. If we wish to understand today's rapidly shifting patterns of global trade, it serves us very well indeed to _____.

① examine what came before
② explore which goods are valuable
③ figure out how many are involved
④ pay attention to where they end up

[01 ~ 02] 밑줄 친 부분에 들어갈 말로 가장 적절한 것을 고르시오.

01

> After recognizing the limitations and inefficiencies of its outdated technology, the company decided to _____ it in favor of more modern and efficient solutions.

① abuse
② initiate
③ abandon
④ complete

02

> She made a(n) _____ remark, showing off how easy the exam was while many of her classmates struggled with it.

① modest
② common
③ arrogant
④ considerate

03 밑줄 친 부분 중 어법상 옳지 않은 것은?

> Last year, Tajikistan's government announced measures preventing people ① from crying loudly at funerals, a traditional way of mourning in Tajikistan. And officials have set restrictions on the amount of money that families can ② be spent on funerals and other family events. Concerned about ③ what they consider as religious extremism, officials have also tightened rules over Islamic organizations. The government already has rules for the length of men's facial hair, baby names and ④ how women tie their head coverings.

04 밑줄 친 부분에 들어갈 말로 가장 적절한 것은?

Josh
Hi, can I claim my travel expenses for the business trip last week?
11:38

Dan
Didn't you use the corporate card?
11:38

Josh
Actually, I couldn't. There was a restaurant that only accepted cash.
11:40

Dan
I see. Let me email you the necessary forms. Please fill them out and send them back to me.
11:41

Josh
I will. _____?
11:42

Dan
You should receive the amount you requested within 3 days of submitting the documents.
11:43

Josh
Okay. Thanks for letting me know.
11:44

① How long does the process take
② Where can I download the forms
③ What kind of expenses can I claim
④ Is it okay if I submit them by next week

(A)

Our town has seen incredible population growth of more than 30% in the past two years due to the new businesses moving into town. One negative impact is that locals have mentioned not even knowing the people living next door to them. Here's an opportunity to change that.

The town is hosting a special picnic next month. It will give people the opportunity to talk with new residents and to get to know them better.

Details
Date: Saturday, June 3
Time: 11:00 AM to 4:00 PM
Location: Stanton Park

* Please bring some food or beverages when you come. Appetizers, salads, entrées, soups, and desserts are welcome, and so are water, soda, and juice. The food will be shared with everyone.
* There will be plenty of fun games for the kids, including soccer, baseball, and volleyball.
* No reservations or attendance fees are necessary. Just show up.

---

05 (A)에 들어갈 윗글의 제목으로 가장 적절한 것은?
① Celebration of Stanton Park's Reopening
② Weekly Picnics to Be Held This Summer
③ School's Out: Have Fun with Your Kids
④ Your Chance to Meet Your Neighbors

06 윗글의 내용과 일치하지 않는 것은?
① 마을의 인구는 지난 2년 동안 증가해 왔다.
② 피크닉은 오전부터 오후까지 열릴 것이다.
③ 참석자는 다과를 가져와야 한다.
④ 스포츠에 참여하려면 미리 등록해야 한다.

---

07 다음 글의 요지로 가장 적절한 것은?

Agriculture is an inseparable part of our nation's history. The Rural Development Administration (RDA) was established to enhance farming and stabilize livelihoods, playing a key role in eradicating food shortages during the Green and White Revolutions in the 1970s and 1980s. Recently, the focus has shifted to advanced agricultural technologies and eco-friendly methods, aiming to transform agriculture into a multifaceted industry.

Milestones and Achievements
The RDA launched Tongil rice in the 1970s, achieving self-sufficiency in rice (Green Revolution). In the 1980s, it developed year-round greenhouse farming (White Revolution), supporting balanced nutrition. The 1990s saw the creation of high-quality rice varieties and pest management improvements. The 2000s focused on replacing import-dependent crops with domestic varieties and developing alternative heating technologies. Recently, efforts include advanced technologies like carbon reduction methods to enhance rural areas and make them a valuable focus for the entire nation.

① RDA was set up to promote the urbanization of rural areas.
② RDA is increasing crop imports to support the rural economy.
③ RDA has led rural development through agriculture innovation.
④ RDA's main goal is to strengthen traditional farming methods.

Hydrogen has always been attractive as an energy source because it stores about three times as much energy by weight as gasoline.

(A) This has made it difficult to develop hydrogen-fueled cars because people did not like to buy an expensive car that is difficult to fuel, and fueling stations are not going to invest in hydrogen unless there are a lot of hydrogen-car owners.

(B) Additionally, the atoms in hydrogen gas are so sparse that it is difficult to pack enough of them in a small space — such as a fuel tank — to do much good, and it can be highly flammable. Added to that — hydrogen fueling stations are not common, so fueling hydrogen-powered cars is logistically difficult.

(C) When it is used in a fuel cell to produce electricity, its by-products are water that is pure enough to drink, and heat that can be used for other purposes. But there is a downside: hydrogen is expensive and difficult to isolate.

① (A)−(C)−(B) ② (B)−(C)−(A)
③ (C)−(A)−(B) ④ (C)−(B)−(A)

Many inhabitants of large cities can't see the Milky Way from where they live, because of the brightness caused from lights in urban areas expending much of their energy — often uselessly — up into the sky. ① This isn't just a problem for amateur astronomers; observatories near urban areas are increasingly in danger of having their instruments made useless due to the glare from cities. ② For amateur astronomers, there's the additional problem of bright, glaring lights interfering with the eye's ability to adjust to the darkness — even in an area that is otherwise free of light pollution, a neighbour's all-night garage light can create problems. ③ The human eye is a wonderful instrument, but it can take a very long time to adjust to darkness. ④ The long-term solution for light pollution includes smarter lighting in urban areas, including the shielding of lights so that their wattage is not wasted upwards. In the short term, however, the best solution is often simply to get out of town, and to find areas near you where light pollution is low.

Public officials might impose administrative burdens, including reporting requirements, to acquire data that can be used for multiple purposes, and that might benefit the public a great deal. For example, officials might want to know whether people who receive employment training or funding to help them during a pandemic are actually benefiting from the relevant program. What do they do with that training or that funding? Administrative burdens might be essential to obtain answers to that question. Or suppose that the government is trying to reduce the spread of an infectious disease, to promote highway development, to monitor hazardous waste management, to ensure that pilots are properly certified and that airplanes are properly maintained, or to see how food safety programs are working. There might be complaints from those who receive information-collection requests about the administrative burdens, but they can be justified as a means of _____.

① preventing public officials from pursuing improper private interests
② ensuring access to important or even indispensable knowledge
③ developing creative solutions to complex problems
④ diversifying jobs that require skills and pay well

정답/해설 8p

[01 ~ 02] 밑줄 친 부분에 들어갈 말로 가장 적절한 것을 고르시오.

01

_____ in the workplace fosters creativity, as employees from different backgrounds bring unique ideas and perspectives.

① Diversity   ② Sensibility
③ Conformity   ④ Consistency

02

The principal as well as the teachers and students _____ about the upcoming school event and everyone is working together to ensure its success.

① excites   ② excited
③ is excited   ④ exciting

03 밑줄 친 부분 중 어법상 옳지 않은 것은?

Sometimes, we cannot help ① feel nervous in unfamiliar situations. However, facing those moments helps us ② grow. Whether it's speaking in public or ③ learning a new skill, nervousness is natural, but it shouldn't hold us back. By taking small steps and remaining ④ persistent, we can turn fear into confidence over time.

04 밑줄 친 부분에 들어갈 말로 가장 적절한 것은?

A: What are your plans after you resign?
B: I just want to take a break for a while.
A: But are you okay with not having any income during that period?
B: To be honest, I'm a bit worried about that. I might end up spending all my savings.
A: I think you might be eligible for unemployment benefits. Have you worked here for more than 180 days?
B: Yes, I have. _____?
A: The amount depends on your salary and employment period. You should check the government website for more details.

① What do I need to submit
② How much would I receive
③ Why did you decide to resign
④ Where can I claim the benefits

[05 ~ 06] 다음 글을 읽고 물음에 답하시오.

	Send	Preview	Save
To	Orlando Folsom (orlando_f@redmail.com)		
From	Customer Service (customerservice@racineelectricity.org)		
Date	November 27		
Subject	Important News		

My PC   Browse

Times New ▼   10pt ▼   G G G G G

Dear Mr. Folsom,

We at Racine Electricity have already sent you six notices by email, but you have responded to none of them. This is to inform you that your electricity bill for September, which was due on October 15, is now six weeks late. We request that you make the payment in full as soon as possible.

Your current address is listed as 98 Ashburn Lane. During the month of September, the electricity bill for that residence was $324.98. We have not yet received it. If you do not make the complete payment by December 10, electricity service to your home will be terminated. If you have a medical or financial issue or other similar problem that is preventing you from making the payment, you can contact us at (803) 555-9832 to discuss your options, including delayed payment.

Please respond to this email as soon as possible. Since you have never had a late payment in the past ten years, we are concerned and want to bring this to your attention.

Sincerely,

Customer Service
Racine Electricity

05 윗글의 목적으로 가장 적절한 것은?

① To inform about a customer's payment procedure
② To demand that the overdue payment be made
③ To inquire about a customer's current address
④ To respond to a question about electric service

06 윗글의 내용과 일치하지 않는 것은?

① Mr. Folsom has previously received multiple notices from the company.
② Electricity service will be ended if the payment is not made.
③ A customer with a medical problem can discuss postponing the payment.
④ Mr. Folsom has missed several payments in the last decade.

07 Good Eating 앱에 관한 다음 글의 내용과 일치하는 것은?

Good Eating × +

C www.goodeating.com/app ☆ ✦ ⊕ ◉ ⋯

MENU

Use the Good Eating's new app to Eat Properly

Good Eating, a nongovernmental organization dedicated to teaching people to eat properly and to prepare delicious, healthy meals, is pleased to announce its newest app. Called the Good Eating Meal Planner, it provides daily recipes for breakfast, lunch, and dinner. Users should just input their food preferences, and the app will provide a detailed meal plan. All recipes are easy to follow, require inexpensive and easy-to-find seasonal ingredients, and take no more than one hour to prepare and cook. This app is available for free to all paying members of Good Eating. Nonmembers must pay a fee of $20 a year to use the app. Download the app now for a free one-month trial.

① The app was created by the government.
② Users can submit recipes for others to try.
③ The app provides quick and easy recipes to use.
④ Everyone must pay a fee to use the app.

08 다음 글의 주제로 가장 적절한 것은?

People sometimes deny statements they previously made, especially if their words hurt or offended someone. For instance, someone might express a strong opinion but later claim they didn't mean it — or even insist they never said it at all. Interestingly, they may deny their earlier remarks with the same confidence as when they first made them. While this might seem dishonest, it usually stems from a desire to be viewed positively. When people realize their words have upset someone, they often feel regret and concern about how they are perceived. To address this, they might rephrase or soften their original statement, hoping to appear more considerate than their initial words suggest. Denying or altering comments is not always about avoiding blame — it is often motivated by a need to maintain a good image. In short, people revise their words not because they forgot or changed their mind, but because they care about how others see them.

① the role of empathy in handling conflict
② the motive behind altering past statements
③ lying as a way to overcome past emotional pain
④ unforeseen consequences of denying one's past words

09 주어진 문장이 들어갈 위치로 가장 적절한 것은?

This allowed them to create a new identity for themselves through the products they chose.

Media historian Michael Schudson has written that in modern societies people believe they can satisfy their social needs by buying and using mass-produced goods. (①) The late 1800s brought department stores that received new merchandise frequently and then sold it quickly, in contrast to the older dry-goods and clothing stores, which might receive new goods twice a year. (②) As people entered fast-growing cities and left behind traditional communities, consumer goods became a way to express who they were in a changing society. (③) For example, in the 1920s, people started to buy more ready-made clothes rather than sewing clothes for themselves. (④) This ready-made clothing, which they learned about through advertisements, allowed them to be fashionable and "modern" and to "put on" the identity that went with the clothes.

10 밑줄 친 부분에 들어갈 말로 가장 적절한 것은?

A major cause of excessive water use and waste is _____. Many water authorities charge a flat fee for water use and some charge even less for the largest users of water. For example, about one-fifth of all U.S. public water systems do not have water meters and charge a single low rate for almost unlimited use of high-quality water. Also, many apartment dwellers have little incentive to conserve water because water use is included in their rent. When Boulder, Colorado, introduced water meters, water use per person dropped by 40 percent. Researchers have found that each 10 percent increase in water prices cuts domestic water use by 3-7 percent.

① the illegitimacy of local water authorities
② the formality in the regulation system
③ the excessive installation of water meters
④ the underpricing of this precious resource

📋 정답/해설 10p

[01 ~ 02] 밑줄 친 부분에 들어갈 말로 가장 적절한 것을 고르시오.

01

He became _____ at coding after months of practice, and was able to develop software that met the needs of his clients with precision and creativity.

① deficient
② cautious
③ proficient
④ superficial

02

The manager encouraged the team to _____ their weaknesses rather than evade challenges or settle for what is easy.

① deny
② confront
③ retain
④ convince

03 밑줄 친 부분 중 어법상 옳지 않은 것은?

The early villages maintained harmony with nature. People relied ① <u>heavily</u> on the land, and villages could not grow so big as to overtake fertile land. As such, if numbers became too ② <u>great</u>, a new village would be established nearby utilizing other farmland. Advances in farming technology, however, ③ <u>allowing</u> smaller portions of land to cultivate more abundant crops. Further, improvements in transportation enabled foodstuffs to be shipped long distances and so villages did not have to ④ <u>be located</u> close to farmland.

04 밑줄 친 부분에 들어갈 말로 가장 적절한 것은?

 Delight Enterprises

Hi, this is Delight Enterprises. Just a quick reminder about your interview scheduled for next Wednesday at 3 P.M.

15:04

Sarah

I should've reached out earlier. Unfortunately, I think I'll have to turn down this opportunity.

15:06

 Delight Enterprises

_____ ?

15:07

Sarah

I've decided to accept an offer from another company that suits my current situation better.

15:07

 Delight Enterprises

I understand. Best of luck in your new role!

15:09

Sarah

Thank you so much for understanding.

15:10

① May I ask the reason for that decision
② Why don't we reschedule the interview
③ How can I apply for this position
④ Which company made that offer

(A)

The National Teachers' Association (NTA) will be hosting a special training program for local elementary school teachers during the summer vacation. The program will last for about two weeks, and classes will be held from 9:00 AM to 4:00 PM from Monday to Thursday. Teachers will be able to acquire new skills that will improve their classroom performance.

Date: August 1-11
Location: Harper Hall
Price: $450

* All local first to sixth grade teachers are <u>eligible</u> for the program. There are only 120 slots available, so make your reservations soon.
* Most schools will provide complete refunds on the price of the program, so speak with your principal before signing up.
* Teachers will learn the latest teaching methods, how to use the Internet when teaching, and tips on controlling classrooms. They will also participate in role-playing activities and do sample teaching.

Reservations: Call 9403-8332 to reserve a seat in the program.

05 (A)에 들어갈 윗글의 제목으로 가장 적절한 것은?

① Learn Effective Strategies for Online Teaching
② How to Become an Elementary School Teacher
③ Join the NTA and Enhance Your Performance
④ Improve Your Teaching Skills This Summer

06 밑줄 친 "eligible"의 의미와 가장 가까운 것은?

① skilled
② involved
③ qualified
④ interested

07 다음 글의 요지로 가장 적절한 것은?

Studies in human nature show us that people dislike others more after doing them harm. Please note that I did not say that we do harm to those whom we dislike, although this may be true. The point here is that when we do harm to another, either on purpose or by accident, we are unconsciously driven to dislike the person. This is an attempt to reduce dissonance. The internal conflict created is, "Why did I do this to this person?" The rationalization then becomes, "It must be because I really don't like him and he deserves it. Otherwise I would be a bad or careless person, and that cannot be so." This works in reverse as well. We like someone more after doing something nice for him or her. If we do someone a kindness, we are likely to have positive feelings toward that person.

① We tend to adjust our emotions to our actions for rationalization.
② Justifying irrational behavior only creates conflicts with others.
③ Stay away from harmful relationships for your mental health.
④ A little act of kindness will bring back greater kindness.

08 주어진 글 다음에 이어질 글의 순서로 가장 적절한 것은?

Shakespeare's metaphors are the paragon of creativity. "Love is a smoke made with the fume of sighs." "Adversity's sweet milk, philosophy." "There's daggers in men's smiles."

(A) At least that is how I interpret it. Poets have the gift of correlating seemingly unrelated words or concepts in manners that illuminate the world in new ways. They create unexpected analogies as a means of teaching higher-level structure.

(B) Such metaphors become obvious when you see them but they're very hard to invent, which is one reason why Shakespeare is regarded as a literary genius. To create such metaphors he had to see a succession of clever analogies.

(C) When he writes "There's daggers in men's smiles," he is not talking about daggers or smiles. Daggers are analogous to ill intent, and men's smiles are analogous to deceit. Two clever analogies in only five words.

① (A) − (C) − (B)　　② (B) − (A) − (C)
③ (B) − (C) − (A)　　④ (C) − (B) − (A)

Schools are full of curricula — that is, agreed upon sets of courses that constitute what the designers of curricula feel their students must learn in order to be deemed "qualified" in a given subject. ① The curriculum for French covers certain aspects of French language, culture and history, as deemed appropriate by the designers of that curriculum. ② The mathematics curriculum covers certain material in the third grade, certain parts of geometry in high school, and so on. ③ When colleges say they require four years of mathematics, they mean that they require study in certain particular aspects of mathematics, to be studied over the course of a certain number of years, with certain tests at the end. ④ Due to the fact that mathematics is used in nearly every scientific paper (anything with an equation or statistic), there is very little doubt about the scientific nature of mathematics. There is some variation in these curricula from school to school, of course, but not all that much, especially when standardized tests loom at the end.

The ancient Egyptians depended on the annual flooding of the Nile River to renew soil fertility. Each year, the river overflowed, leaving a layer of rich silt that made the otherwise dry land suitable for farming. To make the most of this process, they developed an irrigation system that followed the Nile's cycle. After flooding, they closed small canals to keep the soil moist and let nutrients settle. Once the timing was right, they drained the excess water back into the river and began planting. However, this reliance on the Nile came with risks. If the water was too low, irrigation in higher areas failed, leading to smaller harvests. If it flooded too much, it damaged canals, fields, and homes, delaying planting and reducing productivity. This unpredictability of the floodwaters often meant that a single year's flood could determine whether the Egyptians experienced _____.

*silt: 침니(물에 운반되어 침적된 쇄설물)

① peace or conflict
② innovation or tradition
③ progress or stagnation
④ abundance or scarcity

[01 ~ 02] 밑줄 친 부분에 들어갈 말로 가장 적절한 것을 고르시오.

01

She experienced _____ when applying for jobs, as companies overlooked her strong qualifications because they preferred younger candidates.

① equality
② prejudice
③ discipline
④ obligation

02

Actually _____ students find most challenging about online classes is staying focused without in-person interactions.

① what
② that
③ which
④ how

03 밑줄 친 부분 중 어법상 옳지 않은 것은?

The first national system ① was started in 1889 in Germany by Otto von Bismarck. ② Motivating by a desire to address a portion of the unhappy complaints of socialists, Bismarck set up the world's first system ③ that paid retirement benefits to an entire nation of workers. It already included many features still found in current systems, ④ including paying via income tax supplemented with employer and government contributions, as well as benefits for disabled workers.

04 밑줄 친 부분에 들어갈 말로 가장 적절한 것은?

A: Have you checked the new office policy?
B: No, what's going on?
A: We'll be working from home three days a week.
B: That sounds great! It'll be nice to have more flexibility and a better work-life balance. _____?
A: It starts next month. I'm really looking forward to it.
B: I couldn't agree with you more. Plus, not having to commute every day is going to be a game changer.

① Do you know who suggested this idea
② Is the policy going into effect right away
③ Does this apply to everyone in the office
④ Is it possible to adjust my working hours

[05 ~ 06] 다음 글을 읽고 물음에 답하시오.

To	Iris Lee 〈irislee@ptw.com〉
From	Marcus Grant 〈m_grant@ptw.com〉
Date	June 18
Subject	Time-sensitive Matter

Iris,

Jasmine Walsh at company headquarters called me with a proposal regarding you. She would like to offer you the promotion you applied for three months ago; however, should you accept it, you will be transferred to another office.

Ms. Walsh stated that a position for senior office manager just opened in our Hong Kong branch, and she believes you are ideal for filling it. You would be expected to start by July 1, so you don't have much time. I have attached a copy of the offer, which contains information about your salary, benefits, job duties, and expectations.

I know this is rather abrupt, but you must respond by the end of the week. That gives you two days to decide. I am available to discuss this matter with you should you require some advice. I look forward to hearing your response.

Best,
Marcus

05 윗글의 목적으로 가장 적절한 것은?
① 본사의 직원을 소개하려고
② 새로운 직책을 제안하려고
③ 계약 세부사항을 재협상하려고
④ 승진 신청이 시작된 것을 알리려고

06 밑줄 친 "abrupt"의 의미와 가장 가까운 것은?
① brief
② harsh
③ sudden
④ appealing

07 다음 글의 내용과 일치하지 않는 것은?

The National Health Initiative

In recent years, the number of unhealthy people has skyrocketed for various reasons. Now more than ever, people are suffering from issues such as chronic illnesses, mental health problems, obesity, and poor diets. The National Health Initiative (NHI) strives to improve people's health. First, it provides educational services by teaching people how to identify the various symptoms they are suffering from and how to improve their physical and mental health through eating a proper diet, engaging in physical exercise, and reducing their stress levels. The NHI additionally provides consultations through its national network of associate doctors, nurses, and health professionals. These individuals diagnose, treat, and assist patients suffering from problems and attempt to return them to good health.

① There has been an increase in health problems in recent years.
② People being overweight is a problem the NHI tries to solve.
③ The NHI attempts to instruct people on mental health.
④ Doctors and nurses are directly employed by the NHI.

08 다음 글의 제목으로 가장 적절한 것은?

While the modern West worries about its dependence on oil from the most politically unstable regions of the planet, the plight of ancient Mesopotamia was far worse. The flat, alluvial land between the rivers possessed only water and soil in excess, and so yielded an abundance of barley, emmer wheat, fish, and wool. This cradle of ancient civilization was, however, nearly completely devoid of the era's strategic materials: metals, large timbers, and even stone for building. The very survival of Mesopotamia's great nations — the Sumerians, Akkadians, Assyrians, and finally the Babylonians — relied on exchanging their surplus food for metals from Oman and the Sinai, granite and marble from Anatolia and Persia, and lumber from Lebanon.

*alluvial: (하천에 의해 퇴적되어 생긴) 충적토의

① Shortage of Raw Materials: The Major Reasons
② The Rise and Fall of Mesopotamian Empires
③ Trade for Survival in Ancient Mesopotamia
④ Oil: Humanity's Biggest Worries

09 주어진 문장이 들어갈 위치로 가장 적절한 것은?

However, this ignores the fact that some unemployment, called voluntary unemployment, is not genuine unemployment in the strictest sense.

Although it is clear that high employment is desirable, how high should it be? At what point can we say that the economy is at full employment? Many assume that full employment means no one is unemployed — that is, a zero percent unemployment rate. Consequently, even a 3% unemployment rate may seem to indicate that full employment has not been reached. (①) It can occur during a search for suitable employment. (②) For example, a worker who decides to look for a better job might be unemployed for a while during the job search. (③) Workers often decide to leave work temporarily to pursue other activities such as raising a family, traveling abroad, or returning to school. (④) When they decide to reenter the job market, it may take some time for them to find the right job.

10 밑줄 친 부분에 들어갈 말로 가장 적절한 것은?

A key currency refers to a currency which is stable, does not fluctuate much, and provides the foundation for exchange rates for international transactions, such as the U.S. dollar (USD), the Euro (EUR) and the British pound (GBP). Because key currencies usually come from countries that are financially strong, economically stable and developed, they tend to set the value of other currencies. Particularly, key currencies influence and impact the currencies of smaller or economically weaker nations. As a result, it is a monetary practice for those countries to try to adjust their exchange rates to _____ trading partners. In addition, in an effort to establish and maintain economic relations with the major advanced countries, nations that are devoid of such key currencies in Africa and in some parts of Asia utilize their own national currencies to buy the key currencies.

① developing
② dependent
③ domestic
④ dominant

📋 정답/해설 16p

[01 ~ 02] 밑줄 친 부분에 들어갈 말로 가장 적절한 것을 고르시오.

01

> She was found _____ on the floor due to the sudden shock, unable to move and respond to anyone around her.

① careless   ② confused
③ drowsy   ④ unconscious

02

> Even after years of neglect, the old manuscript was surprisingly _____, with its pages still legible and well-preserved.

① rigid   ② intact
③ artificial   ④ damaged

03 밑줄 친 부분 중 어법상 옳지 않은 것은?

> The establishment of cities involved a distancing of man from nature. Nomadic peoples avoided ① <u>devoting</u> energy and resources to establishing permanent things. Even in the early days of settlement, huts were not made of materials ② <u>that</u> would last. But cities were an artificial environment built to resist fire and inclement weather, and ③ <u>enduring</u> a very long time. Walls were created to keep invaders out, and irrigation systems ④ <u>were established</u> to control nature.

04 밑줄 친 부분에 들어갈 말로 가장 적절한 것은?

Jen
Hey Mike, is it okay if we add another person to the carpool?
17:09

Mike
We have one spot left at the moment. Who would be joining us?
17:12

Jen
It's our new team member, Daniel.
17:12

Mike
Okay, but we should consider our routes first. I'd rather not rush in the morning.
17:14

Jen
Don't worry about it. _____.
17:15

Mike
That will work then. I can pick you both up at the same time, same place.
17:18

① He will drive his own car instead
② His place is not that far from mine
③ Traffic isn't that bad during evening rush hour
④ We should probably leave earlier to make it on time

(A)

Many places in our community are in dire need of improvement, but the city lacks the funding to pay for everything. We, the members of Love Our City, provide assistance when the city is unable to act. We call upon local residents to help make our city better.

Join us at our next meeting:
Date: Sunday, August 19
Time: 5:00 PM – 7:00 PM
Location: Room 204, Duncan Community Center

Learn who we are and what we do at the meeting:
* We will talk about projects we have planned for this fall. They include removing fallen leaves from parks, renovating the local senior citizens' hall, and having a fundraiser to buy school supplies for unprivileged children.
* We will take suggestions from attendees on what projects to take on in the future.
* We will introduce new members to current ones and encourage them to become active in helping our community.

Call Beth Robertson at (502) 555-8732 for more information.

---

05 (A)에 들어갈 윗글의 제목으로 가장 적절한 것은?
① Find Out How to Make Your Community Better
② Protecting the Environment: A Call For Action
③ City in Danger of Running Out of Funds
④ Love Our City to Hold Fundraiser Soon

06 윗글의 내용과 일치하지 않는 것은?
① The city cannot pay to fix all problems.
② The members try to provide help in the city.
③ The group will vote on its fall activities.
④ Attendees can make suggestions to the group.

07 다음 글의 요지로 가장 적절한 것은?

The English vocabulary has increased greatly in more than 1,500 years of development. The most nearly complete dictionary of the language, the Oxford English Dictionary contains 500,000 words. It has been estimated, however, that the present English vocabulary consists of more than 1 million words, including slang and dialect expressions and scientific and technical terms. The English vocabulary is more extensive than that of any other language in the world, although some other languages — Chinese, for example — have a word-building capacity equal to that of English. Extensive, constant borrowing from every major language, especially from Latin, Greek, French, and the Scandinavian languages, and from numerous minor languages, accounts for the great number of words in the English vocabulary.

① Borrowing words from foreign languages enriched English.
② Dictionaries contributed to the development of English.
③ The practicality of Chinese exceeds that of English.
④ English has excluded informal expressions.

08 주어진 글 다음에 이어질 글의 순서로 가장 적절한 것은?

The visual abilities of birds and mammals differ because of events in the Jurassic, one hundred and fifty million years ago. At that time, the lineage that gave rise to modern birds split from the rest of the reptiles.

(A) But, unlike birds, our ancient mammal ancestors spent the Jurassic as nocturnal rat-like creatures. There was no need to distinguish colors so clearly for these night-dwelling animals.

(B) These ancient birds inherited the four color receptors of their reptilian ancestors. Early ancestors of mammals also evolved from reptiles with the same four color receptors, splitting away earlier than the birds.

(C) Hence, two of the four color receptors that the mammals' ancestors passed down to them were lost. To this day, most mammals have just two color receptors. Some primates, including those that gave rise to humans, later evolved a third.

① (B)−(A)−(C)　　　② (B)−(C)−(A)
③ (C)−(A)−(B)　　　④ (C)−(B)−(A)

While the transportation infrastructure may shape *where* we travel today, in the early eras of travel, it determined whether people could travel at all. ① The improvement of transportation was one of the most important factors in allowing modern tourism to develop on a large scale and become a part of our lives. ② Technological advances provided the basis for the explosive expansion of local, regional, and global transportation networks and made travel faster, easier, and cheaper. ③ This not only created new tourist-generating and tourist-receiving regions but also prompted a host of other changes in the tourism infrastructure, such as accommodations. ④ A better understanding of the tourism must be built within those public bodies responsible for transport policy and planning. As a result, the availability of transportation infrastructure and services has been considered a fundamental precondition for tourism.

In the debate over the death penalty, people often point to an important difference between a death sentence and a prison sentence. When a person is found guilty, British law allows for the possibility that new evidence may appear later which questions the verdict. If that happens, the verdict can be reviewed, and if necessary, the punishment can be overturned. However, once the death penalty is carried out, this option is no longer available. The punishment cannot be canceled because it cannot be undone. This fact is one of the main reasons why many people oppose the death penalty. In philosophical terms, the key idea behind their argument is that any judgement of guilt or any evidence presented in court is not always final. In other words, there is always a chance — even a small one — that a verdict could be changed if new or previously missed evidence is found. Given that such judgements are not final, it is therefore inappropriate to _____.
Such an action could only be justified if court decisions were never wrong.

① sentence someone to a punishment that cannot be reversed
② determine without philosophical evidence if someone is guilty
③ keep postponing the judgement on a crime committed by someone
④ use death penalty as a terror instrument against political opponents

📋 정답/해설 19p

[01 ~ 02] 밑줄 친 부분에 들어갈 말로 가장 적절한 것을 고르시오.

01

> Through hard work and incessant effort, she _____ her ideal position, becoming one of the top professionals in her field.

① attained   ② resigned
③ proposed   ④ refused

02

> I wish I _____ the opportunity to travel abroad when I was younger.

① take   ② took
③ have taken   ④ had taken

03 밑줄 친 부분 중 어법상 옳지 않은 것은?

> An introvert is someone who ① focuses inward on their own thoughts and emotions. In contrast, an extrovert is a person ② whom attention is directed toward other people and the outside world. The typical introvert is shy and tends to have difficulty ③ adjusting to social situations, while the extrovert is characterized by activity and the ability ④ to adapt quickly to a variety of situations.

04 밑줄 친 부분에 들어갈 말로 가장 적절한 것은?

> A: Hi, I need a copy of my resident registration certificate. How can I get one?
> B: Did you grab a number from the ticket machine?
> A: Yes, I already got one. But I'm in a bit of a hurry since I have to be back at work in 30 minutes. _____?
> B: I'm sorry, but we have to call the numbers in order. You'll need to wait your turn like everyone else.
> A: Alright, I understand. I'll just come back later when I have more time.

① Where is the ticket machine
② Do I have to bring my certificate
③ How many people are ahead of me
④ Is there any way I can be served first

[05 ~ 06] 다음 글을 읽고 물음에 답하시오.

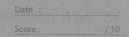

To	Eunmi Lee ⟨elee@watersinc.com⟩
From	Jaehyun Park ⟨j_park@gcc.org⟩
Date	August 12
Subject	Room Reservation

Dear Ms. Lee,

It was a real pleasure to speak to you over the phone yesterday. In addition, thank you for confirming the reservation of a room at the Gwanggyo Convention Center on August 30. I would, however, like to mention that there were a couple of details regarding what should be in the room for the seminar that I'm leading.

We need 70 chairs set up, not the 50 you mentioned in your email. In addition, there should be a podium at the front of the room. I will also require a screen and a microphone, as well as a way to hook up my laptop to the screen so that I can show some graphs and charts to the audience.

If you could confirm that everything will be prepared properly, I would appreciate it very much. I look forward to seeing you on the 30th.

Regards,
Jaehyun Park

05 윗글의 목적으로 가장 적절한 것은?

① To confirm the prices of various equipment
② To ask for a change to the current booking date
③ To request equipment preparation for the room
④ To make a room reservation at a convention center

06 밑줄 친 "set up"의 의미와 가장 가까운 것은?

① removed
② arranged
③ purchased
④ manufactured

07 Save the Whales에 관한 다음 글의 내용과 일치하는 것은?

Save the Whales

Founding

In 1977, Maris Sidenstecker, a fourteen-year-old, established Save the Whales out of concern about the possibility of whales going extinct. Its members have worked tirelessly for nearly fifty years to end whaling and to save as many whales as possible.

Mission

Save the Whales stresses educating people, particularly children, about whales, other marine mammals, and the ocean ecosystem. Its members believe education is integral to saving whales from extinction. Over the years, the organization has worked on numerous projects. Among them are preventing whales from being hunted and captured, stopping the U.S. Navy from detonating explosives in the water, which can harm whales, and rescuing whales, dolphins, porpoises, and other animals caught in fishing nets.

① It started when one whale species went extinct.
② Its members think action is better than education.
③ It has focused exclusively on just a few projects.
④ It helps marine animals besides whales.

08 다음 글의 주제로 가장 적절한 것은?

Almost a generation ago, the early software for computer aided design and manufacturing (CAD/CAM) spawned a style of smooth and curving lines and surfaces that gave visible form to the first digital age, and left an indelible mark on contemporary architecture. But today's digitally intelligent architecture no longer looks that way. In *The Second Digital Turn*, Mario Carpo explains that this is because the design professions are coming to terms with a new kind of digital tools — no longer tools for making but tools for thinking. Designers have been exploring the use of artificial intelligence and machine learning for some time. As a result, they are now creating physical shapes with the apparently unfathomable complexity that expresses a new form of artificial intelligence, outside the tradition of modern science and alien to the organic logic of our mind.

① the origin of modern architecture and its prospect
② the mechanism behind machine thinking and learning
③ software from the first digital age that is still used today
④ digitally intelligent architecture led by new tools for thinking

09 주어진 문장이 들어갈 위치로 가장 적절한 것은?

At the same time, mass education and media train humans to shy away from such low-tech manual work, to seek jobs working with digital techniques.

If we embrace technology, we need to confront its costs. Thousands of traditional livelihoods have been sidetracked by progress, and the lifestyles around those occupations have been eliminated. Hundreds of millions of humans today toil at jobs they hate, producing things they have no love for. (①) Sometimes these jobs cause physical pain, disability, or chronic disease. (②) Technology creates many new occupations that are indisputably dangerous (coal mining, for one). (③) Detaching the hands from the head puts a strain on the human psyche. (④) Indeed, the sedentary nature of the best-paying jobs is a health hazard — for body and mind.

10 밑줄 친 부분에 들어갈 말로 가장 적절한 것은?

We know that circumstances other than those in infancy and early childhood rarely persist throughout life. Autonomy and independence are almost inevitable as a stage of maturation, ultimately requiring the adoption of so-called adult responsibilities that call for a measure of initiative, decision-making, and action. Nevertheless, to the extent that the events of life have been and continue to be caring and giving, isn't it perhaps wisest to accept this good fortune and let matters be? This accommodating life philosophy has worked extremely well in sustaining and fostering those complex organisms that comprise the plant kingdom. Hence passivity, the yielding to environmental forces, may be in itself not only unproblematic, but where events and circumstances provide the pleasures of life and protect against their pains, positively adaptive. _____ seems a sound course; or as it is said, "If it ain't broke, don't fix it."

① Disrupting instead of maintaining the status quo
② Embracing and adjusting to the difficulties of life
③ Accepting rather than overturning a hospitable reality
④ Fostering autonomy by taking responsibility for your life

📖 정답/해설 22p

[01 ~ 02] 밑줄 친 부분에 들어갈 말로 가장 적절한 것을 고르시오.

01

> Noise pollution is _____ in urban areas where car horns, construction sounds, and loud conversations fill the streets.

① scarce
② prevalent
③ particular
④ insignificant

02

> After hearing both sides of the argument, the lawyer made the decision to _____, aiming to find a solution that was acceptable to everyone involved.

① reject
② defend
③ dismiss
④ mediate

03 밑줄 친 부분 중 어법상 옳지 않은 것은?

> *Popcorn* does not refer to the popped kernel alone. It's also the name for the specific type of corn that is used to ① making the snack. It was originally grown in Central America and became popular in the U.S. ② during the mid-1800s. ③ Compared with other snacks at the time, the popcorn snack was easy to make, and it ④ got even easier in 1885 when the mobile steam-powered popcorn maker was invented.

04 밑줄 친 부분에 들어갈 말로 가장 적절한 것은?

 Dongjak District Office
Hello, this is the Dongjak District Office. How can I assist you?
09:51

Sophie
Hi. The sidewalk in front of the station is frozen due to the heavy snowfall. I think this should be taken care of immediately.
09:52

 Dongjak District Office
Alright. May I ask the exact location?
09:52

Sophie
It's right in front of Exit 14 of Sadang station.
09:53

 Dongjak District Office
_____.
You may need to contact a different district office for assistance.
09:55

Sophie
Oh, I'm sorry. I must have reached out to the wrong place.
09:56

 Dongjak District Office
No worries. I will provide you with the contact number for Seocho District Office.
09:57

① Some of the roads need immediate attention
② I'm afraid we don't provide services for that area
③ It usually takes a few days to look into the matter
④ We will transfer your request to the right department

(A)

Would you like to remodel your home but lack enough money to pay a contractor? Why not do it yourself? If you don't have the skills, that's not a problem. Take our newest workshop and learn how to make your home special.

Haroldson Home Décor has been in business for 35 years. During that time, we've taught hundreds of people the secrets to fixing up their own places. Why not add your name to that list?

Date: Sunday, March 14
Time: 1:00 PM to 5:00 PM
Location: 93 Ridgeway Lane

Details
* The workshop will feature four 1-hour classes on various aspects of home improvement, including wallpapering and painting, door and window replacement, plumbing, and wiring.
* We provide all tools and equipment. Just bring a positive attitude.

Bookings: Call (305) 555-9143 to make a reservation. A fee of $75 will be charged.

05 (A)에 들어갈 윗글의 제목으로 가장 적절한 것은?

① Hire A Contractor For Home Renovation
② Learn to Transform the Interior of Your Home
③ Haroldson Home Décor Is Going out of Business
④ Get All the Tools You Need to Rebuild Your Home

06 윗글의 내용과 일치하지 않는 것은?

① The workshop will teach people how to improve their homes.
② Haroldson Home Décor will be the host of the special event.
③ The workshop is scheduled for a Sunday afternoon.
④ Attendees will focus exclusively on one of the four skills.

07 다음 글의 요지로 가장 적절한 것은?

By nature, we tend to speak our own love language. That is, we express love to others in the language that would make us feel loved. But if it is not their primary love language, it will not mean to them what it would mean to us. Let's say your older sister's primary love language is *service*, so she constantly finds creative ways to serve you. She gives you the biggest slice of pizza, carries your backpack for you, and stays up late to help you with your science fair project. Meanwhile, let's say your primary love language is *words*, so you send her encouraging messages and boast about her to your friends. You're both loving each other, but you're each speaking your own language. If you'd simply clean her car for her one day, that would mean more to her than all your words combined. The first step to connecting is to understand the love language of the person you love.

① The desire to be loved is universal among all of us.
② In love language, words do speak louder than actions.
③ You shouldn't show your love expecting it to be returned.
④ Love needs to be expressed in the other person's love language.

Natural climate changes may make conditions either better or worse for any particular human society, and may benefit one society while hurting another society.

(A) Should one then say that the collapse was caused by human environmental impact, or by climate change? Neither of those simple alternatives is correct. Instead, if the society hadn't already partly depleted its environmental resources, it might have survived the resource depletion caused by climate change.

(B) In many historical cases, a society that was depleting its environmental resources could absorb the losses as long as the climate was mild, but was then driven on the edge of collapse when the climate became drier, colder, hotter, wetter, or more variable.

(C) Conversely, it was able to survive its self-inflicted resource depletion until climate change produced further resource depletion. It was neither factor taken alone, but the combination of environmental impact and climate change, that proved fatal.

① (A)－(C)－(B) ② (B)－(A)－(C)
③ (B)－(C)－(A) ④ (C)－(B)－(A)

When we attend a funeral and are surrounded by others who have also known and shared the life of someone we love who has now passed away, we can feel the deceased's "spirit" within us. ① And, indeed, the patterns of activation of those trillions of neuronal connections within each of us at the memorial service may have similarities because of our parallel experiences with the deceased. ② As survivors, we attempt to deal with the loss by creating a sense of coherence with the loved one within the narratives we construct of our lives together. ③ The pain of loss may fade with time, but many people turn to religious faith to find comfort and meaning in their grief. ④ At such a memorial service, stories often will be told to "capture the life and the essence" of the person who has just died. This sharing of stories reflects the central importance of narratives in creating coherence in human life and connecting our minds to each other.

Neuroscientists have found that our parents' response to our attachment-seeking behaviors, especially during the first two years of our lives, _____.
If, as infants, we had healthy attachment interactions with an adjusted, available, and nurturing caregiver, we would be able to develop a sense of safety and trust. If our parents were able to respond to our calls for feeding and comfort most of the time, we would internalize the message that the world is a friendly place; when we are in need, someone will come and help us. We would also learn to calm ourselves in times of distress, and this forms our resilience as adults. If, in contrast, the message that we were given as an infant was that the world is unsafe and that people cannot be relied upon, it would affect our ability to withstand uncertainty, disappointments, and relationships' ups and downs.

① encodes our model of the world
② shows the underlying parental affection
③ influences our health conditions in infancy
④ triggers neurological disorders in our brains

정답/해설 25p

[01 ~ 02] 밑줄 친 부분에 들어갈 말로 가장 적절한 것을 고르시오.

01

> This charger is universally _____ with most smartphones, which eliminates the need to carry multiple charging cables when you travel.

① divergent　　　　② compatible

③ comparable　　　④ inappropriate

02

> No sooner had the scientists presented their innovative research than the academic community _____ to debate its validity.

① begin　　　　　② began

③ begins　　　　　④ beginning

03 밑줄 친 부분 중 어법상 옳지 않은 것은?

> Maury Wills was a record-making base stealer. In 1965, a year when he stole more bases than any other ① player in the major leagues, he also held the record for being caught stealing the most times. However, if Wills had allowed himself to become frustrated by his outs, he ② would have never set any records. Thomas Edison said, "I'm not discouraged because every wrong attempt ③ discarded is another step forward." Even though five thousand experiments do not work, the milestones on the road to success ④ is always the failures.

04 밑줄 친 부분에 들어갈 말로 가장 적절한 것은?

> A: Hey Mike. Just to remind you, we're having lunch today with our new team member.
> B: Yes, I remember. _____?
> A: That shouldn't be a problem. Is everything okay?
> B: I just found out I have a last-minute online meeting, so I need to prepare some materials urgently.
> A: I see. Take your time and let me know later when you're free. We can set up a different day then.
> B: Thank you for understanding. I'll get in touch with you soon.

① Is there something you'd like to eat

② Who will take part in today's meeting

③ Would it be okay if we go a bit earlier

④ Would you mind rescheduling for another day

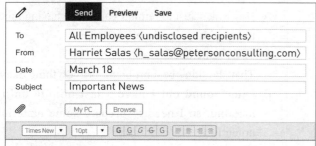

To everyone,

I have some important news that all of you must be made aware of immediately. The building manager has informed me that the elevator in our building is going to undergo inspection tomorrow starting at 9:00 in the morning. He mentioned that the work is expected to take at least four hours and could last for the entire day.

As we are located on the tenth floor and the building only has a single elevator, I suggest that everyone arrive for work a little earlier than our regular starting time tomorrow to avoid delays. If you usually go out for lunch, you may want to bring your own meal to avoid climbing up and down the stairs several times. Also, if you have meetings with clients scheduled for tomorrow, consider rescheduling them or switching to a virtual format to avoid any inconvenience.

If you have any questions, please let me know.

Regards,
Harriet

05 윗글의 목적으로 가장 적절한 것은?

① To arrange a lunch appointment with employees
② To warn employees not to use the elevator today
③ To provide an update about a building's elevator
④ To suggest meeting with clients the following day

06 밑줄 친 "inspection"의 의미와 가장 가까운 것은?

① breakdown
② examination
③ replacement
④ construction

07 다음 글의 내용과 일치하지 않는 것은?

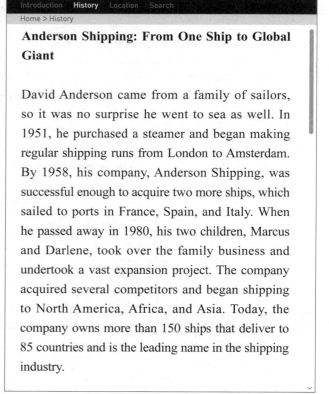

Anderson Shipping: From One Ship to Global Giant

David Anderson came from a family of sailors, so it was no surprise he went to sea as well. In 1951, he purchased a steamer and began making regular shipping runs from London to Amsterdam. By 1958, his company, Anderson Shipping, was successful enough to acquire two more ships, which sailed to ports in France, Spain, and Italy. When he passed away in 1980, his two children, Marcus and Darlene, took over the family business and undertook a vast expansion project. The company acquired several competitors and began shipping to North America, Africa, and Asia. Today, the company owns more than 150 ships that deliver to 85 countries and is the leading name in the shipping industry.

① David Anderson followed his family's path to the sea.
② By the late 1950s, Anderson Shipping expanded its routes with new ships.
③ Anderson Shipping started becoming much larger in 1980.
④ Anderson Shipping sails ships to more than 150 countries.

Water has a very high heat of vaporization, and when solar energy causes liquid water to evaporate from oceans and other bodies of water, this energy is held as latent heat in the water, vapor. When the vapor condenses to liquid, the heat is released warming the atmosphere and producing warmer air that rises. This effect can be powerful and, for instance, is the driving force behind the enormous energy from wind and air currents in hurricanes. Because of the angle at which the Earth receives energy from the Sun, solar heating is most intense at the equator. Water evaporated by this energy carries latent heat into the atmosphere and moisture-laden air moves away from the equator carrying energy with it. This energy is released when rain forms far from the equator and this phenomenon is responsible for much of the redistribution of energy around the globe.

*latent heat: 잠열

① water vapor as a global carrier of energy
② factors that cause quick water evaporation
③ effects of solar energy on global environment
④ modest roles of water vapor in climate formation

This trade-off made it possible for our species to have an enormous geographic range and to be dominant on the Earth.

Living in groups presents different challenges than living in a solitary or even paired fashion. Humans adopted group living as a survival strategy. (①) And to optimize success in this (social) environment, humans took on a host of adaptations (including physical traits and instinctual behaviors) and gave up adaptations suitable for solitary living. (②) Like snails carrying their physical environment with them on their backs, we carry our social environment of friends and groups with us wherever we go. (③) And surrounded by this protective social shell, we can then survive in an incredibly broad range of circumstances. (④) As a species, we have evolved to rely on friendship, cooperation, and social learning, even if those appealing qualities were born of the fire of competition and violence.

There is a moment at every movie, symphony, and lecture, right before the show starts, when the entire audience goes silent. All the conversations and rustlings stop, and everyone, at about the same time, falls into quiet anticipation for what is about to happen. This is called the hush over the crowd, but really it's the moment when the crowd itself first forms. The 200 unique people with different thoughts and ideas now become one single entity, joining together for the first time to give their unified attention to the front of the room. And the strange part is that the audience gives control over to the unknown. They have not seen the movie before. They haven't heard the lecture or seen the play. It's an act of respect and an act of hope — and it's amazing. There are only a few things in the world that can silence a room full of people, and _____ is one of them.

① the loss of control
② the expectation for hospitality
③ the removal of competition
④ the beginning of a performance

Date : .　.
Score : 　/ 10

📋 정답/해설 28p

[01 ~ 02] 밑줄 친 부분에 들어갈 말로 가장 적절한 것을 고르시오.

01

His action was considered a(n) _____ of the school rules, as he ignored the established regulations and disrupted the class.

① violation　　　　② principle

③ prohibition　　　④ observance

02

The journalist remained _____ throughout the interview, fairly presenting both sides of the argument without showing any personal preference.

① hostile　　　　　② neutral

③ passive　　　　　④ reckless

03 밑줄 친 부분 중 어법상 옳지 않은 것은?

Modern cities are not as ① <u>permanent</u> as they were designed to be and when the city grows to a point ② <u>which</u> its resources can no longer support its population, it is in danger. The disregard for nature that characterizes a city's growth can ultimately cause its ruin, as the ancient Romans might attest. Cities that have surpassed self-sufficiency ③ <u>do</u> not, however, simply stop ④ <u>growing</u>. Generally, they grow either by colonizing distant land or by continuing to spread into the countryside, making matters worse.

04 밑줄 친 부분에 들어갈 말로 가장 적절한 것은?

Jina

Eric, have you reviewed the proposals for our festival merchandise?

13:21

Eric

Yes, I just finished going through them. We've got T-shirts, eco-bags, and water bottles, right?

13:24

Jina

Right. All of them are affordable, and the designs are well-made.

13:25

Eric

I agree.

13:25

Jina

_____

13:27

Eric

I'd go with the water bottles. They're reusable, and people can carry them around during the event.

13:30

Jina

That makes sense. I'll note that down and check what the others think too.

13:32

① Is there any item you think we should leave out?

② Would you suggest any other item for the list?

③ What could be improved about the items?

④ Which do you think fits our event best?

(A)

The Clearmont Bakery has now been in business for thirty-three years thanks to the support of local residents. In honor of this, this week, we are featuring special offers as our way of saying thank you to everyone in the community.

Monday	20% off cookies
Tuesday	30% off cupcakes and muffins
Wednesday	Buy 1 loaf of bread, get another loaf free.
Thursday	40% off pretzels and bagels
Friday	50% off cakes
Saturday & Sunday	30% off everything in the store

We are also offering free delivery from Monday to Friday this week. There is no minimum order for delivery.

Stop by our store at 34 Central Avenue to join in on the fun. People who visit the store in person will receive free samples and coupons for later use. Those who prefer to shop online can visit us at www.clearmontbakery.com and enjoy special discounts only available online.

05 (A)에 들어갈 윗글의 제목으로 가장 적절한 것은?

① Clearmont Bakery Now Open for Business
② Special Bakery Sale for One Entire Month
③ Shop Online to Get the Following Discounts
④ Celebrate Our Anniversary with Special Offers

06 윗글의 내용과 일치하지 않는 것은?

① 베이커리는 영업한 지 30년이 넘었다.
② 가장 크게 할인되는 품목은 베이글이다.
③ 무료 배달 서비스는 평일 동안 가능하다.
④ 온라인 쇼핑객은 특별한 할인을 받을 수 있다.

07 다음 글의 요지로 가장 적절한 것은?

Landslides in South Korea primarily occur from June to October due to heavy rains during monsoon season and typhoons. The Landslide Control Division (LCD) provides important updates on landslide risks and guidelines, which residents should actively follow.

Early Signs of a Landslide:
• Ground rumbling and sudden water bursts from slopes
• Trees shaking or falling without wind
• Muddy water surging from stream sources
• Collapsing soil or rolling rocks on slopes

Guidelines for High Landslide Risk:
• Regularly update yourself with weather news via TV, internet, and smartphones.
• Check the Landslide Information System at sansatai.forest.go.kr for current conditions.

Post-Landslide Actions:
• Immediately report any trapped or injured individuals to authorities.
• Steer clear of the disaster area to avoid further landslides.
• Heed local administrative advice on returning home.

① LCD's primary goal is to enhance forest health and biodiversity.
② LCD supports reconstruction of landslide-prone areas.
③ LCD is devoted to long-term climate change studies.
④ LCD informs the public about landslide risks.

The Great Pacific Garbage Patch spans waters from the West Coast of North America to Japan. The patch is actually comprised of the Western Garbage Patch, located near Japan, and the Eastern Garbage Patch, located between Hawaii and California.

(A) This way, the amount of debris in the Great Pacific Garbage Patch accumulates. Moreover, plastics, which are not biodegradable, do not wear down; they simply break into tinier and tinier pieces.

(B) Imagine that a plastic bottle has just been discarded off the coast of California. After a long voyage, it will reach the Western Garbage Patch, across the vast Pacific. And finally, the gently rolling vortex of the Western Garbage Patch will draw it in.

(C) For this reason, the patches are almost entirely made up of those tiny bits of plastics, called microplastics. Microplastics can't always be seen by the naked eye. They simply make the water look like a cloudy soup.

① (A)－(B)－(C)　　　② (B)－(A)－(C)
③ (B)－(C)－(A)　　　④ (C)－(A)－(B)

If you injure yourself, your immune system triggers a chain of events to limit the damage. ① This occurs as part of our immune response, helping us to defeat bacterial infections that originate from the injury. ② While the immune response is crucial, problems arise when this normally helpful function overreacts or overstays its welcome. ③ Blood flow increases at the injury site, providing white blood cells that can wipe out any bacteria present and prevent infection. ④ Other proteins arrive to seal off the area and prevent germs from spreading. The skin feels warm because your body increases the metabolic rate in the damaged tissue to speed up healing.

Genetic variation within a species can result from a few different sources. Mutations, the changes in the sequences of genes in DNA, are one source of genetic variation. Another source is gene flow, or the movement of genes between different groups of organisms. Finally, genetic variation can be a result of sexual reproduction, which leads to the creation of new combinations of genes. Genetic variation in a group of organisms enables some organisms to survive better than others in the environment in which they live. Organisms of even a small population can differ strikingly in terms of how well-suited they are for life in a certain environment. An example would be moths of the same species with different-colored wings. Moths with wings similar to the color of tree bark are better able to camouflage themselves than moths of a different color. As a result, the tree-colored moths are more likely to _____.

① survive and pass on their genes
② become extinct due to poor reproduction
③ move away from existing habitats to find new ones
④ influence the proliferation of the same colored trees

[01 ~ 02] 밑줄 친 부분에 들어갈 말로 가장 적절한 것을 고르시오.

01

When submitting your application, please _____ your preferred interview dates and times in a clear and detailed manner so we can schedule accordingly.

① specify   ② neglect
③ assume   ④ conceal

02

John _____ the old batteries in the remote control earlier. It now takes much longer to change the channels, and the remote control has become inconvenient to use.

① must have replaced   ② will have replaced
③ might have replaced   ④ should have replaced

03 밑줄 친 부분 중 어법상 옳지 않은 것은?

In today's fast-paced and competitive society, many people are turning away from the constant pursuit of success and excitement. Instead, they are embracing a lifestyle ① known as Aboha, which ② means a very ordinary day. This trend values the simple, everyday moments that may seem insignificant at first. For example, enjoying a quiet cup of coffee in the morning, ③ takes a short walk after work, or reading a favorite book before bed—these are all part of the Aboha lifestyle. The trend reflects a growing desire to slow down and focus on ④ what truly matters.

04 밑줄 친 부분에 들어갈 말로 가장 적절한 것은?

A: Hi, I'd like to order a bouquet of flowers.
B: What kind of flowers do you have in mind?
A: Could you recommend something nice? It's a gift to celebrate my manager's promotion.
B: In that case, a mix of roses, lilies, and tulips would be a great choice. They're elegant and perfect for celebrations.
A: That sounds great. _____?
B: I can have it arranged by tomorrow morning. Just give us a call before you drop by.

① How much does it cost
② When will it be ready for pickup
③ How would you arrange the flowers
④ Do you offer any discounts for bulk orders

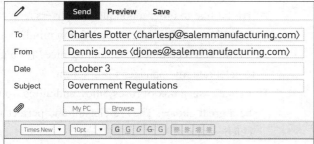

Charles,

The government just passed some new workplace regulations, and I need to inform you about one of them immediately. The reason is that it will have a direct effect on our operations. In addition, as the foreman of our factory, I'm counting on you to make sure this regulation is implemented at once.

As of today, all factories with 100 or more workers must carry out a fire drill at least once a month. This means that all machinery must be shut down and all workers evacuated from the site. The first drill we run must be recorded and sent to the government for observation.

I need you to organize a fire drill no later than this Friday. I understand it might be challenging, but we have to follow the regulations. Let's go over the details tomorrow, and you can let me know about your plans then. I'll also discuss the other relevant regulations with you at that time.

Regards,

Dennis Jones
Supervisor, Legal Department

05 윗글의 목적으로 가장 적절한 것은?

① 정부의 간섭에 대해 불평하려고
② 모든 기계의 가동 중단을 알리려고
③ 소방 훈련의 날짜를 바꿀 것을 요청하려고
④ 공장에 영향을 미칠 새로운 규정을 설명하려고

06 밑줄 친 "carry out"의 의미와 가장 가까운 것은?

① schedule
② conduct
③ prepare
④ behave

07 Goldwater Mall에 관한 다음 글의 내용과 일치하는 것은?

Check Out the Changes to the Goldwater Mall

After six months of intensive remodeling, the Goldwater Mall is ready to reopen. All 165 stores, including the movie theater and multiple restaurants, will be open for business on Saturday, October 1. The interior of the mall has been upgraded with numerous works of art beautifying the walls. The stores are more spacious and well-lit, too. Several escalators have been added throughout the complex, which will make it easier for visitors to move to different floors. Finally, a three-level underground parking lot has been added, thereby making driving to the mall much more comfortable than before. Be sure to drop by to see all of the improvements.

① It is opening for the first time on October 1.
② An art gallery has been added to it.
③ The lighting in the stores has been improved.
④ A three-story parking lot at ground level has been built next to it.

Farms, now, are becoming more like factories: tightly controlled operations for turning out reliable products, immune as far as possible from the vagaries of nature. Thanks to better understanding of DNA, the plants and animals raised on a farm are also tightly controlled. Precise genetic manipulation, known as "genome editing", makes it possible to change a crop or stock animal's genome down to the level of a single genetic "letter". Understanding a crop's DNA sequence also means that breeding itself can be made more precise. Such technological changes, in hardware, software and "liveware", are reaching beyond field, orchard and byre. Fish farming will also get a boost from them. And indoor horticulture, already the most controlled and precise type of agriculture, is about to become yet more so.

① The Origin of Genome Editing
② Decreased Productivity in Agriculture
③ The Advent of Genome-controlled Farms
④ Limitations of Latest Agricultural Technology

Under the system, commercial banks retain only a portion of total deposits, no more than 10 percent, in the form of cash reserve in their vaults.

Have you ever thought about an event where you could not take out money in your bank account at your discretion? It can happen, and has actually happened many times. When a bank is on the verge of becoming insolvent due to economic turmoil, all its depositors will run to the bank to secure their hard-earned savings and withdraw their deposits. (①) This phenomenon is called a bank run and is usually caused by people's fear of loss. (②) Another cause is fractional reserve banking, which is based on the presumption that not all depositors would want to withdraw their funds at the same time. (③) The rest are lent to borrowers or are used to invest in financial markets. (④) As a result, banks may not have enough money to cover all withdrawals at the time of bank runs.

Online activity promises to reshape patterns of social exclusion, by reshaping accessibility in space and time. Virtual mobility, via the Internet, is now emerging as a viable alternative to physical mobility as an accessibility technology, providing access to opportunities, services, social networks and other goods. Internet use can overcome space/time constraints, not only replacing existing travel, but also providing an additional means of access to activities from which people were previously excluded. However, for virtual mobility to reduce social exclusion, it must provide the same function as physical mobility or, at least, fill the accessibility gap that a lack of physical mobility leaves. In addition, it must avoid any negative social or mobility effects, which could worsen mobility-related exclusion, or social exclusion in general. If online activity were to increase barriers to access, those unable to overcome these barriers may _____.

① experience even greater social exclusion
② be fighting against unjust social exclusion
③ have difficulty in telling facts from fiction
④ embrace the lack of physical mobility

📋 정답/해설 34p

[01~02] 밑줄 친 부분에 들어갈 말로 가장 적절한 것을 고르시오.

01

Traditional film cameras were widely used for decades, but digital photography became more advanced and accessible, making film cameras nearly _____.

① modern
② obsolete
③ practical
④ innovative

02

The _____ from the long journey had settled in, and all he wanted was a comfortable bed to sleep in since the trip had drained his energy completely.

① fatigue
② vitality
③ patience
④ isolation

03 밑줄 친 부분 중 어법상 옳지 않은 것은?

Only after I moved to a new city ① <u>did I understand</u> the challenges of living away from home. The unfamiliar streets and the constant sense of being lost were so ② <u>overwhelmed</u> that I often felt like giving up. However, it was ③ <u>during</u> these tough times that I learned ④ <u>how important it is</u> to embrace change and adapt. Slowly, I found my way and grew stronger through the experience.

04 밑줄 친 부분에 들어갈 말로 가장 적절한 것은?

David

The election is just around the corner. Have you checked your designated voting place?

15:03

Joe

Yes. I'm supposed to vote at Noryangjin Community Center near my house, but I'm going to be out of town on election day.

15:05

David

Then what about early voting? It is open several days before the official day.

15:07

Joe

I'll be in another city at that time as well, so I still can't vote.

15:08

David

Don't worry, _____. During that period, you can vote anywhere regardless of your registered address.

15:09

Joe

That's really convenient! I'll do that then.

15:10

① find out if early voting is available in your town
② some voting places have different operating hours
③ it is allowed to have someone else vote on your behalf
④ look for the nearest voting station where you'll be staying

(A)

The experts at Jackson Consulting are proud to announce that we have a new seminar starting in October.

The seminar, which will be co-taught by Rudolph Kessler and Andrew McBain, will focus on how companies and stores can improve their online sales.

The schedule for October is as follows:

October 2	7:00 PM – 9:00 PM	Hope Convention Center
October 9	6:00 PM – 8:00 PM	Murphy Exhibition Hall
October 16	6:30 PM – 8:30 PM	City Hall
October 23	5:00 PM – 7:00 PM	Westland Community Center

* The instructors will answer inquiries for one hour after the conclusion of each seminar.

Attendees will learn to design appealing websites, to utilize online marketing, to create special offers on their websites, and to promote their goods and services overseas.

The cost of attending is $200 per person. Group discounts for 5 or more people are possible. Visit www.jacksonconsulting.com to make a booking.

05 (A)에 들어갈 윗글의 제목으로 가장 적절한 것은?
① Learn How to Expand Your Company Abroad
② Attend Our New Seminar Taking Place Online
③ Master the Effective Use of Social Media Advertising
④ Improve Your Business's Sales by Using the Internet

06 윗글의 내용과 일치하지 않는 것은?
① 새로운 세미나는 두 명의 강사가 진행할 것이다.
② 세미나는 10월에 네 곳에서 열릴 것이다.
③ 참석자들은 강습과 질의응답에 2시간을 할애할 것이다.
④ 일부 단체 참석자들은 1인당 200달러보다 적게 지불할 것이다.

07 다음 글의 요지로 가장 적절한 것은?

Why do we need to routinely have the oil changed in our automobiles? Why do we need to see our dentist twice a year? The simple answer to these questions is preventative maintenance. How many times have you heard of stories where people ignored the warning signs and adverse situations seemed to present themselves overnight? A friend of mine knew there was a nail in one of his front tires, but there didn't seem to be any obvious damage to the tire. He chose to ignore the nail until he found himself on the side of the highway with a flat tire. He later told me that before he experienced the embarrassment of having a flat, he "planned on getting it fixed when he had the time." Had he taken a few minutes to get the nail removed, he most likely would not have gotten a flat tire on that day. If we continually ignore the warning signs, there may be more than a tire that's at risk.

① In the event of an accident, it is desirable to remain calm.
② What seems like a warning sign is sometimes a false alarm.
③ Preventive actions are necessary to avoid potential problems.
④ Education on safety accident prevention should be mandatory.

> Traditional ethnographers described cultures that were expressed through communications among a few thousand persons.

> (A) In that same era, half the households in the United States — almost 100,000,000 people — watched the television miniseries *Roots*. The scale and scope of communication has increased greatly in the ensuing two decades. In this milieu, old-fashioned ethnography cannot do a complete job.
>
> (B) The population of the United States alone is 280,000,000 according to the 2000 census. Moreover, modern communications media make it possible for these vast numbers of people to share information instantaneously. Even as long ago as 1980, 150,000,000 people worldwide saw and simultaneously experienced the Super Bowl.
>
> (C) For example, Raymond Firth's classic study was conducted on Tikopia, a Pacific island with a population of 1,300 in 1929; even if everyone on the island communicated with everyone else, the total number of relationships would only have been about 845,000. By contrast, ethnographers who work in modern societies confront numbers of a vastly greater magnitude.

① (A)－(C)－(B)   ② (B)－(A)－(C)
③ (C)－(A)－(B)   ④ (C)－(B)－(A)

> Many psychologists working with disturbed people adopted the idea of "behavior shaping." Using this, a person becomes able to carry out an entirely new type of behavior by learning it a little at a time. This principle was very successful, for example, in helping a person with agoraphobia — a fear of open space. ① Rather than forcing him into dealing with the whole problem all at once, a psychologist would gradually help the person to build up his abilities, a little at a time. ② There are several theories about the causes of agoraphobia, ranging from biological and genetic to psychological and social factors. ③ He might begin, for example, by getting used to standing in the open doorway of his own home. ④ Once he could do this easily, then he might venture out for just one or two steps. Each time a little more would be added until eventually he could manage to deal with the outside world easily.

> One of the key contributions of critical theorists concerns the production of knowledge. Given that the transmission of knowledge is an integral activity in schools, critical scholars in the field of education have been especially concerned with how knowledge is produced. The scholars argue that a key element of social injustice involves the claim that particular knowledge is objective, neutral, and universal. An approach based on critical theory calls into question the idea that "objectivity" is desirable or even *possible*. The term used to describe this way of thinking about knowledge is that *knowledge is socially constructed*. When we refer to knowledge as socially constructed we mean that knowledge is reflective of the values and interests of those who produce it. This concept captures the understanding that all knowledge and all means of knowing _____.

① are far from being socially just
② are connected to a social context
③ are universal across time and culture
④ are derived from efforts of critical scholars

📋 정답/해설 37p

[01 ~ 02] 밑줄 친 부분에 들어갈 말로 가장 적절한 것을 고르시오.

01

As the early spring warmth started to melt the snow, the white landscape gradually _____, blending into the earth below.

① spread
② revealed
③ vanished
④ solidified

02

_____ during the match last month, he is unable to play in the final game he has eagerly anticipated.

① Injuring
② Being injured
③ Having injured
④ Having been injured

03 밑줄 친 부분 중 어법상 옳지 않은 것은?

All turtles ① lay their eggs on land, and none show parental care. In fact, although there appears to be uniformity, there is a diversity of reproductive behaviours, ecologies, and physiologies among turtles. The age ② at which turtles first reproduce ③ varies from only a few years to perhaps as many as 50, with small species typically ④ reach sexual maturity sooner.

04 밑줄 친 부분에 들어갈 말로 가장 적절한 것은?

A: Welcome to Wild Haven Zoo! How can I help you today?
B: Hi! I'd like to get tickets for my family — two adults and one child. How much would that be?
A: It's $10 for each person, so the total is $30.
B: Oh, I heard admission for children is free of charge.
A: _____. Everyone is required to pay the entrance fee now.
B: That's unfortunate. Are there any other discounts available?
A: We do offer a family pass for $80, which includes unlimited visits for a year and covers up to four people.
B: That sounds like a good deal. I'll think about it.

① I'm afraid that policy ended last year
② Discounts are not available for seniors
③ This is our first time visiting this place
④ Tickets can be purchased at the entrance

[05 ~ 06] 다음 글을 읽고 물음에 답하시오.

✏️	**Send**	Preview	Save

To	Carmen Dyson ⟨carmend@homemail.com⟩
From	Tammy Ernst ⟨tammy@rockwellbookclub.org⟩
Date	February 19
Subject	Book Club

📎 [My PC] [Browse]

Times New ▾ | 10pt ▾ | G G *G* G̲ G | ≡ ≡ ≡ ≡

Dear Ms. Dyson,

It was a pleasure to make your acquaintance at this week's book club meeting at the Rockwell Library. I would like to confirm that I received your bank transfer for the club membership, so you are now an official member. It is a real pleasure to have you as our newest member.

Our next meeting will be on Saturday, March 3, at 3PM, in the same room at the library. We will be reading the book you recommended, *Empty Waters* by Jason Hamels. Everyone is excited to read a genre few of us are familiar with. Since you know this work well, we hope you can lead the discussion.

Again, it was great to meet you, and all of the members of the club and I are looking forward to seeing you again at the next meeting in a couple of weeks.

Sincerely,
Tammy Ernst

05 윗글의 목적으로 가장 적절한 것은?
① 클럽 회비 납부를 요청하려고
② 클럽에 새로운 회원을 환영하려고
③ 다음 모임 날짜를 문의하려고
④ 다음 모임에 책을 제안하려고

06 윗글의 내용과 일치하는 것은?
① Ms. Dyson made a card payment to Ms. Ernst.
② The book club members will meet in the morning.
③ Every book club member knows *Empty Waters* well.
④ Ms. Dyson is expected to speak at the next meeting.

07 다음 글의 내용과 일치하지 않는 것은?

James Travis

James Travis is the biggest name in the thriller genre, and he will soon be releasing the fifteenth book in his *Chad Stalwart* series. The latest book, *One Week to Never*, features superspy Chad Stalwart in a race against time to avert a terrorist plot. The action starts in Hong Kong, goes to Australia, Egypt, Italy, and France, and finally ends up in England for the exciting conclusion. Travis includes his trademark action scenes and vivid prose, which are sure to enchant readers around the world. The *Chad Stalwart* series has sold more than 30 million copies and been translated into 23 foreign languages. The book will be released on July 3 and is available for preorder on this website.

① There are 14 books in the *Chad Stalwart* series so far.
② The action in the newest book takes place in 6 countries.
③ All editions worldwide are in the original language.
④ Readers can order the new book online before its release.

08 다음 글의 제목으로 가장 적절한 것은?

One way to offer a sense of quality and unity of design is to repeat a given detail throughout a house. It's very much like a musical theme performed and then followed by variations. For example, you might have an affection for a diamond shape. Think about using this thing as a subtle theme that threads and repeats through the design, reappearing in unexpected places. What if you walk in the front door and you see that diamond detail inlaid in the floor? Later, you walk into the kitchen and see the diamond shape repeated in the glass doors, and also in the windows, but here it might be smaller. Someone would have to be very observant to notice all the repetitions of the diamond motif the first time he or she is in the house, but eventually that person will. The presence of that repeated theme throughout the house will give it a sense of unity and completeness that a mass-produced house can never offer.

① The Art of Repetition for Achieving Unity in Design
② How To Avoid Boredom From the Repetition of Themes
③ The Mysterious Effects of Repetition on Music Perception
④ Preference for the Diamond Shape: A Universal Phenomenon

09 주어진 문장이 들어갈 위치로 가장 적절한 것은?

On the other hand, managers who were being left out of the promotion were continually waiting for someone to come along and tell them what to do.

In a study, researchers divided managers into two groups: those whose careers flattened out and those whose careers were moving upward at a rapid rate. They interviewed both groups to try to determine the differences that explained their relative levels of success and failure. (①) What they finally concluded was that it was not education, experience, background, or intelligence. (②) The critical difference between success and failure was the habit of doing things voluntarily. (③) Managers who were on the fast track were voluntarily trying new things in new areas. (④) Once they had been given clear instructions, they seemed to be quite competent at carrying out their responsibilities — but the idea of doing things voluntarily was unfamiliar to them.

10 밑줄 친 부분에 들어갈 말로 가장 적절한 것은?

Subtitle translation can be different from the translation of written text. Usually, during the process of creating subtitles for a film or television programme, the picture and each sentence of the audio are analyzed by the subtitle translator; also, the subtitle translator may or may not have access to a written transcript of the dialog. Especially in the field of commercial subtitles, the subtitle translator often interprets what is meant, rather than translating the manner in which the dialog is stated; that is, the meaning is more important than the form — the audience does not always appreciate this, as it can be frustrating for people who are familiar with some of the spoken language; spoken language may contain verbal padding or culturally implied meanings that _____. Also, the subtitle translator may condense the dialog to achieve an acceptable reading speed, whereby purpose is more important than form.

*padding: (글이나 말에 붙는) 군더더기

① may conflict with the images provided
② can make the process of creating subtitles easier
③ cannot be conveyed in the written subtitles
④ might offend someone from another culture

📋 정답/해설 40p

[01~02] 밑줄 친 부분에 들어갈 말로 가장 적절한 것을 고르시오.

01

> Instead of managing every detail himself, the manager decided to concentrate on high-level strategy and _____ the more routine tasks to his subordinates.

① withhold
② delegate
③ execute
④ exclude

02

> The artist used recycled materials to create a stunning piece of art; it was an _____ way to combine creativity with sustainability.

① ingenious
② insensitive
③ indigenous
④ inconsistent

03 밑줄 친 부분 중 어법상 옳지 않은 것은?

> Some species become so ① rare that there are doubts about ② if they will be able to survive in the wild. Under such circumstances, the species may ③ be brought into protective custody until areas can be made ④ suitable for their release back into the wild.

04 밑줄 친 부분에 들어갈 말로 가장 적절한 것은?

Mike
Don't you think delivery fees are getting more expensive these days?
17:01

Jane
I've noticed that too. That's why I started using a public delivery app operated by the city.
17:01

Mike
Did the city make a delivery app?
17:03

Jane
Yes. Since it's a public service, restaurants pay lower commission fees and customers can get discounts when they use local currency.
17:04

Mike
That sounds great! Can I use it anywhere?
17:05

Jane
_____.
17:06

Mike
Well, I hope it becomes more widely accessible soon.
17:07

① Not all areas provide this service yet
② The app is limited to some users only
③ It is only available during business hours
④ You need to sign up as a member to use this app

(A)

The race for mayor of our city is closer than ever. According to local surveys, candidates Shawn Murphy and Darlene Summers are in a statistical tie. With two weeks to go, anything can happen.

Mr. Murphy and Ms. Summers have already held two debates, but due to popular demand, they have both agreed to hold another one just one week before the election.

Date: Tuesday, October 30
Time: 7:30 PM – 8:30 PM
Location: Watertown Convention Center

All local residents are welcome to attend. Tickets are not required, but seating is limited to 500 people. Seats will be awarded on a first-come, first-served basis.

The topics covered in this debate will be the local economy and the city's infrastructure. The debate will be broadcast on Channel 10 for those who cannot attend in person.

Make sure to vote on Tuesday, November 6. Every vote counts.

---

05 (A)에 들어갈 윗글의 제목으로 가장 적절한 것은?

① Channel 10 Wins Rights to Air Debate
② See the Last Debate before the Election
③ An Opportunity to Meet the City's Mayor
④ Voting Begins for City's Mayoral Election

06 밑줄 친 "covered"의 의미와 가장 가까운 것은?

① discussed
② evaluated
③ announced
④ substituted

---

07 다음 글의 요지로 가장 적절한 것은?

When you need to feel more confident, pay attention to how you are dressed. When you feel that you look your best, you are more likely to carry yourself with more confidence. You will find it easier to get along with others and you won't be distracted by worrying about how you look. You don't have to spend a great deal of money on a new wardrobe, but you can make a few small changes that can help you to appear 'sharper.' Get a modern haircut, make sure your clothes fit you properly and in a flattering manner, invest in a few great accessories, and make sure you are pressed and polished.

① Outward appearances deceive many people.
② Beauty is not based on appearance alone.
③ Confidence comes from inner strength.
④ Dressing well improves confidence.

Because humanization involves recognizing others as thinking, feeling beings, humanizing work requires organizations to provide work that recognizes employees' thoughts and feelings.

(A) Leisure itself is a skill that robots can never master and, therefore, experiencing leisure whether through resting, listening to music, or simply letting one's mind drift enables people to feel "more than" automata.

(B) To avoid these experiences, organizations must provide work that engages employees' most distinctively human skills while providing sufficient leisure time to detach people's identities from their jobs.

(C) This means giving people meaningful and challenging work and compensating them sufficiently, but it also involves something more. It involves ensuring employees do not feel disposable, mechanical, or commoditized in the face of automation.

① (A)－(C)－(B)　　② (B)－(A)－(C)
③ (C)－(A)－(B)　　④ (C)－(B)－(A)

Scientists have traced the drive for evaluation to the center of our brains: the thalamus. Sitting on top of the brain stem, the thalamus connects to every part of the higher-thinking areas of the brain. ① It makes very basic judgments about whether you have encountered someone who is extremely good or bad even before information enters your formal thought processes. ② For example, if someone is smiling versus shouting at you, the thalamus decodes this valence — positive versus negative — and will react before you even understand what the person is saying. ③ Once the thalamus makes a positive-versus-negative judgment, it sends a call to the action centers of your body to prepare the muscles to approach or avoid. ④ For example, in threatening situations, signals can activate muscles even before the thalamus fully processes the danger. The thalamus then passes on its interpretation of positive or negative, along with the words being spoken, to the higher (and slower) thinking parts of the brain.

*thalamus: [해부] 시상(視床)

I have a friend who has extensive coaching experience with both boys and girls at the high school level. He said the girls made him a better coach for both. Initially concerned about not wanting to hurt the girls' feelings, he learned to use more constructive language and to say it in a gentler tone. He then discovered that the same technique made him more effective with the boys. He also found that girls, in general, were more aware that they were playing on the same team. They were less likely to criticize another player and more likely to give encouragement and to acknowledge outstanding plays. He felt that the atmosphere and the chemistry on his boys' teams improved significantly when he taught them _____.

① the belief in training methods
② the necessity of skill development
③ the importance of a teammate's words
④ the consequence of exposure to competition

정답/해설 43p

[01 ~ 02] 밑줄 친 부분에 들어갈 말로 가장 적절한 것을 고르시오.

01

> She had _____ time to finish her project before the deadline, which allowed her to focus on refining every detail and ensuring its quality.

① ample
② urgent
③ limited
④ uncertain

02

> If the warning signs _____ more seriously, the accident could have been prevented.

① had taken
② were taken
③ had been taken
④ would be taken

03 밑줄 친 부분 중 어법상 옳지 않은 것은?

> Traffic accidents have become familiar, but their cause and control ① remaining a serious problem today. This problem involves three factors: the driver, the roadway, and the vehicle. If all drivers made good judgments at all times, there would be few accidents. But this is like saying that if all people were honest, there ② would be no crime. Improved road design has helped to make highways ③ much safer. However, the number of accidents ④ continues to rise because of the rapid increase in the number of automobiles on the road.

04 밑줄 친 부분에 들어갈 말로 가장 적절한 것은?

> A: What do you feel like having for lunch today?
> B: I'm not sure. I'm getting a bit tired of heavy meals.
> A: Same here. I'd rather go for something light, like a salad.
> B: I wish there were more places nearby that offer healthier options. It'd be nice to have a variety of choices.
> A: Speaking of which, _____.
> B: That's great news! Finally we'll have a place to grab a fresh and nutritious meal. When does it open?
> A: I heard it's next month. Let's stop by once they're open for business.

① let's try a different menu sometime
② a coworking space is set to open soon
③ I think we should prepare our own salad
④ there's one being built next to our office

[05 ~ 06] 다음 글을 읽고 물음에 답하시오.

| ✎ | **Send** | Preview | Save |

To	Customer Service ⟨customerservice@georgetownpostoffice.gov⟩
From	Darren McDonald ⟨darrenmcdonald@mtp.com⟩
Date	April 11
Subject	Regarding Mail Service
📎	Form_1

To Whom It May Concern,

My name is Darren McDonald, and I currently reside at 94 West Avenue in Georgetown. I have been highly satisfied with the service I have received from you and this time, I hope you can assist me with an important request. I would like to request that mail service to my home address be suspended for two weeks.

I will be departing the country on business on April 20 and will return to my home on May 4. During that time, I kindly ask that you hold all of my mail. I have attached a form which I downloaded from your website. It contains all of the information that you require to suspend mail service on a temporary basis.

If there are any problems with the form, I would like to be informed as soon as possible. I will be very busy prior to my departure and may require a couple of days in order to comply with any requests that you make of me.

Sincerely,
Darren McDonald

05 윗글의 목적으로 가장 적절한 것은?
① To complain about delayed mail delivery
② To change the delivery address temporarily
③ To ask that mail not be delivered for a time
④ To describe a problem with a document on a website

06 밑줄 친 "attached"의 의미와 가장 가까운 것은?
① included
② approved
③ submitted
④ completed

07 다음 글의 내용과 일치하는 것은?

Distance Learning Opportunities

In accordance with the wishes of the student body, Bayside University has decided to implement a distance learning program. Students will be able to learn and receive a degree without setting foot on the campus for the most part. Distance learning courses will be primarily offered online although some professors will be teaching correspondence courses requiring students to submit work by sending it through the post office. There will be synchronous courses in which students must watch real-time lectures while the majority will be asynchronous courses that students can complete at their own pace. Some classes, such as engineering and science classes, may require students to work in a laboratory or to attend a one-week workshop on campus.

① Bayside University already offers online courses.
② All courses in distance learning are online only.
③ Most distance learning courses will be synchronous.
④ Students may need special facilities for some courses.

08 다음 글의 제목으로 가장 적절한 것은?

The fork was introduced to Europe in the 10th century by Theophanu Byzantine, the wife of Emperor Otto II. It made its way to Italy by the 11th century and had become popular amongst merchants by the 14th. Although forks soon became a familiar sight all over Europe, they were long frowned upon north of the Alps. While our European cousins were tucking in with their new eating irons, the British simply laughed at this 'feminine affectation' of the Italians. British men would eat with their fingers and be proud! What's more, even the church was against the use of forks. Some writers for the Roman Catholic Church declared it an excessive delicacy, saying that God in his wisdom had provided us with natural forks in our fingers, and it would be an insult to him to substitute these metallic devices for them.

① Differences in the Way Fork Was Accepted in Europe
② What Kept Roman Catholic Priests Away From Fork
③ The Time Fork Was First Introduced to Europe
④ The Way Fork Became Symbol of Femininity

09 주어진 문장이 들어갈 위치로 가장 적절한 것은?

So when the rural dwellers are offered complete ownership of their fields, usually in return for a reasonable tax based on what they can produce, they are hardly likely to refuse.

A family-based peasantry is created when the agricultural population is given inheritance rights so that the family as a unit owns the land. (①) Previously families had usually enjoyed very insecure or shared rights, either as members of a larger village community which redistributed use rights from time to time, or by holding an insecure tenure granted by large landholders. (②) Both of these systems have grave disadvantages for the family. (③) They leave it vulnerable to the tendency for any hardworking person to find that he or she is supporting lazier fellow villagers, or at the mercy of the landlord's whim. (④) They now own the property and can pass it on safely to their children, who are, in fact, co-owners from birth. The system is often productive and there is likely to be a noticeable improvement in yields.

10 밑줄 친 부분에 들어갈 말로 가장 적절한 것은?

Economist and Nobel Prize-winner Milton Friedman is best known as a firm defender of the free market economy. Even more than Adam Smith, who had doubts, Friedman believed that the invisible hand of competitive self-interest would ultimately regulate markets, making regulation totally unnecessary. Friedman taught for many years at the University of Chicago and influenced many student economists who went forth to influence the economies of the world. Friedman's followers were often called Friedmanites, and Friedman's name has become a shorthand way of referring to those who believe _____.

① the government should play an active role in the economy
② markets can control themselves without any outside help
③ markets can't create a balance between supply and demand
④ the excessive regulation leads to the government shutdown

📄 정답/해설 46p

[01 ~ 02] 밑줄 친 부분에 들어갈 말로 가장 적절한 것을 고르시오.

01

The athlete suffered an injury mid-game, so the coach had no alternative but to _____ him with a rested teammate.

① classify   ② associate

③ recognize   ④ substitute

02

After the tenant moved out, the apartment remained _____ for several months, with dust piling up.

① vivid   ② vague

③ vacant   ④ vacuum

03 밑줄 친 부분 중 어법상 옳지 않은 것은?

Effective communication is vital in an office. Every office ① performs countless tasks, but when communication fails, procedures slow down and jobs remain incomplete. ② Much of the inefficiency is a direct result of poor communication. There are numerous tools ③ avail to office employees to aid communication in the office. It is important to ensure, however, ④ that messages are efficiently delivered to the intended recipients and that they are completely understood.

04 밑줄 친 부분에 들어갈 말로 가장 적절한 것은?

 Sally

Hey Tim, a customer just called and complained about a delayed delivery. Did you check the order status?

14:10

 Tim

Yes, I looked into it, and it seems there was a shipping issue. The package hasn't left the storage yet.

14:12

 Sally

_____?

14:14

 Tim

The logistics team said they are processing it now, and it should arrive by this evening at the latest.

14:16

 Sally

Got it. I'll notify the customer accordingly.

14:17

 Tim

Sounds good. Let me know if you need any further assistance.

14:18

① Which one is being delivered late

② When is the expected delivery time

③ When did the customer place an order

④ Which team is responsible for delayed shipping

[05~06] 다음 글을 읽고 물음에 답하시오.

(A)

Are you ready to enjoy shopping for secondhand goods this weekend? This is your chance to acquire clothes, tools, books, appliances, and other items. You never know what hidden treasures you can find at the flea market.

The Bradbury Flea Market was closed all winter long, but now that spring has arrived, it will be opening each weekend for the next several months.

The Bradbury Flea Market will be held every Saturday and Sunday from 10:00 AM to 5:00 PM starting on April 2. The flea market will take place on the big field at the Bradbury Community Center.

All purchases are made in cash. Checks, credit cards, debit cards, and bank transfers are not permitted. All sales are final. Refunds and returns are not allowed.

* Individuals interested in being vendors at the flea market should contact Richard West at 6930-2373.

05 (A)에 들어갈 윗글의 제목으로 가장 적절한 것은?

① Local Flea Market Set to Reopen
② Sell All of Your Secondhand Items
③ A Place to Purchase Handmade Goods
④ The Best Market for Discounted New Items

06 윗글의 내용과 일치하지 않는 것은?

① A variety of used items are traded at the flea market.
② The Bradbury Flea Market takes place on weekends.
③ The flea market accepts all kinds of payment options.
④ People can reach out to Richard West to become a seller.

07 다음 글의 요지로 가장 적절한 것은?

American medical science undoubtedly leads the world, but the country's private and commercial healthcare system is two and a half times more expensive per capita than the average for the developed countries. In other developed countries, the government plays an active role in controlling medical costs by negotiating lower prices with healthcare providers, while in the United States the government is expected to leave profitable private business alone. The results of the expensive American system, however, are poor because it does not cover all citizens and because there is also considerable inequality in the country in other respects as well. Americans have one of the shortest life expectancies of the developed countries. In addition, the size of income disparity between the states of the union has a clear correlation with life expectancy — greater disparity means shorter life expectancy. Infant and child mortality is higher in the United States than in Cuba, Belarus, or Lithuania.

① The U.S. medical system has grown at a rapid pace.
② Americans' per capita healthcare spending is very high.
③ The high cost of U.S. healthcare shortens life expectancy.
④ Competition led to the advance in U.S. medical technology.

08 주어진 글 다음에 이어질 글의 순서로 가장 적절한 것은?

When it comes to influencing consumer behavior in marketing, subtle psychological cues can have a powerful effect.

(A) Then they changed the promotion by adding a behavioural anchor: 'Buy 18 for your freezer.' This might appear ridiculous, but the impact was significant. The average number of bars sold this time was 2.6.

(B) In neither case was the price discounted. Simply by adding the higher number as a perceivable and tangible anchor they almost doubled the sales — without a preceding step of changing attitudes.

(C) In a study, scientists looked at the impact of different promotions on sales of Snickers bars. The first promotion consisted only of a call to action ('buy some for your freezer'). This promotion resulted in average sales of 1.4 bars.

① (A)−(C)−(B)　　　② (B)−(C)−(A)
③ (C)−(A)−(B)　　　④ (C)−(B)−(A)

09 다음 글의 흐름상 어색한 문장은?

Numerous societies have occupied deserts and their margins for thousands of years. Over this time, people have developed lifestyles that are suited to the difficult and unpredictable nature of desert environments. ① Obviously, human activities have also had great effects on desert landscapes. ② Part of the shifting relationships people have had with drylands over the centuries has included instances when productive land has been lost to the desert. ③ Deserts also provide unique habitats that support rare and specialized species, contributing to global biodiversity. ④ In some cases, the cause has been human, through overuse and mismanagement of dryland resources, while in other cases natural changes in the environment have reduced the suitability of such areas for human occupancy. Often a combination of human and natural factors is at work.

10 밑줄 친 부분에 들어갈 말로 가장 적절한 것은?

Small children have smaller stomachs. They need concentrated foods that _____. This is actually one of the main causes of infant malnutrition. In many countries, children are malnourished while adults are not. But it would be a mistake to believe that adults eat everything and leave nothing for the children. Parents watch out for their children. They would happily give up their own food in order to feed their children. The problem is that many times the only food available to families consists of vegetables and roots high in fiber but low in calories. Adults can eat all they need, as their stomachs are big enough. And in enough quantity, any food will fatten a person. Small children, as hard as they try, cannot eat the amount of vegetables needed to fatten them, because they don't have enough room in their stomach.

① can be easily digested
② supply nutrients in vegetables
③ are available in large quantities
④ are high in calories but low in volume

📋 정답/해설 48p

[01~02] 밑줄 친 부분에 들어갈 말로 가장 적절한 것을 고르시오.

01

> This _____ speaker delivers remarkable sound quality, and is designed for easy transport so you can enjoy your favorite music anywhere.

① stationary   ② portable
③ inflexible   ④ vulnerable

02

> I cannot but _____ her dedication to the project because she has always put in a great deal of time and effort.

① admire   ② admired
③ admiring   ④ to admire

03 밑줄 친 부분 중 어법상 옳지 않은 것은?

> The United Nations asks ① that every company ② remove their satellites from orbit within 25 years after the end of their mission. This is difficult ③ to enforce, though, because of satellite failures that ④ happening unexpectedly.

04 밑줄 친 부분에 들어갈 말로 가장 적절한 것은?

> A: Good morning! Where would you like to go today?
> B: Hi! I'd like to go to Yeouido park.
> A: There's a big parade going on in that area right now, so we'll need to take a detour. Then it'll add about 30 minutes to the trip.
> B: I need to be there in 20 minutes, so there's no way I'll make it on time.
> A: If that's the case, _____?
> B: That seems like a better option. Could you drop me off at the nearest station?

① what about taking the subway
② why don't you walk to the station
③ are you also participating in the parade
④ do you know how long it takes to get there

[05~06] 다음 글을 읽고 물음에 답하시오.

✏️	**Send**	Preview	Save

To	Alice Jewel ⟨ajewel@jewelrealty.com⟩
From	Thomas Walters ⟨thomas_walters@greenmail.com⟩
Date	July 11
Subject	48 Robinson Drive

📎   [My PC] [Browse]

[Times New ▾] [10pt ▾] G G *G* G̲ G̶ ≡ ≡ ≡ ≡

Dear Ms. Jewel,

Thank you so much for showing my wife and me the home located at 48 Robinson Drive. We believe it would be an ideal place for us and our three children to live. We have decided to buy the house from the owners.

I realize that the listed price of the home is $210,000, but you assured us that the owners are willing to come down on the price a bit. I therefore <u>propose</u> to pay $195,000 for the home. We intend to pay the entire price in cash, so we will require no financing from the bank. Please consult with the owners and let us know how they feel about this.

We can visit your office to sign the paperwork at any time. We can also drop by our bank to arrange a transfer during the bank's regular business hours tomorrow.

I look forward to hearing back from you soon.

Regards,
Thomas Walters

05 윗글의 목적으로 가장 적절한 것은?

① To request a visit to view a home
② To inquire about financing options
③ To make an offer to purchase a house
④ To arrange a meeting with the homeowner

06 밑줄 친 "propose"의 의미와 가장 가까운 것은?

① choose
② suggest
③ promise
④ demand

07 다음 글의 내용과 일치하지 <u>않는</u> 것은?

Get Localized Weather Updates on Our Upgraded App

Weather.org has recently upgraded our weather app, and now it has more functions than ever before, making it the top existing weather app. For instance, the app provides localized weather updates for individual neighborhoods all around the country. Do you live in one area but work in another? Put the addresses of both places in the app, and you'll not only get weather updates for your work and home locations, but you'll also be notified of any weather conditions on your daily commute. The app provides accurate daily and weekly forecasts and will send you alerts if rain, snow, hail, or ice is in the forecast. Finally, users will receive messages from the app that provide tornado, hurricane, and blizzard warnings and regular real-time updates.

① The app offers weather updates for specific neighborhoods.
② People can get weather information for their commuting routes.
③ Weather forecasts for an entire month will be provided.
④ The app will give constant alerts on severe weather events.

08 다음 글의 제목으로 가장 적절한 것은?

It's no surprise that you're likely to get more accomplished if you work every day. The very fact of each day's accomplishment helps the next day's work come more smoothly and pleasantly. Nothing is more satisfying than seeing yourself move steadily toward a big goal. Step by step, you make your way forward. That's why practices such as daily writing exercises or keeping a daily blog can be so helpful. You see yourself do the work, which shows you that you can do the work. Progress is reassuring and inspiring; panic and then despair set in when you find yourself getting nothing done day after day. One of the painful ironies of work life is that the anxiety of procrastination often makes people even less likely to buckle down in the future.

① Difficulties in Working Together with Colleagues
② The More Steady Work, the Greater Productivity
③ Set a High Goal and Your Mind Will Generate Ideas
④ Resist the Temptation to Put Off What You Have to Do

09 주어진 문장이 들어갈 위치로 가장 적절한 것은?

The names of scientists of the greatest distinction are often completely unknown to the public.

While truthfulness in the understanding of reality is the aim of scientific endeavor, it would be impossible to deny that, for many scientists, the desire for fame is a strong motivation. In many ways, the scientific community is somewhat isolated. (①) Our culture makes very little attempt to take a serious interest in scientific matters, regarding them as inaccessible. (②) The treatment of scientific discoveries in the press and other media is inadequate and often careless, focusing on trivial events and ignoring more important ones. (③) Books aiming to convey scientific ideas to a wider public are often given little or no attention in the review columns outside the scientific journals. (④) Paul Dirac was a theoretical physicist worthy to be mentioned in the same breath as Isaac Newton or James Clerk Maxwell, but even among educated people it is likely that his name would not be recognized by many, and very few would be able to say what his outstanding discoveries were.

10 밑줄 친 부분에 들어갈 말로 가장 적절한 것은?

A genre is a classification of type or kind that when applied to literature, television or film gives rise to such groups as the romance novel, the western, the gangster movie, film noir and so forth. As such, genre regulates the narrative process producing coherence and credibility through patterns of similarity and difference. Genres structure the narrative process and contain it; they regulate it in particular ways using specific elements and combinations of elements to produce unity and plausibility. Genre involves the systematic and structured repetition of problems and solutions in narratives. However, genres must also involve sufficient levels of textual difference to generate meaning and pleasure. In other words, each western or each musical has to _____.

① repeat itself so that it maintains consistency
② develop universal ways to blend in with others
③ be both the same as others and different from them
④ simplify its narrative process and exclude complex elements

📑 정답/해설 51p

[01~02] 밑줄 친 부분에 들어갈 말로 가장 적절한 것을 고르시오.

01

> The town was in a _____ situation after the flood, with homes destroyed and resources exhausted, leaving its residents with little hope for recovery.

① trivial   ② secure

③ constant   ④ desperate

02

> Although initially skeptical, the farmers eventually _____, as the new technologies led to greater harvests and smoother operations.

① rejected   ② prospered

③ fluctuated   ④ suspended

03 밑줄 친 부분 중 어법상 옳지 않은 것은?

> The research team was ① surprised to find that participants who ② had been told the story in a neutral tone responded more critically than those who ③ hear it with emotional emphasis, ④ indicating that tone influences perception more than content.

04 밑줄 친 부분에 들어갈 말로 가장 적절한 것은?

PeakSolution

Hi, we're planning to move our office and would like to request a cost estimate.

13:33

TrustMove

Sure. Our staff will need to visit your office first. When would it be a convenient time for us to visit?

13:33

 PeakSolution

This Friday around 3 PM works best.

13:36

TrustMove

Great! We'll get that scheduled.

13:36

 PeakSolution

By the way, _____?

13:37

TrustMove

It depends on the size of the office and items to be moved. If there are any delicate items, the price may be higher.

13:39

 PeakSolution

I see. Thanks for the explanation.

13:40

① can you tell me about the discount options

② when do you expect the move to be completed

③ what affects the total cost of the office relocation

④ how long will it take to come up with the estimate

(A)

Dr. Corey Alexander is opening an eye clinic to serve everyone in our community. The Alexander Eye Clinic will be dedicated to serving the needs of children, teens, adults, and senior citizens.

The clinic is located on the second floor of the Evergreen Shopping Center and is between the Richardson Department Store and the Italian restaurant Primo's. It will be open from Monday to Saturday from 9:00 AM to 7:00 PM. The clinic's opening day is Monday, July 1.

Dr. Alexander and his staff will do the following actions:
* conduct routine eye examinations
* prescribe glasses and contact lenses
* diagnose and treat eye diseases and vision problems
* perform glaucoma and cataract operations

To celebrate the opening of the clinic, all eye examinations on July 1 and 2 will be absolutely free. Call 6954-9333 to make a reservation.

05 (A)에 들어갈 윗글의 제목으로 가장 적절한 것은?
① Come and Get Free Glasses
② Volunteer for Eye Care Services
③ Dr. Alexander Has Just Been Hired
④ New Eye Clinic with Various Services

06 윗글의 내용과 일치하지 않는 것은?
① Alexander 박사는 모든 연령대의 사람들을 진료할 것이다.
② 안과 클리닉은 쇼핑센터의 2층에서 찾을 수 있다.
③ Alexander 박사는 사람들의 시력을 검사할 것이다.
④ 안과 클리닉에서는 수술 절차를 진행하지 않을 것이다.

07 다음 글의 요지로 가장 적절한 것은?

Community Child Center

Operating under the Ministry of Health and Welfare (MOHW), the Community Child Center caters to children under 18, providing essential after-school care and development programs. The center fosters an environment where children can safely learn and play, with activities designed to support their all-around development.

Service Hours:
◆ School Term: Mon-Fri, 2:00 PM - 8:00 PM
◆ Vacation: Mon-Fri, 12:00 PM - 5:00 PM

Programs: Available programs cover daily life skills, health management, academic support, field trips, and emotional counseling. Plus, guardian education and event gatherings foster connections with local resources.

Apply Online: Visit Government24 (www.gov.kr) and use the "All-Day Care One-Stop Service" for application. Eligibility verification and coordination are managed by your local district office.

① MOHW's programs primarily feature vacation care services.
② MOHW's local programs correspond to global child welfare goals.
③ MOHW ensures diverse and enriched care for community children.
④ MOHW's vision is delivering one-stop health care to all children.

The term "El Niño" originally referred to a change in the surface currents along the coasts of Perú and Chile. For much of the year the winds along this coast blow from south to north, producing strong upwelling.

(A) The surface water gets much warmer, and upwelling ceases completely. Primary production drops to almost nothing, and the fishes that normally teem in these waters disappear.

(B) Because this change in currents comes around Christmas, they called it *El Niño*, or "The Child." Every few years, however, the change is much more distinct than usual.

(C) The upwelling brings nutrients to the surface, making these waters one of the world's richest fishing grounds. Every year, usually in December, upwelling decreases, and the water gets warmer. Locals have been familiar with this event for centuries because it signals the end of the peak fishing season.

① (A)－(C)－(B) ② (B)－(C)－(A)
③ (C)－(A)－(B) ④ (C)－(B)－(A)

Expression of feelings in the city appears to be creating openings in a closed system that is overall shaped by rationality. This may be attractive particularly when subjectivity can be expressed and communicated freely. ① However, this expression is made possible through relying on a series of public frameworks. ② These frameworks include social norms, laws, and spatial orders, which support the free expression of subjectivity without becoming threatening to others. ③ When these infrastructures do not work or are not in place, such as in some poor cities around the world, the expression of feelings can accumulate to create instability in urban life, where no one can enjoy such freedom. ④ On the other hand, cities with fewer public institutions often provide more space for open dialogue, as individual voices are less likely to be suppressed by centralized authority. Where the basic infrastructures, such as security of citizens or collection of garbage are not working, any expression of individuality and emotion can lead to collective discomfort and even misery.

Just like individuals, organizations overestimate their _____. Sure, every job is different and there are billions of jobs and millions of companies. But at the same time talented employees tend to share certain universal characteristics that make them surprisingly similar across different jobs, companies and industries. By the same token, most organizations have their own model of talent and invest a great deal of time and money outlining the specific qualities they want in employees, but all models look remarkably similar once we overcome the differences in technical terms — e.g., "agile" versus "adaptable," "driven" versus "motivated" and "inspires others" versus "team-builder."

① uniqueness
② experience
③ generality
④ potential

📋 정답/해설 54p

[01 ~ 02] 밑줄 친 부분에 들어갈 말로 가장 적절한 것을 고르시오.

01

> It is _____ to prioritize airline regulations such as security, maintenance, and operational procedures for the safety of passengers.

① fatal
② irrelevant
③ optional
④ imperative

02

> The pictures taken during our unforgettable trip to Europe _____ in the gallery for everyone to admire and enjoy.

① displayed
② displaying
③ are displaying
④ were displayed

03 밑줄 친 부분 중 어법상 옳지 않은 것은?

> The world's most famous artwork, *the Mona Lisa* draws thousands of visitors to the Louvre Museum each day, many of ① them are compelled by the sitter's mysterious gaze and enigmatic smile. The seemingly ordinary portrait of a young woman ② dressed modestly in a thin veil, somber colors, and no jewelry might also surprise its viewers, ③ leaving them to wonder why there ④ is so much attention.

04 밑줄 친 부분에 들어갈 말로 가장 적절한 것은?

> A: Do you have a specific field you're interested in?
> B: Yes, I'm hoping to find a job related to my internship experience at a marketing firm.
> A: That sounds great! Have you applied for that position before?
> B: I have, but I never made it to the interview. I didn't pass the document screening stage.
> A: _____. Why don't we go over it together and make some improvements?
> B: That would help me a lot. I'll bring the version I submitted for the last application.

① Your outfit matters in the interview
② The application deadline was yesterday
③ It might have been because of your résumé
④ I should have worked on my documents more

[05 ~ 06] 다음 글을 읽고 물음에 답하시오.

✏️	Send	Preview	Save

To	Customer Service ⟨customerservice@groverclothes.com⟩
From	Katherine Lewis ⟨klewis@destinymail.com⟩
Date	May 11
Subject	Order #249-MK48

📎 [My PC] [Browse]

[Times New ▼] [10pt ▼] G G G G G ≡ ≡ ≡ ≡

To Whom It May Concern,

I am writing with regard to order #249-MK48. I placed this order on May 5 and was assured it would arrive by May 8. That was ideal because I needed the items for an event on May 10. While the package did arrive on May 8, it contained incorrect items.

I purchased a size small blue blouse and a size small white dress. However, neither of those two items was in the package. Instead, I received a pink blouse and a size large white dress. I was anticipating wearing the clothes at a dinner party I was attending on the tenth, but obviously, I was unable to do so.

I will return the items and do not need replacement as I no longer require them. Instead, please refund the amount to my account. I hope that such an issue does not happen again.

Regretfully,
Katherine Lewis

05 윗글의 목적으로 가장 적절한 것은?
① 옷 사이즈 교환을 요청하려고
② 주문한 옷의 품질을 평가하려고
③ 회사의 실수에 대해 사과를 요구하려고
④ 잘못된 물품이 배송된 것에 대해 불평하려고

06 밑줄 친 "anticipating"의 의미와 가장 가까운 것은?
① planning
② expecting
③ reminding
④ attempting

07 다음 글의 내용과 일치하는 것은?

Improved Safety Measures for Public Parking Lots

The Brighton city government has acted to improve safety in public parking lots as several crimes have been committed in these places recently. One measure has been to improve the lighting in the lots, some of which were very dark once the sun set. The extra light enables people to feel comfortable while walking to their vehicles. The city has also engaged a private security company, which provides 24-hour service in every parking lot. Citizens are encouraged to report crimes or suspicious behavior to a guard on duty or to call the local police. Every effort will be made to reduce the number of crimes occurring in these lots.

① Several parking lots had lighting that was too bright.
② The city provides security only during night hours.
③ People can report crimes to a parking lot security guard.
④ The number of crimes in parking lots is already declining.

08 다음 글의 주제로 가장 적절한 것은?

Virtual reality training is designed to simulate a work environment in an artificial three-dimensional context. Virtual reality training permits trainees to learn skills that, if developed in an actual work environment, could result in harm to the trainee or damage to the environment. For example, Blanchard and Thacker reported that virtual reality training has been used to train police officers in how to safely stop a speeding car. The method is effective because the trainee experiences a sense of "telepresence" in the environment. By looking up, down, left, or right, a trainee experiences different visual images, learning skills that could be used in an actual work environment.

① the advantage of virtual reality training
② the history and future of virtual reality
③ the potential risks of virtual reality training
④ how to create a positive work environment

09 주어진 문장이 들어갈 위치로 가장 적절한 것은?

But ironically, the more automatic the task becomes, the greater the challenge of explaining the process step-by-step.

Anyone who is able to knit while watching TV, or listen to the radio while driving, understands how learned tasks can be performed without requiring much conscious thought. (①) As we repeat a task over and over again and improve through practice, the process gradually shifts from conscious effort to automatic behavior. (②) And eventually, we find ourselves performing the task almost effortlessly. (③) This is why experienced performers often struggle to teach beginners — the actions feel so natural that breaking them down seems unnecessary or even confusing. (④) What once demanded careful thought and effort has now become instinct for them.

10 밑줄 친 부분에 들어갈 말로 가장 적절한 것은?

When we travel back in time, what we find is that, at each and every stage of the written record for the past 5,000 years, there have always been many languages in the world. Uruk in Sumer was a large multilingual metropolis — and so were many other city-states in the Ancient Orient. Ever since those ancient times, monolingualism may have been a most powerful dream, ideal or norm. But the fact is that there has always been linguistic diversity in the world. Going back in time from today's multilingual New York and London to the time of Uruk, we can track its existence at all intermediate stages of known history — in eighteenth-century Europe, the Renaissance, and the Middle Ages as well as in the Roman Empire, the Hellenistic World, and Persia. As Rankin put it: "It is _____ the monolingual uniformity of any inhabited area in ancient times."

① not right to undervalue
② not easy to assume
③ necessary to explore
④ natural to suggest

📄 정답/해설 57p

[01~02] 밑줄 친 부분에 들어갈 말로 가장 적절한 것을 고르시오.

01

> The customer service team was praised for their ability to _____ complaints in a timely and professional manner.

① file   ② resolve

③ provoke   ④ complicate

02

> The witness was reluctant to _____ the details of the crime, as he believed that revealing too much could put his life at risk.

① distort   ② divulge

③ deceive   ④ discover

03 밑줄 친 부분 중 어법상 옳지 않은 것은?

> That laws are restrictive for medical tests ① <u>causes</u> human trials to become harder to get approved, ② <u>which</u> is why many scientists choose to experiment on ③ <u>themselves</u>. However, one obvious drawback is the danger involved; knowing that it exists ④ <u>do</u> nothing to reduce it.

04 밑줄 친 부분에 들어갈 말로 가장 적절한 것은?

> A: Good morning, how may I help you?
>
> B: Hello, I'd like to renew my driver's license since it's about to expire.
>
> A: Okay. I see that the photo you submitted is the same as the one on your current license.
>
> B: Would that be a problem?
>
> A: For renewals, _____.
>
> B: Oh, I didn't know that. I don't have a recent one at the moment, so can I get some extra time to submit a new one?
>
> A: Of course. Take your time and resubmit your application once you have updated the photo.

① the current license must be returned

② photos must be taken with a white background

③ you should renew the license before its expiration

④ we only accept photos taken within the last six months

(A)

Words like stock market, bonds, precious metals, and cryptocurrency have a frightening effect on many people. But there is plenty of money to be made by trading them, and we at Davidson Financial Services want to help you learn about them.

Next week, we will be hosting two events that will teach attendees about their options when it comes to investing.

Details
Dates: Tuesday, April 21, and Thursday, April 23
Time: 7:00 PM – 9:00 PM
Location: 39 Marbury Street (Davidson Financial Services Building)

* Our financial experts will explain confusing terms and talk about how different markets work. They'll discuss the differences between them and identify which ones are high-risk investments.
* After the seminar, everyone will have the opportunity to speak one on one with some of our investment experts.

No reservations are needed. Call (407) 555-2743 for more information.

05 (A)에 들어갈 윗글의 제목으로 가장 적절한 것은?

① Stockbrokers: Investors for the Future
② We Make Your Money Grow for You
③ Find Work in the Financial Industry
④ Use High-risk Investment Strategies

06 윗글의 내용과 일치하지 않는 것은?

① Some financial terms can be scary to individuals.
② The events will take place during the same week.
③ People attending will learn how to open an account.
④ Attendees can consult with investment experts.

07 다음 글의 제목으로 가장 적절한 것은?

Deforestation is the permanent removal of trees to make room for something besides forest. Scientists estimate that an area the size of Switzerland (14,800 square miles) is lost to deforestation every year. Human-lit fires are commonly used to clear land for agricultural use. Workers harvest valuable timber, then burn the remaining vegetation to make way for crops like soy, or for cattle grazing. In addition, many forests are cleared to make way for palm oil plantations. Palm oil is the most commonly produced vegetable oil and is found in half of all supermarket products. Growing the trees that produce the oil requires the leveling of native forest and the destruction of local peatlands — which doubles the harmful effect on the ecosystem.

① Why Are We Losing Our Forests?
② Are There Solutions to Deforestation?
③ Effects of Deforestation on Ecosystems
④ Deforestation: a Path to Wildlife Extinction

Almost every place ancient people lived has been covered by geological layers.

(A) Not all archaeological sites, however, are well preserved in order. Tomb raiders, burrowing rodents, even earthworms and other factors can and do move items from one layer to another.

(B) So archaeologists are trained to spot the signs of such movements and usually focus their studies on undisturbed sites, where deeper does mean older.

(C) Items found deeper in a series of those geological layers were deposited before items found shallower in the series of layers, simply because layers stack up over time.

① (A)－(B)－(C) ② (A)－(C)－(B)
③ (C)－(A)－(B) ④ (C)－(B)－(A)

Actions aiming to overcome spatial and temporal limitations intersect and reinforce each other. But with the passage of centuries, the former has tended to become progressively more important than the latter. ① The phenomenon was already apparent in the medieval period with the expansion of commercial trade. ② It became ever more evident with the increasingly frequent voyages around the world, beginning in the sixteenth century. ③ The decisive step forward came during the nineteenth and twentieth centuries thanks to the revolution in transportation, linked to industrialization. ④ Environmental pollution was one of the undesirable side effects of industrialization, responsible for environmental degradation. Transportation allowed the problems of food supply to be settled elsewhere, thereby diminishing the previously determining factors of produce diversification and preservation, or at least joining these to other, more significant burdens.

Science can only tell us how the world appears to us, not how it is independent of our observation of it, and therefore *right now* will always elude science. When you look into space, you are looking into an ancient past. Some of the stars are already long dead yet we still see them because of their traveling light. Let's say that we are on one of those stars situated roughly sixty million light-years away. If we had a really awesome telescope pointed at the Earth, we would see the dinosaurs walking around. The end of the universe is probably so old that if we had that telescope, we might be able to see the beginning. Besides faraway things, even the immediate objects around us are _____ because there is still a time lag for the reflection of light to reach our eyes. Every sensation our body feels has to wait for the information to be carried to the brain.

① slowly wearing away
② derived from exploration
③ belonging to the moment
④ all afterimages of the past

2025 심우철

초고효율 학습관리
심우철 스파르타 클래스

의지박약도 반드시 암기하게 만들어 드립니다

공단기 **심우철** 선생님

예치금 단돈 1만원

미션을 완료하면 환급을 해드립니다!

| 스파르타 신청시 **1만원** 예치금 | + | 스파르타 전용 **학습자료** 제공 | + | 매일 학습 과제 **MISSION** 인증 | = | 주어진 미션 **Complete** 환급 |

매일 미션 공지   **열심히 공부**   **미션 인증**

매일 아침마다
미션 안내 공지를 보내드려요.

하루 동안 주어진 미션을
열심히 수행합니다.

주어진 시간 내에
수행한 미션을 인증합니다.

심우철 선생님과 심슨영어연구소 소통 채널

 심슨영어연구소 | 각종 학습 자료 제공, Q&A, 공지 사항 및 스파르타 클래스 운영

 심슨영어연구소 | 복습 스터디 영상, 동기 부여 영상, 분기별 라이브 상담 진행

 @eng_shimson (심우철 선생님) | 심슨쌤 일상 및 노량진 학원가 맛집 피드 업로드

@shimson_lab (심슨영어연구소) | 중요 일정 공지, 연구원-수험생과의 소통 채널

2025 심우철

하프
모의고사

정답 / 해설

This is
TRENDY
HALF!

심우철 지음

Shimson_lab

2025 심우철 영어
하프 모의고사 시리즈

Season 5

2025
신경향

01	③	02	②	03	③	04	①	05	④
06	③	07	④	08	②	09	③	10	①

01

정답 ③

해설 그녀는 해외에서 높은 임금의 일자리를 제안 받았지만 가족과 친구들을 두고 떠나야 했기 때문에 제안에 확신하지 못하고 꺼렸을 것이라고 유추할 수 있다. 따라서 빈칸에 들어갈 말로 가장 적절한 것은 ③ 'reluctant (꺼리는)'이다.
① 열렬한 ② 안도하는 ④ 무관심한

해석 그녀는 해외에서 높은 연봉의 일자리를 제안 받았지만, 가족과 친구들을 두고 떠나는 것이 꺼려졌고, 제안에 확신이 서지 않았다.

어휘 high-paying job 높은 연봉을 받는 직업 overseas 해외에서 leave sb behind ~을 두고 떠나다 unsure 확신하지 못하는

02

정답 ②

해설 사역동사 have는 목적어와 목적격 보어의 관계가 능동이면 RV를, 수동이면 p.p.를 목적격 보어로 취하는데, 여기서는 타동사인 repair 뒤에 목적어가 없고, 컴퓨터가 '수리하는' 것이 아니라 '수리되는' 것이므로 수동의 과거분사가 와야 한다. 따라서 빈칸에 들어갈 말로 가장 적절한 것은 ② 'repaired'이다.

해석 그녀는 컴퓨터가 작동을 멈춘 후 그것이 수리되게 했고, 향후 문제를 방지하기 위해 필요한 모든 업데이트가 설치되었는지 확인했다.

어휘 necessary 필요한 install 설치하다 prevent 막다

03

정답 ③

해설 (have not raised → have not risen) raised는 '올리다'라는 뜻의 타동사 raise의 과거분사 형태인데, 뒤에 raised의 목적어 역할을 하는 명사가 없다. 따라서 맥락상 '오르다'라는 뜻의 완전자동사 rise를 써야 하므로, have not raised를 have not risen으로 고쳐야 한다. 참고로 현재완료시제와 쓰이는 시간 표현 since the year 2000가 쓰였으므로 현재완료시제 have p.p.의 형태로 쓰인 구조이다.
① 콤마 뒤에 접속사가 없는 것으로 보아 분사구문의 의미상 주어가 주절의 주어와 같아 생략된 분사구문임을 알 수 있다. 이때 타동사로 쓰인 attract 뒤에 목적어 aficionados가 있으며, 분사구문의 의미상 주어인 Barbie가 애호가들을 '끌어들이는' 것이므로 능동의 현재분사 attracting은 적절하게 쓰였다.
② that 뒤가 타동사로 쓰인 creates의 목적어가 없는 불완전한 구조이므로, 'both old Barbies and the special-edition Barbies'를 선행사로 받는 목적격 관계대명사 that이 적절하게 쓰였다.
④ 과거 시점을 나타내는 in the 1990s가 쓰여 있으므로, 일반동사 rise를 받는 대동사 did는 과거시제로 적절하게 쓰였다.

해석 Barbie는 매우 인기 있는 수집 아이템으로, Mattel이 이 시장을 위해 만든 오래된 Barbie와 특별판 Barbie 둘 다에 관심이 있는 애호가들을 끌어들인다. 2000년 이후 Barbie의 판매는 1990년대처럼 급격히 증가하지 않았지만, 여전히 연간 10억 달러 이상에 이르고 있다.

어휘 aficionado 애호가 steeply 급격히 amount to ~에 이르다 billion 10억

04

정답 ①

해설 출생 신고를 하는 상황이다. 빈칸 앞에서 B가 출생증명서 사본이냐고 묻자 A가 긍정하며 원본은 잃어버리지 않기 위해 가지고 다니지 않는다고 하였다. 이후 빈칸 뒤에서 A가 원본을 가지고 다시 방문하겠다고 하는 것으로 보아, 빈칸에서 B가 복사본으로는 진행할 수 없다고 답하는 내용이 와야 자연스럽다. 따라서 빈칸에 들어갈 말로 가장 적절한 것은 ① '복사본으로는 진행할 수 없습니다'이다.
② 그 증명서는 한 달 전에 만료되었습니다
③ 여기서는 운전면허증을 사용할 수 없습니다
④ 앞에 있는 양식을 작성해주세요

해석 A: 안녕하세요, 자녀의 출생 신고를 하고 싶습니다.
B: 물론입니다. 신분증과 출생증명서를 주시겠어요?
A: 네, 여기 있습니다.
B: 감사합니다. 이게 증명서 사본인가요?
A: 네, 저는 보통 원본을 잃어버릴 경우에 대비해 가지고 다니지 않습니다.
B: 안타깝지만, 복사본으로는 진행할 수 없습니다.
A: 사전에 확인했어야 했네요. 그럼 원본 문서를 가지고 다시 오겠습니다.
B: 출생 후 한 달 이내에 등록을 완료하는 것을 잊지 마세요.

어휘 register 등록[신고]하다 hand 건네주다 birth certificate 출생증명서 original 원본 beforehand 사전에 within ~이내에[안에] proceed 진행하다 photocopy 복사본 expire 만료되다 driver's license 운전면허증 fill out 작성하다

05

정답 ④

해설 식사와 직원 서비스 등 고객이 식당에서 경험한 불편에 대해 사과하는 내용의 글이다. 따라서 글의 목적으로 가장 적절한 것은 ④ '불편한 식사 경험에 대해 사과하려고'이다.
① 식당 서비스에 대한 피드백을 요청하려고 → 식당 서비스에 대해 피드백을 요청하는 것이 아니라, 이미 받은 피드백에 대해 사과하는 내용이다.
② Watson 씨를 점심 식사에 초대하려고 → 점심 식사에 초대하는 것이 아니라 다음에 식사 계획이 있으면 무료로 식사를 제공한다고 언급하고 있다.
③ 식당 직원에 대한 업데이트를 제공하려고 → 식당 직원 업데이트에 대한 내용은 언급된 바 없다.

06

정답 ③

해설 식사하는 동안 웨이터인 Gordon Jefferson이 무례하게 대했다고 언급하는 내용이다. 맥락상 remark는 '언급하다'라는 뜻으로 쓰였으므로, 이와 의미가 가장 가까운 것은 ③ 'mention(언급하다)'이다.
① 거절하다 ② 칭찬하다 ④ 혼란[혼동]시키다

05-06

해석 수신: Anna Watson <awatson@truman.com>
발신: George Lombard <glombard@lombardos.com>
날짜: 11월 9일
제목: 귀하의 이메일

Watson 씨에게,

이틀 전 저희 레스토랑 Lombardo's를 방문하셨을 때 받으신 서비스에 대한 이메일을 읽었습니다. 식사뿐만 아니라 저희 직원에게 받은 대우에 대해서도 실망하신 것 같아 정말 유감입니다.

고객님께서 보내주신 이메일에 따르면 주문하지 않은 음식이 제공되었고, 마침내 식사가 나왔을 때도 요청하신대로 준비되지 않았다고 하셨습니다. 또한 식사하는 동안 웨이터인 Gordon Jefferson이 무례하게 대했다고 언급하셨습니다. 저는 이미 그와 나머지 직원들에게 이에 대해 이야기 했으며 서비스를 개선하기 위한 즉각적인 조치를 취하고 있습니다. Jefferson에게는 올바른 행동과 예의바른 태도를 취하도록 교육했습니다.

다음에 Lombardo's에서 식사하실 계획이 있다면 알려주세요. 무료 식사를 제공해드리고 싶습니다.

진심을 담아,

George Lombard
Lombardo's 대표

어휘 receive 받다 disappoint 실망시키다 treatment 대우 serve 제공하다 prepare 준비하다 request 요청하다 rude 무례한 immediate 즉각적인 instruct 교육하다 adopt 취하다 proper 올바른 behavior 행동 polite 예의바른 attitude 태도 inform 알려주다 intend 의도[계획]하다 complimentary 무료의 apologize 사과하다

07

정답 ④

해설 마지막 문장에서 AEC는 가능한 한 많은 지역으로 사업을 확장하기 위해 노력하고 있다고 언급되므로, 글의 내용과 일치하지 않는 것은 ④ 'AEC는 더 이상 전국에 새로운 사무소를 개설하지 않을 것이다.'이다.
① AEC에서 일하는 사람들은 급여를 받지 않는다. → 2번째 문장에서 언급된 내용이다.
② AEC는 젊은 사람들의 교육을 돕는 데 집중한다. → 2번째 문장과 마지막 문장에서 언급된 내용이다.
③ 사람들은 AEC에서 다양한 유형의 학습에 대해 배운다. → 4번째 문장에서 언급된 내용이다.

해석 **대안 교육 위원회**

설립
2008년, Edward Morrison은 대안교육위원회(AEC)를 설립했습니다. 이후 전적으로 자원봉사자들로 구성된 이 단체는 전국 도시에 23개의 사무소를 개설하여 수많은 청소년에게 전통 교육에 대한 대안을 제공하고 있습니다.

사명
AEC의 목표는 전통적인 교실의 영역을 넘어 교육을 확장하는 것입니다. AEC는 사람들에게 홈스쿨링, 원격 학습, 온라인 교육 등 대안 교육 선택지를 제공합니다. AEC는 사람들에게 자신에게 적합한 학습 방법을 선택하는 데 필요한 지식을 제공함으로써 다양한 이유로 전통적인 학습을 거부하는 사람들을 지원합니다. AEC의 노력을 통해 젊은 학습자들이 스스로를 개선시킬 수 있게 되었으며, 이곳은 가능한 한 많은 지역으로 사업을 확장하기 위해 노력하고 있습니다.

어휘 alternative 대안 commission 위원회 founding 설립 establish 설립하다 organization 단체 form 구성하다 entirely 전적으로 volunteer 자원봉사자 thereby 그렇게 함으로써 countless 수많은 youth 청년 traditional 전통적인 expand 확장하다 beyond ~을 넘어 realm 영역 distance learning 원격 교육 knowledge 지식 require 필요하다 select 선택하다 method 방법 ideal 적합한 assist 지원하다 reject 거부하다 effort 노력 enable 가능하게 하다 improve 개선하다 strive 노력하다 operation 사업 no longer 더 이상 ~하지 않다

08

정답 ②

해설 막히지 않은 폐 유정들은 메탄과 같은 온실가스를 다량 배출함으로써 지구 온난화에 영향을 미친다는 사실을 지적하는 글이다. 따라서 글의 주제로 가장 적절한 것은 ② '사용되지 않는 산업 시설이 환경에 미치는 영향'이다.
① 화석연료의 무분별한 사용으로 인한 결과들 → 막히지 않은 폐 유정의 문제 원인이 화석연료 생산이 아닌 온실가스 배출에 있다고 강조되었을 뿐, 화석연료 사용에 관한 내용은 언급되지 않았다.
③ 지속 가능한 자원 개발의 필요성 → 지속 가능한 자원에 관해서는 언급된 바 없다.
④ 환경운동가와 기업가 사이의 의견 대립 → 글에서 두 입장의 갈등은 드러나지 않는다.

해석 미국의 버려진, 막히지 않은 유정들은 화석연료를 생산해서가 아니라, 온실가스를 직접 배출해서 지구 온난화를 가속하고 있다. 환경보호국(EPA)이 인용한 연구에 따르면, 막히지 않은 유정들은 매년 28만 미터톤의 메탄을 대기 중으로 누출시키는데, 이는 막혀 있는 유정들이 누출시키는 것보다 5,000배나 많다. 그 정도 양의 메탄은 매사추세츠의 모든 발전소에서 1년간 배출되는 이산화탄소와 대략 같은 온난화 효과를 가진다. 자원위원회 서부지부의 지역 간사인 David Wieland는 텍사스에만 14만 개가 넘는 사용되지 않는 유정이 있으며, 그중 많은 유정이 버려졌을 가능성이 있다고 말했다.

어휘 abandoned 버려진 unplugged (관·구멍 등이) 막히지 않은 oil well 유정(油井) fossil fuel 화석연료 emit 배출하다 cite 인용하다 methane 메탄(가스) atmosphere 대기 roughly 대략 carbon dioxide 이산화탄소 power plant 발전소 council 위원회 unused 사용되지 않는 reckless 무모한, 무분별한 sustainable 지속 가능한 entrepreneur 기업가

09

정답 ③

해설 주어진 문장은 관료주의의 또 다른 결점인 직원들의 역량 제한을 언급하는 문장이다. 따라서 하나의 결점에 대한 설명이 완료된 지점 이후에 위치하는 것이 적절하다. ③ 앞에서 관료주의 체제의 주요 단점인 번거롭고 복잡한 서류 작업, 파일, 등록 및 프로세스를 언급한 뒤, 이에 대한 예시로 고객 불만 사항 처리의 어려움을 설명하였다. 이후 주어진 문장이 ③에 위치해서 직원들의 역량 제한이라는 또 다른 주요 결점을 소개하며, ③ 뒤에서 그 이유로 관료주의 체제의 엄격한 업무 구획화를 언급하는 것이 자연스럽다. 따라서 주어진 문장이 들어갈 위치로 가장 적절한 것은 ③이다.

해석 관료주의는 일을 체계화하는 틀을 갖추고 있다고 주장하지만, 관료주의 체제에는 수많은 서류 작업, 파일, 등록 및 프로세스들이 있다. 이는 고객이나 소비자를 상대하는 일을 더 번거롭고 복잡하며 해결하기 어렵게 만든다. 예를 들어, 한 소비자가 어떤 제품이나 서비스에 대해 불만을 제기하는 경우 그는 그 불만에 대한 즉각적인 조치를 요구한다. 그는 서류 정리 절차, 구조화된 계급, 복잡한 체계에 휘말리고 싶지 않아 한다. 더욱이, 관료주의는 직원들의 역량을 제한한다는 또 다른 큰 결점이 있다. 관료주의 체제가 업무 책임의 과도한 구획화 및 분배를 좋게 생각하기 때문에 관료주의는 그들이 지정된 책임 이상의 업무를 수행하는 것을 허용하지 않는다. 그 구획화에 의한 엄격한 경계는 직원의 개인적 성장과 동기부여를 제한할 뿐만 아니라, 그 조직의 전반적인 생산성 수준도 제한한다.

어휘 bureaucracy 관료주의 drawback 결점 capability 역량 claim 주장하다 framework 틀 registration 등록 deal with 대하다 troublesome 번거로운 problematic 문제가 많은, 해결이 어려운 immediate 즉각적인 get caught up in ~에 휘말리다 hierarchy 계급 designate 지정하다 heavy 심한 compartmentalization 구획화 division 분배 rigid 엄격한 boundary 경계 motivation 동기부여 confine 제한하다 overall 전반적인 productivity 생산성

10

정답 ①

해설 이 글은 세계화가 갑작스럽게 이루어진 현상이 아니라 먼 과거에서부터 오랜 시간에 걸쳐 점진적으로 발전해 온 과정임을 설명하고 있다. 특히 빈칸 앞 문장에서 '지난 5천 년 동안 진행된 과정의 추가적인 발전 단계'라는 언급을 통해 과거의 흐름을 이해하는 것이 중요함을 암시하고 있다. 따라서 오늘날의 세계 무역 패턴을 이해하기 위해서는 과거의 패턴을 먼저 살펴보는 것이 적합하다는 결론을 도출할 수 있으므로, 빈칸에 들어갈 말로 가장 적절한 것은 ① '전에 어떤 일이 있었는지 살펴보는'이다.
② 어떤 물건이 가치 있는지 탐구하는 → 글의 초점이 특정 물건의 가치 평가에 있지 않으므로 적절하지 않다.
③ 얼마나 많은 이들이 연관되어 있는지 알아내는 → 이 글의 초점은 '현재의 복잡성'이 아닌 '과거로부터의 연속성'에 있으므로 적절하지 않다.
④ 그것이 결국 어디에 이를지 주의를 기울이는 → 세계화가 미래에 어떻게 될지보다는 과거부터 어떻게 이어져 왔는지 설명하는 데 중점을 둔 글이다.

해석 세계화는 하나의 사건 또는 일련의 사건들조차 아닌 것으로 드러났다. 그것은 아주 오랜 시간 동안 천천히 진화 중인 과정이다. 세상은 인터넷의 발명으로 갑자기 '평탄'해진 것이 아니며, 상업은 20세기 말에 갑자기 전 세계로 뻗은 대기업의 지배를 받게 된 것이 아니다. 기록된 역사 시초에 고가의 화물로 시작하여 덜 귀중하고 더 부피가 크고 상하기 쉬운 물건들로 서서히 확장해 오면서, 구세계의 시장은 점차 더 통합되어 갔다. 신세계로의 첫 유럽 항해와 함께 이 세계 통합의 과정은 가속되었다. 오늘날의 거대한 컨테이너선, 인터넷, 그리고 점점 더 세계화되는 네트워크는 지난 5천 년간 진행되어 온 과정 속의 추가적인 발전 단계일 뿐이다. 우리가 오늘날 급변하는 세계 무역 패턴을 이해하고자 한다면, 전에 어떤 일이 있었는지 살펴보는 것이 우리에게 정말로 도움이 된다.

어휘 globalization 세계화 sequence 일련, 연속 evolve 진화하다 abruptly 갑자기 commerce 상업, 무역 dominate 지배하다 corporation 기업 dawn 시작, 시초 cargo 화물 bulky 부피가 큰 perishable 상하기 쉬운 gradually 점점 integrate 통합하다 voyage 항해 accelerate 가속화되다 evolutionary 발전의, 진화의 shift 바뀌다 indeed 정말로 explore 탐구하다 figure out 알아내다 pay attention to ~에 주의를 기울이다 end up 결국 (~에) 이르다

01	③	02	③	03	②	04	①	05	④
06	④	07	③	08	④	09	③	10	②

01

정답 ③

해설 회사가 구식 기술이 가진 한계와 비효율성을 인식하고 더 현대적이고 효율적인 해결책을 위해 구식 기술을 버리기로 결정했음을 알 수 있다. 따라서 빈칸에 들어갈 말로 가장 적절한 것은 ③ 'abandon(버리다)'이다.
① 남용하다 ② 시작하다 ④ 완성하다

해석 자사의 구식 기술이 가진 한계와 비효율성을 인식한 후, 회사는 더 현대적이고 효율적인 해결책을 위해 그것을 버리기로 결정했다.

어휘 limitation 한계 inefficiency 비효율(적인 점) outdated 구식의 in favor of ~을 위하여

02

정답 ③

해설 그녀가 많은 반 친구들이 시험으로 어려움을 겪는 와중에 시험이 쉬웠다고 자랑한 것으로 보아 그녀의 발언이 거만했다는 것을 알 수 있다. 따라서 빈칸에 들어갈 말로 가장 적절한 것은 ③ 'arrogant(거만한)'이다.
① 겸손한 ② 흔한 ④ 사려 깊은

해석 그녀는 많은 반 친구들이 어려움을 겪은 반면에, 시험이 얼마나 쉬웠는지 자랑하며 거만한 발언을 했다.

어휘 remark 발언 show off 자랑하다 struggle 어려움을 겪다

03

정답 ②

해설 (be spent → spend) 목적격 관계대명사 that 뒤에는 불완전한 문장이 와야 하므로 be spent는 선행사 the amount of money를 목적어로 취할 수 있는 능동형 동사 spend로 고쳐야 한다. 또한, 해석상으로도 주어인 families가 돈을 '지출하는' 것이므로 spend가 적절하다.
① 'prevent + O + from RVing'는 'O가 ~하지 못하게 하다'라는 뜻의 구문으로, 전치사 from과 동명사 crying은 적절하게 쓰였다.
③ 선행사를 포함한 관계대명사 what이 전치사 about의 목적어 역할과 동사 consider의 목적어 역할을 동시에 하며 불완전한 명사절을 이끌고 있는 것은 적절하다. 참고로 consider는 5형식 동사로 쓰여 'consider + O + (as) + OC'의 구조를 취할 수 있다.
④ 선행사 the way가 생략된 관계부사 how 뒤에 완전한 절이 오고 있는 것은 적절하다. 참고로, 앞에 나온 명사구 the length ~ hair와 baby names와 함께 등위접속사 and를 통해 how가 이끄는 명사절이 알맞게 병렬된 구조이다.

해석 지난해 타지키스탄 정부는 타지키스탄에서 애도의 전통 방식인, 장례식에서 사람들이 큰 소리로 우는 것을 막는 조치를 발표했다. 그리고 당국은 가정에서 장례식과 기타 가족 행사에 지출할 수 있는 금액에 제한을 두었다. 종교적 극단주의라고 여기는 것에 대한 우려로, 당국은 또한 이슬람 단체에 대한 규정을 강화했다. 정부는 이미 남성의 수염 길이, 아기 이름, 여성의 머리덮개 묶는 법에 대한 규정을 가지고 있다.

어휘 funeral 장례식 mourn 애도하다 restriction 제한 religious 종교적인 extremism 극단주의 tighten 강화하다

04

정답 ①

해설 출장 경비 청구에 관해 대화를 나누는 상황이다. 출장 경비 청구에 필요한 양식을 작성하여 회신해달라는 Dan에게 Josh는 그렇게 하겠다고 답하며 빈칸 내용을 물어보았다. 이에 Dan은 경비 처리에 걸리는 시간을 안내했으므로, 빈칸에 들어갈 말로 가장 적절한 것은 ① '절차는 얼마나 걸리나요'이다.
② 양식을 어디에서 다운로드 할 수 있나요
③ 어떤 종류의 비용을 청구할 수 있나요
④ 다음 주까지 제출해도 괜찮을까요

해석 Josh: 안녕하세요, 지난주 출장에 대한 출장비를 청구해도 될까요?
Dan: 법인카드를 사용하지 않으셨나요?
Josh: 사실 그럴 수가 없었어요. 현금만 받는 식당이 있었거든요.
Dan: 그렇군요. 필요한 양식을 이메일로 보내드릴게요. 그것을 작성하신 후 제게 다시 보내주세요.
Josh: 그럴게요. 절차는 얼마나 걸리나요?
Dan: 서류 제출 후 3일 이내에 요청하신 금액을 받으실 겁니다.
Josh: 알겠습니다. 알려주셔서 감사합니다.

어휘 claim 청구하다 expense 비용 business trip 출장 corporate 법인의 fill out 작성하다, 기입하다 amount 액수, 양 submit 제출하다 process 절차

05

정답 ④

해설 새로운 주민들과 만날 수 있는 피크닉을 개최한다는 내용의 글이다. 따라서 글의 제목으로 가장 적절한 것은 ④ '당신의 이웃을 만날 수 있는 기회'이다.
① Stanton 공원 재개장 기념 행사 → Stanton 공원 재개장에 대한 내용은 언급된 바 없다.
② 이번 여름에 열리는 주간 피크닉 → 피크닉이 주마다 열린다는 내용은 언급된 바 없다.
③ 학교가 끝났습니다: 아이들과 즐거운 시간을 보내세요 → 아이들과 시간을 보내기 위한 것이 아닌 주민들을 만나게 하기 위한 피크닉이다.

06

정답 ④

해설 글의 후반부에서 아이들을 위한 게임이 있을 것이고·예약은 필요하지 않다고 언급되므로, 글의 내용과 일치하지 않는 것은 ④ '스포츠에 참여하려면 미리 등록해야 한다.'이다.
① 마을의 인구는 지난 2년 동안 증가해 왔다. → 글의 초반부에서 언급된 내용이다.
② 피크닉은 오전부터 오후까지 열릴 것이다. → 글의 중반부에서 언급된 내용이다.
③ 참석자는 다과를 가져와야 한다. → 글의 후반부에서 언급된 내용이다.

05-06

해석
당신의 이웃을 만날 수 있는 기회

우리 마을은 새로운 기업들이 들어오면서 지난 2년 동안 30%가 넘는 놀라운 인구 증가를 보였습니다. 한 가지 부정적인 영향은 지역 주민들이 옆집에 누가 사는지도 모른다고 언급했다는 것입니다. 이를 바꿀 수 있는 기회가 찾아왔습니다.

마을에서 다음 달에 특별한 피크닉을 개최합니다. 이는 사람들에게 새로운 주민들과 이야기를 나누고 그들을 더 잘 알 수 있는 기회를 제공할 것입니다.

세부 정보
날짜: 6월 3일 토요일
시간: 오전 11시부터 오후 4시까지
장소: Stanton 공원

*오실 때 음식이나 음료를 가져와 주세요. 애피타이저, 샐러드, 메인 요리, 수프, 디저트는 물론 물, 탄산음료, 주스도 환영합니다. 음식은 모두 함께 나눌 것입니다.
*축구, 야구, 배구 등 아이들을 위한 재미있는 게임도 많이 있을 것입니다.
*예약이나 참가비는 필요하지 않습니다. 그냥 오세요.

어휘 incredible 놀라운 population 인구 mention 언급하다 opportunity 기회 host 개최하다 resident 주민 beverage 음료 entrée 메인 요리 plenty of 많은 volleyball 배구 reservation 예약 attendance fee 참가비 necessary 필요한 show up 나타나다, 오다

07

정답 ③

해설 농촌진흥청의 주요 성과를 설명하는 글로, 쌀 자급을 달성한 녹색 혁명, 온실 재배 시대를 연 백색 혁명 등의 농업 혁신이 오늘날의 첨단 농업까지 이어졌다는 내용이다. 따라서 글의 요지로 가장 적절한 것은 ③ 'RDA는 농업 혁신을 통해 농촌 발전을 이끌어 왔다.'이다.
① RDA는 농촌 지역의 도시화를 촉진하기 위해 설립되었다. → RDA는 농촌 지역의 도시화가 아닌 농촌 지역을 발전시키기 위해 설립되었다.
② RDA는 농촌 경제를 지원하기 위해 작물 수입을 늘리고 있다. → RDA는 작물 수입을 늘린 것이 아니라 오히려 수입 의존도가 높은 작물을 국산 품종으로 대체하였다.
④ RDA의 주요 목표는 전통적인 농업 방식을 강화하는 것이다. → RDA의 주요 목표는 전통적인 농업 방식을 강화하는 것이 아니라 첨단 기술과 혁신적인 방법을 도입해 농업을 발전시키는 것이다.

해석 농업은 우리나라 역사에서 떼려야 뗄 수 없는 부분입니다. 농촌진흥청(RDA)은 농업을 강화하고 생계를 안정시키기 위해 설립되어, 1970년대와 1980년대 녹색 혁명 및 백색 혁명 동안 식량 부족을 근절하는 데 핵심적인 역할을 했습니다. 최근에는 농업을 다각적인 산업으로 전환하기 위해 첨단 농업 기술과 친환경적인 방법으로 초점이 옮겨졌습니다.

중대 사건 및 성과
RDA는 1970년대에 통일벼를 출시하여 쌀 자급자족을 달성했습니다(녹색 혁명). 1980년대에는 연중 온실 재배를 발전시켜(백색 혁명), 균형 잡힌 영양을 공급했습니다. 1990년대에는 고품질 쌀 품종 개발과 해충 관리 개선이 이루어졌습니다. 2000년대에는 수입 의존도가 높은 작물을 국산 품종으로 대체하고 대체 난방 기술을 개발하는 데 주력했습니다. 최근에는 탄소 저감 방법 같은 첨단 기술을 통해 농촌 지역을 개선하고 이를 국가 전체의 가치 있는 중심지로 만들기 위해 노력하고 있습니다.

어휘 inseparable 떼려야 뗄 수 없는 rural 농촌의 establish 설립하다 enhance 향상시키다 stabilize 안정시키다 livelihood 생계 eradicate 근절하다 shortage 부족 shift to ~으로 변하다, 이동하다 advanced 첨단의, 선진의 eco-friendly 친환경적인 transform 전환시키다 multifaceted 다각적인 milestone 중대한 사건 launch 출시하다 achieve 달성하다 self-sufficiency 자급자족 year-round 연중 내내 nutrition 영양 variety 품종 pest 해충 management 관리 improvement 개선 import-dependent 수입에 의존하는 domestic 국내의 alternative 대체의 carbon 탄소 valuable 가치 있는 entire 전체의 promote 촉진하다 urbanization 도시화 innovation 혁신 strengthen 강화하다

08

정답 ④

해설 수소가 에너지원으로서 매력적이라는 주어진 글 다음에는 수소의 장점을 이어 설명하다가 단점을 언급하는 (C)가 온 후, Additionally로 시작하여 수소의 단점을 추가적으로 소개하는 (B)가 와야 한다. 마지막으로 수소 주유소가 흔하지 않아 수소 자동차 연료 공급이 어렵다는 (B)의 마지막 문장을 This로 받아, 이것이 수소 연료 차 개발을 방해했다는 내용으로 이어지는 (A)가 오는 것이 자연스럽다. 따라서 글의 순서로 가장 적절한 것은 ④ '(C) - (B) - (A)'이다.

해석 수소는 중량으로 휘발유의 약 3배만큼 에너지를 저장하기 때문에 항상 에너지원으로서 매력적이었다. (C) 전기를 생산하기 위해 연료 전지에서 사용될 때, 그것의 부산물은 마실 수 있을 만큼 충분히 순수한 물과 다른 목적으로 사용될 수 있는 열이다. 하지만 단점이 있는데, 수소는 비싸고 분리하기 어렵다는 것이다. (B) 게다가, 수소 가스의 원자는 밀도가 너무 희박해서 연료 탱크와 같은 작은 공간에 크게 유용할 만큼 충분히 채워 넣기가 어렵고, 그것은 인화성이 매우 클 수 있다. 여기에 더해, 수소 주유소는 흔하지 않기 때문에, 수소 자동차 연료 공급은 물류적으로 어렵다. (A) 이것이 수소 연료 차 개발을 어렵게 해왔는데, 왜냐하면 사람들은 연료를 공급하기 어려운 비싼 차를 사는 것을 좋아하지 않았고, 주유소는 수소 자동차 소유자가 많이 없는 한 수소에 투자하지 않을 것이기 때문이다.

어휘 hydrogen 수소 store 저장하다 fuel 연료를 공급하다; 연료 atom 원자 sparse (밀도가) 희박한 pack 채워 넣다 flammable 인화성의 logistically 물류적으로 fuel cell 연료 전지 by-product 부산물 downside 단점 isolate 분리시키다

09

정답 ③

해설 도시의 환한 불빛 때문에 대도시의 많은 거주자들은 은하수를 볼 수 없고, 관측소의 기구들이 쓸모없어지고 있고, 아마추어 천문학자들 역시 눈이 어둠에 적응하는 능력을 방해받는다는 내용의 글이다. 따라서 글의 흐름상 어색한 문장은 인간의 눈은 훌륭하지만 어둠에 적응하는 데는 매우 오래 걸릴 수 있다는, 빛 공해와 관련 없는 내용의 ③이다.

해석 대도시의 많은 거주자들은 그들이 사는 곳에서 은하수를 볼 수 없는데, 도시 지역의 불빛이 에너지 대부분을 흔히 쓸데없이 하늘을 향해 쏟으면서 발생하는 밝기 때문이다. 이것은 단지 아마추어 천문학자들에게만 문젯거리인 것은 아닌데, 도시 지역 근처의 관측소들은 점점 더 도시의 환한 빛 때문에 기구들이 쓸모없게 될 위험에 처해 있다. 아마추어 천문학자들에게는, 밝고 환한 빛이 어둠에 적응하는 눈의 능력을 방해한다는 추가적인 문제가 있는데, 심지어 달리 빛 공해가 없는 지역에서도, 밤새도록 켜 놓은 이웃의 차고 불빛이 문제를 일으킬 수 있다. (인간의 눈은 훌륭한 도구이지만, 어둠에 적응하는 데는 매우 오랜 시간이 걸릴 수 있다.) 빛 공해에 대한 장기적인 해결책은 도시 지역의 더 스마트한 조명을 수반하는데, 여기에는 전력량이 위쪽(하늘)으로 낭비되지 않게 조명을 차폐하는 것이 포함된다. 하지만 단기적으로, 가장 좋은 해결책은 흔히 단순히 도시를 벗어나, 근처에 빛 공해가 적은 지역을 찾는 것이다.

어휘 inhabitant 거주자 the Milky Way 은하수 urban 도시의 amateur 아마추어의 astronomer 천문학자 observatory 관측소 glare 환한 빛; 환하다 interfere with ~을 방해하다 adjust to ~에 적응하다 free of ~이 없는 lighting 조명 shielding 차폐 wattage (와트로 표현되는) 전력량

10

정답 ②

해설 공무원이 대중에게 이로운 다양한 목적을 위해 필요한 자료를 얻으려 보고를 요구하는 행정 부담을 지울 수 있다는 내용의 글이다. 즉, 그 행정 부담을 정당화하는 목적은 유용한 정보 수집이므로, 빈칸에 들어갈 말로 가장 적절한 것은 ② '중요하거나 심지어는 필수적인 지식에 대한 접근을 보장하는'이다.

① 공무원이 부적절한 사익을 추구하는 것을 막는 → 부패 방지나 사적 이익 차단과 관련된 내용은 언급되지 않았다.
③ 복잡한 문제에 대한 창의적인 해결책을 개발하는 → 행정 부담의 목적은 단순 정보 수집이라는 내용으로, 문제 해결로까지 전개되지는 않았다.
④ 기술이 필요하고 보수가 좋은 직업들을 다양화하는 → 글에서 명시된 행정 부담의 목적은 정보 수집에 그치며, 언급된 예시들을 포괄하는 선지도 아니다.

해석 공무원은 다양한 목적을 위해 이용될 수 있는 자료를 얻기 위해 보고 요구를 포함한 행정 부담을 지울지도 모르고, 그것이 대중에게 큰 이익이 될 수도 있다. 예를 들어, 공무원은 전국적 유행병 기간에 도움을 주는 직업 훈련이나 재정 지원을 받는 사람들이 실제로 관련 프로그램으로부터 혜택을 받고 있는지 알고 싶을 수도 있다. 그들은 그 훈련이나 그 지원으로 무엇을 하는가? 행정 부담은 그 질문에 대한 답을 얻기 위해 필수적일 수 있다. 또는 정부가 전염병의 확산을 줄이거나, 고속도로 개발을 촉진하거나, 유해 폐기물 관리를 감시하거나, 조종사가 제대로 검증되고 비행기가 제대로 유지 보수되게 보장하거나, 식품 안전 프로그램이 어떻게 작동하고 있는지 확인하기 위해 노력하고 있다고 가정하자. 행정 부담에 관한 정보 수집 요구를 받는 사람들로부터 불평이 있을 수도 있지만, 그것은 중요하거나 심지어는 필수적인 지식에 대한 접근을 보장하는 수단으로 정당화될 수 있다.

어휘 impose 부과하다 administrative burden 행정 부담 pandemic 전국적 유행병 infectious 전염성의 promote 촉진하다 hazardous 위험한 certify 증명[보증]하다 complaint 불평 pursue 추구하다 indispensable 필수적인 diversify 다양화하다

01	①	02	③	03	①	04	②	05	②
06	④	07	③	08	②	09	③	10	④

01

정답 ①

해설 서로 다른 배경을 가진 직원들이 독특한 아이디어와 관점을 제공한다는 것을 보아 직장에서 창의력을 촉진하는 것은 다양성임을 알 수 있다. 따라서 빈칸에 들어갈 말로 가장 적절한 것은 ① 'Diversity(다양성)'이다.
② 감수성, 섬세함 ③ 획일성, 순응 ④ 일관성

해석 직장에서의 <u>다양성</u>은 창의력을 촉진하는데, 서로 다른 배경을 가진 직원들이 독특한 아이디어와 관점을 제공하기 때문이다.

어휘 workplace 직장 foster 촉진하다 creativity 창의성 background 배경 unique 독특한 perspective 관점

02

정답 ③

해설 등위접속사 and로 병렬된 두 문장 중 첫 번째 문장의 본동사 자리에 해당하며, 교사와 학생들, 교장이 '신나게 하는' 것이 아니라 '신난' 것이므로 수동태를 사용해야 한다. B as well as A에서 수일치는 B에 맞춰야 하는데, The principal이 단수 명사이기 때문에 단수 동사가 와야 한다. 따라서 빈칸에 들어갈 말로 가장 적절한 것은 ③ 'is excited'이다.

해석 교사들과 학생들뿐만 아니라 교장도 다가오는 학교 행사에 대해 신나 있으며 모두가 그 행사의 성공을 보장하기 위해 함께 노력하고 있다.

어휘 principal 교장 upcoming 다가오는 ensure 보장하다

03

정답 ①

해설 (feel → feeling) 'cannot help RVing'는 '~하지 않을 수 없다'라는 뜻의 관용 표현이므로 feel을 동명사 feeling으로 고쳐야 한다. 같은 의미를 지닌 'cannot (help) but RV', 'have no choice but to RV'와의 구별에 유의해야 한다.
② 준사역동사 help는 (to) RV를 목적격 보어로 취하므로 (to) grow는 알맞게 쓰였다.
③ it is를 축약한 형태인 it's에서 be동사의 주격 보어 역할을 하는 동명사 speaking이 앞에 쓰여 있으므로 등위접속사 or와 함께 병렬된 동명사 learning은 적절하다.
④ remain이 2형식 동사로 쓰이면 형용사를 보어로 취하므로, 형용사 persistent는 적절하게 쓰였다.

해석 때때로 우리는 낯선 상황에서 긴장을 느끼지 않을 수 없다. 그러나 그런 순간들을 직면하는 것은 우리를 성장하게 도와준다. 공개적으로 말하는 것이든 새로운 기술을 배우는 것이든 간에, 긴장감은 자연스럽지만, 그것이 우리를 억제해서는 안 된다. 작은 발걸음을 떼고 끈기를 유지함으로써 우리는 시간이 지나면서 두려움을 자신감으로 바꿀 수 있다.

어휘 nervousness 긴장감 hold back 억제하다 persistent 끈질긴

04

정답 ②

해설 사직 후 계획에 관해 묻는 상황이다. 빈칸 뒤에서 A가 금액은 급여와 근무 기간에 달려있다고 하는 것으로 보아, 빈칸에서는 B가 실업 급여를 얼마나 수령할 수 있는지를 물었음을 알 수 있다. 따라서 빈칸에 들어갈 말로 가장 적절한 것은 ② '얼마나 받을 수 있나요'이다.
① 무엇을 제출해야 하나요
③ 왜 사직하기로 결정하셨나요
④ 혜택은 어디에서 신청할 수 있나요

해석 A: 사직 후에는 어떤 계획이 있나요?
B: 그냥 잠시 쉬려고 해요.
A: 하지만 그동안 수입이 없어도 괜찮겠어요?
B: 솔직히, 그것 때문에 좀 걱정돼요. 저축한 돈을 다 써버릴지도 몰라요.
A: 실업 급여를 받을 자격이 있을 수도 있어요. 여기서 180일 이상 근무하셨나요?
B: 네 했어요. 얼마나 받을 수 있나요?
A: 금액은 당신의 급여와 근무 기간에 따라 달라요. 더 자세한 내용은 정부 웹사이트에서 확인해 보세요.

어휘 resign 사직하다 take a break 잠시 휴식을 취하다 income 수입 saving 저축한 돈 eligible 적격의 unemployment benefit 실업 급여 salary 급여 submit 제출하다 claim 청구[신청]하다

05

정답 ②

해설 전기 요금이 납부되지 않았고, 계속해서 납부하지 않으면 서비스가 종료될 수 있음을 안내하며 연체된 요금을 납부할 것을 요청하는 글이다. 따라서 글의 목적으로 가장 적절한 것은 ② '연체된 요금을 납부할 것을 요구하려고'이다.
① 고객의 납부 절차에 대해 안내하려고 → 전기 요금의 납부를 요청할 뿐, 납부 절차에 대한 내용은 언급된 바 없다.
③ 고객의 현재 주소에 대해 문의하려고 → 고객의 현재 주소는 이미 알고 있다.
④ 전기 서비스 관련 질문에 답하려고 → 전기 서비스 관련 질문에 대한 내용은 언급된 바 없다.

06

정답 ④

해설 글의 후반부에서 Folsom 씨가 지난 10년 동안 한 번도 연체한 적이 없다고 언급되므로, 글의 내용과 일치하지 않는 것은 ④ 'Folsom 씨는 지난 10년 동안 여러 번 납부를 놓친 적이 있다.'이다.
① Folsom 씨는 이전에 회사로부터 여러 번 통지를 받았다. → 글의 초반부에서 언급된 내용이다.
② 요금이 납부되지 않으면 전기 서비스는 종료될 것이다. → 글의 중반부에서 언급된 내용이다.
③ 의료 문제가 있는 고객은 납부 연기에 대해 논의할 수 있다. → 글의 중반부에서 언급된 내용이다.

05-06

수신: Orlando Folsom <orlando_f@redmail.com>
발신: 고객 서비스 <customerservice@racineelectricity.org>
날짜: 11월 27일
제목: 중요 뉴스

Folsom 씨에게,

저희 Racine 전기에서 이메일로 이미 여섯 번의 고지서를 보냈으나 고객님께서 그중 어느 것에도 답장을 보내지 않으셨습니다. 이것은 10월 15일 납부 기한이었던 9월 전기 요금이 6주 연체되었음을 알려드리기 위한 것입니다. 가능한 한 빨리 요금 전액을 납부해 주시기 바랍니다.

현재 고객님의 주소는 Ashburn길 98번지로 기재되어 있습니다. 9월 한 달 동안 해당 거주지의 전기 요금은 324.98달러였습니다. 저희는 아직 그것을 받지 못했습니다. 12월 10일까지 요금을 완납하지 않으면 고객님의 주택에 대한 전기 서비스가 종료됩니다. 의료 또는 재정 문제 또는 기타 유사한 문제로 인해 요금을 납부하지 못하는 경우, (803) 555-9832로 연락하여 납부 연기를 포함한 옵션에 대해 논의할 수 있습니다.

가능한 한 빨리 이 이메일에 회신해 주시기 바랍니다. 지난 10년 동안 한 번도 연체한 적이 없으셨기에, 저희는 우려되어 이에 대해 알려드리고자 합니다.

진심을 담아,

고객 서비스
Racine 전기

어휘 notice 고지서, 통지 respond 답장하다 inform 알려주다 electricity 전기 bill 요금 make the payment 납부하다 current 현재 list 기재하다 residence 거주지 receive 받다 terminate 종료하다 medical 의료의 financial 재정의 discuss 논의하다 concern 우려하다 procedure 절차 overdue 기한이 지난 previously 이전에 postpone 연기하다 decade 10년

07

정답 ③

해설 4번째 문장에서 모든 레시피는 따라 하기 쉽고 준비와 조리 시간이 1시간 이상 걸리지 않는다고 언급되므로, 글의 내용과 일치하는 것은 ③ '앱은 빠르고 쉬운 레시피를 제공한다.'이다.
① 앱은 정부에서 만들었다. → 첫 문장에서 비정부기구인 Good Eating에서 앱을 출시했다고 언급되므로 옳지 않다.
② 사용자는 다른 사람들이 시도할 수 있도록 레시피를 제출할 수 있다. → 3번째 문장에서 앱이 상세한 식사 계획을 제공한다고 언급될 뿐, 사용자가 레시피를 제출할 수 있다는 내용은 언급되지 않으므로 옳지 않다.
④ 앱을 사용하려면 누구나 요금을 지불해야 한다. → 마지막 3번째 문장에서 Good Eating의 유료 회원에게는 앱이 무료로 제공된다고 언급되므로 옳지 않다.

해석 올바른 식사를 위해 Good Eating의 새로운 앱을 사용해 보세요

사람들에게 올바르게 먹고 맛있고 건강한 식사를 준비하도록 가르치는 데 전념하는 비정부기구인 Good Eating에서 최신 앱을 발표하게 되어 기쁘게 생각합니다. 'Good Eating 식사 플래너'라고 불리는 이 앱은 아침, 점심, 저녁 식사에 대한 일일 레시피를 제공합니다. 사용자가 선호하는 음식을 입력하기만 하면 앱에서 상세한 식사 계획을 제공합니다. 모든 레시피는 따라 하기 쉽고, 저렴하고 구하기 쉬운 제철 재료를 필요로 하며, 준비와 요리 시간이 1시간 이상 걸리지 않습니다. 이 앱은 Good Eating의 모든 유료 회원에게 무료로 제공됩니다. 비회원이 앱을 사용하려면 연간 20달러의 요금을 지불해야 합니다. 지금 앱을 다운로드하여 1개월 무료 체험을 사용해 보세요.

어휘 properly 올바르게 nongovernmental 비정부의 organization 기구 dedicated to ~에 전념하는 announce 발표하다 input 입력하다 preference 선호 require 필요하다 easy-to-find 발견하기 쉬운 seasonal 제철, 계절의 ingredient 재료 available 이용 가능한 trial 체험 submit 제출하다

08

정답 ②

해설 사람들이 자신이 과거에 했던 말을 부정하거나 바꾸는 이유에 대해 설명하는 글이다. 단순히 비난을 피하기 위해서가 아니라 타인에게 부정적으로 비칠까 걱정하여, 즉 좋은 이미지를 유지하려는 심리적 동기에서 비롯된 행동이라는 것이다. 따라서 글의 주제로 가장 적절한 것은 ② '과거 발언을 바꾸는 이면의 동기'이다.
① 갈등을 다루는 데 있어 공감의 역할 → 타인에 대한 공감이 아니라 자신의 이미지에 대한 걱정으로 말을 바꾼다는 것이 글의 주제이고, 갈등에 대해 중점적으로 다루지 않는다.
③ 과거의 정서적 고통을 극복하는 방법으로서의 거짓말 → 이 글에서 다루는 말 바꾸기는 고의적인 거짓말은 아니며, 정서적 고통을 극복하는 내용도 아니다.
④ 과거의 말을 부정했을 때 생기는 예상치 못한 결과들 → 말을 부정함으로써 발생하는 결과가 아니라 그 행동의 원인 및 동기를 분석하는 내용의 글이다.

해석 사람들은 특히 자신의 말이 누군가에게 상처를 주거나 불쾌감을 주는 경우 때때로 이전에 했던 말을 부정한다. 예를 들어, 누군가는 강한 의견을 표현했다가 나중에 의도한 것이 아니었다고 주장하거나 심지어 아예 그런 말을 한 적이 없다고 주장하기도 한다. 흥미롭게도 사람들은 처음 발언할 때와 같은 자신감으로 이전 발언을 부정할 수도 있다. 이는 정직하지 않은 것처럼 보일 수도 있지만, 보통은 긍정적으로 보이고자 하는 욕구에서 비롯된 것이다. 사람들은 자신의 말이 누군가를 화나게 했다는 것을 깨달으면, 후회하고 자신이 어떻게 인식되는지에 대해 걱정하는 경우가 많다. 이 문제를 해결하기 위해 사람들은 처음 한 말보다 더 사려 깊게 보이기 위해 원래의 말을 바꾸거나 부드럽게 표현할 수 있다. 발언을 부정하거나 수정하는 것은 항상 비난을 피하기 위한 것이 아니라 좋은 이미지를 유지하려는 욕구에서 비롯된 경우가 많다. 즉, 사람들은 기억이 나지 않거나 생각이 바뀌었기 때문이 아니라 다른 사람이 자신을 어떻게 볼지 신경 쓰기 때문에 자신의 말을 바꾼다.

어휘 deny 부정하다 statement 말, 발언 previously 이전에 offend 불쾌하게 하다 remark 발언 confidence 자신감 dishonest 정직하지 못한 stem from ~에서 비롯되다 perceive 인식하다 rephrase 바꾸어 말하다 considerate 사려 깊은 alter 바꾸다, 수정하다 empathy 공감 overcome 극복하다 unforeseen 예상치 못한 consequence 결과

09

정답 ③

해설 주어진 문장은 이것(This)이 그들이 선택한 제품을 통해 새로운 정체성을 형성할 수 있게 해주었다는 내용을 담고 있다. 여기서 This는 '새로운 정체성을 형성할 수 있는 환경'을 가리키며, 이는 ③ 앞 문장에서 언급된 '변화하는 사회에서의 소비재를 통한 정체성 표현'의 내용과 자연스럽게 연결된다. 또한 ③ 뒤에는 사람들이 기성복을 더 많이 구매하기 시작하며 옷과 연결된 정체성을 형성하는 예시가 제시되므로, 주어진 문장이 이를 도입하는 역할을 한다. 마지막으로, ④ 뒤의 This ready-made clothing은 ④ 앞의 ready-made clothes를 가리키며 단절 없이 이어지므로, 주어진 문장이 들어갈 위치로 가장 적절한 것은 ③ 이다.

해석 미디어 역사가 Michael Schudson은 현대 사회에서 사람들은 대량 생산된 상품을 구매하고 사용함으로써 자신들의 사회적 욕구를 충족할 수 있으리라 믿는다고 썼다. 1800년대 후반에는, 1년에 두 번 새로운 상품을 받을 수 있었던 오래된 직물 및 의류 가게와 대조적으로, 빈번하게 새 상품을 받은 다음 그것을 빠르게 판매했던 백화점이 등장했다. 사람들이 빠르게 성장하는 도시로 진입하고 전통적인 공동체와 멀어지면서, 소비재는 변화하는 사회에서 그들이 누구인지를 표현하는 방식이 되었다. 이것은 그들로 하여금 그들이 선택한 제품들을 통해 자신의 새로운 정체성을 형성할 수 있도록 해주었다. 예를 들어, 1920년대에, 사람들은 스스로 옷을 바느질하기보다는 기성복을 더 많이 사기 시작했다. 그들이 광고를 통해 알게 된 이 기성복은 그들로 하여금 유행을 따르고 '현대적'이 되도록 해주었고, 그 옷들과 어울리는 정체성을 '몸에 걸칠' 수 있게 해주었다.

어휘 identity 정체성 mass-produced 대량 생산된 merchandise 상품, 제품 frequently 빈번하게 in contrast to ~와 대조적으로 dry-goods 직물의 ready-made 기성품의 sew 바느질하다 fashionable 유행을 따르는 go with ~와 어울리다

10

정답 ④

해설 물 낭비의 원인이 낮은 수도 가격이라는 내용의 글로, 수도 계량기 설치가 미비하여 모든 사용량에 단일한 낮은 요금을 청구하니 사용자가 물을 절약할 동기가 없다고 설명한다. 따라서 빈칸에 들어갈 말로 가장 적절한 것은 ④ '이 소중한 자원에 대한 낮은 가격 책정'이다.

① 지역 수도 당국의 위법 → 수도 당국 정책의 문제점을 이야기할 뿐, '위법' 행위에 관해서는 언급된 바 없다.

② 규제 시스템의 형식 준수 → 물 사용을 규제하는 시스템에 관한 언급은 없으며, 공공 수도 시스템을 규제 시스템으로 본다고 하더라도 그것이 형식에 치중한다는 내용은 없다.

③ 수도 계량기의 과도한 설치 → 오히려 수도 계량기의 부족이 물 낭비의 원인에 일조한다는 내용이다.

해석 과도한 물 사용과 낭비의 주요 원인은 이 소중한 자원에 대한 낮은 가격 책정이다. 많은 수도 당국은 물 사용에 정액 요금을 청구하고, 몇몇은 물을 가장 많이 사용하는 사용자들에게 훨씬 더 적게 청구한다. 예를 들어, 미국의 모든 공공 수도 시스템의 약 5분의 1은 수도 계량기를 갖추고 있지 않고, 거의 한계 없이 양질의 물을 사용하는 것에 단일한 낮은 요금을 청구한다. 또한 많은 아파트 거주자들은 물을 절약할 동기가 거의 없는데, 물 사용이 집세에 포함되어 있기 때문이다. 콜로라도주의 Boulder에서 수도 계량기를 도입했을 때, 인당 물 사용량이 40% 감소했다. 연구자들은 수도 가격을 10% 올릴 때마다 가정의 물 사용량이 3~7% 줄어든다는 것을 발견했다.

어휘 authorities 당국 charge 청구하다 flat fee 정액 요금 water meter 수도 계량기 rate 요금 dweller 거주자 incentive 동기, 장려책 conserve 아끼다, 절약하다 rent 집세, 임차료 domestic 가정의 illegitimacy 위법, 부조리 formality 형식 (준수) installation 설치 underprice 적정 가격보다 낮게 매기다

| 01 | ③ | 02 | ② | 03 | ③ | 04 | ① | 05 | ④ |
| 06 | ③ | 07 | ① | 08 | ③ | 09 | ④ | 10 | ④ |

01

정답 ③

해설 그가 몇 달간의 연습 끝에 정확성과 창의성을 바탕으로 고객의 요구를 충족하는 소프트웨어를 개발할 수 있게 된 것으로 보아 코딩에 능숙해졌음을 알 수 있다. 따라서 빈칸에 들어갈 말로 가장 적절한 것은 ③ 'proficient (능숙한)'이다.

① 부족한 ② 조심스러운 ④ 피상적인

해석 그는 몇 달간의 연습 끝에 코딩에 능숙해졌고, 정확성과 창의성을 바탕으로 고객의 요구를 충족하는 소프트웨어를 개발할 수 있게 되었다.

어휘 client 고객 precision 정확성 creativity 창의성

02

정답 ②

해설 rather than에 유의했을 때, 빈칸에는 약점을 대상으로, 도전을 피하거나 쉽게 안주하는 것과 반대되는 행위가 와야 함을 알 수 있다. 따라서 빈칸에 들어갈 말로 가장 적절한 것은 ② 'confront(직면하다)'이다.

① 부인하다 ③ 유지[보유]하다 ④ 확신시키다, 설득하다

해석 매니저는 팀에게 도전을 회피하거나 쉬운 것에 안주하지 말고 자신의 약점을 직면하도록 독려했다.

어휘 weakness 약점 evade 회피하다 challenge 도전 settle for ~에 안주하다

03

정답 ③

해설 (allowing → allowed) 문장의 주어는 Advances인데, 동사가 없는 구조이다. 또한, 맥락상 과거 시제로 써야하므로 준동사인 allowing을 과거 시제 동사 allowed로 고쳐야 한다.

① '매우, 심하게'라는 의미인 부사 heavily는 동사인 relied를 수식하여 적절하게 쓰였다.

② 2형식 자동사인 became 뒤에 주격 보어로 형용사 great가 온 것은 적절하다.

④ locate는 '~을 위치시키다'를 뜻하는 3형식 타동사인데, 주어인 마을들이 '위치되는' 것이므로, 수동태 be located가 적절하게 쓰였다. 또한 'don't have to RV'는 '~할 필요가 없다'라는 뜻의 구조동사이므로 동사원형으로 쓰인 것도 적절하다.

해석 초기 마을들은 자연과의 조화를 유지했다. 사람들은 땅에 매우 의존했고, 마을들은 비옥한 땅을 앞지를 만큼 크게 발달할 수 없었다. 그와 같이, (사람) 수가 너무 많아지면 다른 농지를 이용하여 근처에 새로운 마을이 세워지곤 했다. 그러나 농업 기술의 발전으로 더 작은 부분의 땅이 더 풍부한 작물을 재배할 수 있게 되었다. 게다가, 교통의 개선으로 식료품이 멀리 운송될 수 있게 되었고, 따라서 마을들은 농지 가까이에 위치할 필요가 없었다.

어휘 harmony 조화 heavily 매우 overtake 따라잡다, 앞지르다 fertile 비옥한 utilize 이용하다 advance 발전 cultivate 재배하다 abundant 풍부한 ship 운송하다

04

정답 ①

해설 Delight Enterprises와 Sarah가 다음 주에 예정된 면접에 관해 이야기 하는 상황이다. 빈칸 앞에서 Sarah가 이번 기회를 거절해야 할 것 같다고 말한 후 Delight Enterprises가 빈칸과 같이 질문하자, Sarah가 다른 회 사의 제안을 수락했다고 설명했다. 따라서 빈칸에서는 Delight Enterprises가 면접 기회를 거절하는 이유를 물었음을 알 수 있으므로, 빈칸에 들어갈 말로 가장 적절한 것은 ① '혹시 그렇게 결정하신 이유를 여쭤봐도 될까요'이다.
② 면접 일정을 변경하는 게 어떨까요
③ 이 직책에 어떻게 지원할 수 있나요
④ 그 제안을 한 회사는 어디인가요

해석 Delight Enterprises: 안녕하세요, 여기는 Delight Enterprises입니다. 다음 주 수요일 오후 3시에 예정된 면접에 대해 간단히 다시 한번 알려드 립니다.
Sarah: 더 일찍 연락을 드렸어야 했네요. 유감스럽게도 이번 기회는 거절 해야 할 것 같습니다.
Delight Enterprises: 혹시 그렇게 결정하신 이유를 여쭤봐도 될까요?
Sarah: 제 현재 상황에 더 적합한 다른 회사의 제안을 받아들이기로 결정 했어요.
Delight Enterprises: 이해합니다. 새 직무에서 행운을 빌겠습니다!
Sarah: 이해해 주셔서 정말 감사합니다.

어휘 enterprise 기업 reminder (잊지 않도록) 상기시키는 것 reach out ~에 게 연락을 취하다 unfortunately 유감스럽게도 turn down ~을 거절하 다 opportunity 기회 suit 적합하다 reschedule 일정을 변경하다 position 직책, 직무

05

정답 ④

해설 NTA가 여름 방학에 지역 초등학교 교사들을 대상으로 개최하는 프로그램 을 소개하는 글로, 프로그램에서 수업 성과를 향상시킬 수 있는 새로운 기 술을 습득할 수 있다고 언급하고 있다. 따라서 글의 제목으로 가장 적절하 것은 ④ '이번 여름에 교육 기술을 향상하세요'이다.
① 온라인 수업을 위한 효과적인 전략을 배우세요 → 수업 시 인터넷 사용 법을 가르친다고 언급되긴 하나 이는 프로그램에서 가르치는 교육 기술 중 하나에 불과하므로 정답이 되기엔 지엽적이다.
② 초등학교 교사가 되는 방법 → 초등학교 교사가 되는 방법에 대한 내용 은 언급된 바 없다.
③ NTA에 가입하고 성과를 향상하세요 → NTA가 개최하는 행사인거지, NTA에 가입라는 내용이 아니다.

06

정답 ③

해설 초등학교 교사 연수 프로그램에 지역의 모든 1~6학년 교사가 참여할 수 있다는 내용이다. 맥락상 eligible은 '자격이 있는'이라는 뜻으로 쓰였으 므로, 이와 의미가 가장 가까운 것은 ③ 'qualified(자격이 있는)'이다.
① 능숙한 ② 관련된 ④ 흥미 있는

05-06

해석
이번 여름에 교육 기술을 향상하세요

전국교사협회(NTA)는 여름방학 동안 지역 초등학교 교사를 위한 특 별 연수 프로그램을 개최합니다. 이 프로그램은 약 2주간 진행되며, 수업은 월요일부터 목요일까지 오전 9시부터 오후 4시까지 진행됩 니다. 교사들은 수업 성과를 향상할 새로운 기술을 습득할 수 있을 것입니다.

날짜: 8월 1일~11일
장소: Harper 홀
가격: 450달러

* 지역의 모든 1~6학년 교사는 이 프로그램에 (참여할) 자격이 있습 니다. 120개의 자리만 제공되므로 서둘러 예약하세요.
* 대부분의 학교에서는 프로그램 비용을 전액 환불해 주므로 등록하 기 전에 교장 선생님과 상의하세요.
* 교사는 최신 교수법, 수업 시 인터넷 사용 방법, 교실 관리 팁을 배 울 것입니다. 또한, 역할극 활동에 참여하고 수업 시연을 할 것입 니다.

예약: 9403-8332로 전화하여 프로그램 자리를 예약하세요.

어휘 national 국가의 association 협회 host 개최하다 acquire 습득 하다 performance 성과 available 이용할 수 있는 reservation 예약 refund 환불 principal 교장 sign up 등록하다 latest 최신의 participate 참여하다 role-playing 역할극 strategy 전략

07

정답 ①

해설 이 글은 우리가 다른 사람들에게 피해를 주면 그 사람을 더 싫어하게 되고, 친절을 베풀면 그 사람을 더 좋아하게 된다는 인간 본성에 대한 연구 결과를 말하고 있다. 우리가 타인에게 피해를 준 사실을 인정하는 순간 자신이 나쁜 사람이 된다는 부조화를 인정하지 못하고 합리화한다는 내용이 이어지고 있으므로, 글의 요지로 가장 적절한 것은 ① '우리는 합리화를 위해 행동에 따라 감정을 조정하는 경향이 있다.'이다.

② 비이성적인 행동을 정당화하는 것은 다른 사람들과 갈등을 일으킬 뿐이다. → 비이성적인 행동의 정당화에 관한 내용이 아니라, 행동 자체를 정당화하는 이유에 관한 글이다. 또한 행동을 정당화함으로써 내적 갈등이 해소된다는 내용일 뿐, 외적 갈등에 관해선 언급되지 않았다.

③ 당신의 정신 건강을 위해 해로운 관계를 멀리해라. → 해로운 관계를 멀리하라는 내용은 언급되지 않았다.

④ 작은 친절한 행동이 더 큰 친절로 되돌아올 것이다. → 내가 누군가에게 친절을 베풀면 내가 그 사람에 대해 긍정적인 감정이 생기게 될 것이라는 내용이지, 상대방의 감정이나 행위에 관해 언급하고 있진 않다.

해석 인간 본성에 대한 연구는 사람들이 다른 사람들에게 피해를 준 후에 그들을 더 싫어한다는 것을 보여 준다. 비록 사실일 수는 있지만 우리가 싫어하는 사람들에게 해를 끼친다고 말한 것은 아니라는 점을 유의하기 바란다. 요점은 우리가 고의든 우연이든, 다른 사람에게 피해를 줄 때, 우리는 무의식적으로 그 사람을 싫어하게 된다는 것이다. 이것은 부조화를 해소하기 위한 시도이다. 발생한 내적 갈등은, "내가 이것을 왜 이 사람한테 했을까?" 하는 것이다. 그다음에 합리화는, "내가 그를 정말 안 좋아하기 때문이고 그는 그것을 당할만 하기 때문이야. 그게 아니라면 난 나쁘거나 경솔한 사람이 되는 건데, 그건 그럴 수 없지."가 된다. 이것은 역으로도 작용한다. 우리는 그 혹은 그녀를 위해 좋은 일을 한 후에 그 사람을 더 좋아한다. 우리가 누군가에게 친절을 베풀면, 우리는 그 사람에 대해 긍정적인 감정을 가지게 될 가능성이 크다.

어휘 on purpose 고의로 by accident 우연히 unconsciously 무의식적으로 dissonance 부조화, 불일치 rationalization 합리화 careless 부주의한, 경솔한 in reverse 반대로 adjust 조정하다 justify 정당화하다

08

정답 ③

해설 창의성의 귀감으로서의 Shakespeare의 은유를 예를 통해 소개하는 주어진 글 다음에는 Such metaphors로 그런 은유가 만들어내기 어렵기 때문에 Shakespeare는 문학적 천재로 여겨진다는 내용의 (B)가 와야 한다. 그다음에는 (B)에서 언급된 기발한 비유의 연속에 대해 "There's daggers in men's smiles."를 예시로 들어 설명하는 (C)가 온 후, 마지막으로 (C)에서 제시한 예시에 대한 필자의 해석을 At least that is how I interpret it.으로 표현하는 (A)가 오는 것이 자연스럽다. 따라서 글의 순서로 가장 적절한 것은 ③ '(B) - (C) - (A)'이다.

해석 Shakespeare의 은유는 창의성의 귀감이다. "사랑은 한숨의 연기로 만들어진 연기이다." "역경의 달콤한 우유, 철학." "남자들의 미소에는 단검이 있다." (B) 그런 은유는 볼 때는 분명해지지만 창작하기 매우 어렵고, 그것이 Shakespeare가 문학적 천재로 여겨지는 한 가지 이유이다. 그러한 은유를 만들어 내기 위해 그는 일련의 기발한 비유들을 보아야만 했다. (C) 그가 "남자들의 미소에는 단검이 있다"라고 쓸 때, 그는 단검이나 미소에 관해 말하고 있는 것이 아니다. 단검은 악의와 비슷하고, 남자들의 미소는 기만과 비슷하다. 단 다섯 단어 안에 두 가지 기발한 비유가 있다. (A) 적어도 그것이 내가 그것을 해석하는 방법이다. 시인들은 새로운 방식으로 세상을 밝히는 식으로, 겉으로 보기에 관련 없는 단어나 개념의 연관성을 보여 주는 재능을 가지고 있다. 그들은 더 높은 수준의 구조를 가르치는 한 가지 수단으로 예상치 못한 비유를 만들어 낸다.

어휘 metaphor 은유 paragon 귀감, 모범 fume 연기 adversity 역경 dagger 단검 correlate 연관성을 보여 주다 seemingly 겉으로 보기에 unrelated 관계없는 manner 방식 illuminate 밝히다 analogy 비유 literary 문학적인 succession 연속(물) analogous to ~와 비슷한 ill intent 악의 deceit 기만

09

정답 ④

해설 교육과정의 정의를 서술한 후, 프랑스어와 수학 교육과정을 예시로 들어 그것이 어떻게 구성되고 적용되는지에 관해 설명하는 글이다. 따라서 글의 흐름상 어색한 문장은 수학에는 과학적인 본질이 있다는 내용의 ④이다.

해석 학교는 교육과정, 즉 교육과정의 설계자가 학생들이 특정 과목에서 '자격을 갖춘' 것으로 여겨지기 위해 배워야 한다고 생각하는 것을 구성하는 합의된 일련의 과정으로 가득 차 있다. 프랑스어 교육과정은 그 교육과정의 설계자에게 적절하다고 여겨지는 대로 프랑스의 언어, 문화, 역사의 특정 측면을 다룬다. 수학 교육과정은 3학년에 특정 자료, 고등학교 때 기하학의 특정 부분을 다루는 식이다. 대학이 4년간의 수학을 요구한다고 말할 때, 그들은 수학의 어느 특정한 측면에 대하여, 특정한 몇 년에 걸쳐 학습되고, 마지막에 특정한 시험을 치르는 학습을 요구한다는 것을 의미한다. (수학이 거의 모든 과학적인 논문(방정식이나 통계가 있는 것은 무엇이든)에 사용된다는 사실 때문에, 수학의 과학적 본질에 대한 의심은 거의 없다.) 물론 학교마다 이러한 교육과정에 일부 차이는 있지만, 특히 표준화된 시험이 마지막에 다가올 때는 (차이가) 그렇게 크진 않다.

어휘 curriculum 교육과정(pl. curricula) constitute 구성하다 deem 여기다 qualify 자격을 주다 given 특정한 appropriate 적절한 material 자료 geometry 기하학 equation 방정식 variation 차이 standardize 표준화하다 loom 다가오다, 어렴풋이 나타나다

10

정답 ④

해설 나일강의 범람이 이집트 농업에 미친 영향을 다루는 내용의 글로, 범람의 정도에 따라 풍작(풍요)이나 흉작(결핍)이 발생할 수 있음을 설명하고 있다. 즉, 나일강의 한 해의 범람이 농업 생산량을 결정했다고 볼 수 있으므로, 빈칸에 들어갈 말로 가장 적절한 것은 ④ '풍요 또는 결핍'이다.
① 평화 또는 갈등 → 사회적 갈등이나 평화에 관한 내용은 언급된 바 없다.
② 혁신 또는 전통 → 혁신 또는 전통은 농업 기술의 진보나 문화적 요소와 더 관련 있는 말로, 그런 변화나 비교에 관한 내용은 언급된 바 없으므로 적절하지 않다.
③ 진보 또는 정체 → 본문은 나일강의 범람이 농업 생산량에 미친 구체적 결과에 초점을 맞추고 있는데, 진보 또는 정체는 그보다 더 넓은 개념으로써 사회나 기술적인 변화와 관련된 말이기 때문에 적절하지 않다.

해석 고대 이집트인들은 토양 비옥도를 회복하기 위해 나일강의 연간 범람에 의존했다. 매년 강이 범람하면, 풍부한 토양층이 쌓여 건조한 땅이 농사에 적합해졌다. 이 과정을 최대한 활용하기 위해, 그들은 나일강 주기를 따르는 관개 시스템을 개발했다. 범람 후에는, 그들은 토양을 촉촉하게 유지하고 영양분이 가라앉도록 작은 운하를 폐쇄했다. 시기가 맞으면, 여분의 물을 다시 강으로 배수하고 파종을 시작했다. 그러나 이러한 나일강에 대한 의존에는 위험이 따랐다. 수위가 너무 낮으면 더 높은 지역의 관개가 실패하여 수확량이 줄어들었다. 범람이 너무 많이 발생하면 운하, 경작지, 가옥에 피해를 입혀 재배가 지연되고 생산성이 떨어졌다. 범람의 예측 불가능성은 종종 한 해의 범람이 이집트인들이 풍요 또는 결핍을 경험했는지 여부를 결정할 수 있음을 의미했다.

어휘 annual 연간의 flooding 범람 renew 회복하다 fertility 비옥함 overflow 범람하다 suitable 적합한 irrigation 관개 cycle 주기 canal 운하 nutrient 영양분 drain 물을 빼내다 planting 파종, 재배 reliance 의존 harvest 수확[량] unpredictability 예측 불가능성 innovation 혁신 stagnation 정체 abundance 풍요, 풍부 scarcity 결핍, 부족

01	②	02	①	03	②	04	②	05	②
06	③	07	④	08	③	09	①	10	④

01

정답 ②

해설 기업들의 젊은 나이에 대한 선호 때문에 그녀의 자격이 뛰어남에도 불구하고 간과된 점으로 미루어 보아, 그녀는 구직 과정에서 불공정한 잣대에 직면했음을 유추할 수 있다. 따라서 빈칸에 들어갈 말로 가장 적절한 것은 ② 'prejudice(편견)'이다.
① 평등 ③ 규율 ④ 의무

해석 그녀는 일자리에 지원할 때 편견을 경험했는데, 기업들이 젊은 지원자를 선호하여 그녀의 뛰어난 자격을 무시했기 때문이다.

어휘 apply 지원하다 company 기업 overlook 무시하다 prefer 선호하다 qualification 자격 candidate 지원자

02

정답 ①

해설 빈칸 앞에는 선행사가 없는 구조이며, 빈칸 뒤에는 5형식 동사 find의 목적어가 없는 불완전한 구조이다. 참고로 의문부사 how 및 접속사 that은 뒤에 완전한 절이 와야 하므로 부적절하고, 관계대명사 that 및 관계대명사 which는 뒤에 불완전한 절이 와야 하면서도 동시에 앞에는 선행사가 있어야 하므로 부적절하며, 의문대명사 which로 보더라도 의미상 어색해지므로 부적절하다. 따라서 빈칸에 들어갈 말로 가장 적절한 것은 문장 전체의 주어 역할과 동사 find의 목적어 역할을 동시에 할 수 있고 선행사를 포함하는 관계대명사인 ① 'what'이다.

해석 사실 학생들이 온라인 수업에 대해 가장 어려워하는 것은 대면 상호작용 없이 집중하는 것이다.

어휘 challenging 어려운 in-person 직접, 대면으로 interaction 상호작용

03

정답 ②

해설 (Motivating → Motivated) 분사구문 Motivating은 '~에게 자극을 주다, ~을 동기 부여하다'를 뜻하는 3형식 타동사 motivate가 쓰인 것인데, Motivating의 목적어 역할을 하는 명사가 뒤에 쓰여 있지 않으며 분사구문 Motivating의 의미상 주어인 Bismarck가 '자극 받은' 것이므로, 능동을 나타내는 현재분사 Motivating을 수동을 나타내는 과거분사 Motivated로 고쳐야 한다.
① '~을 시작하다'라는 뜻의 3형식 타동사 start가 쓰인 것인데, 뒤에 start의 목적어 역할을 하는 명사가 쓰여있지 않고 맥락상 주어인 최초의 국가 시스템이 Otto von Bismarck에 의해 '시작된' 것이며, 특정 과거 시점을 나타내는 in 1889가 쓰였으므로 과거시제 수동태로 쓰인 was started는 적절하다.
③ that 뒤에는 주어가 없는 불완전한 구조이므로, the world's first system을 선행사로 받는 주격 관계대명사 that은 적절하게 쓰였다.
④ including은 '~을 포함하여'라는 뜻의 분사형 전치사로써 뒤에 명사나 동명사구를 목적어로 가지므로 적절하게 쓰였다.

해석 최초의 국가 시스템은 1889년 독일에서 Otto von Bismarck에 의해 시작되었다. Bismarck는 사회주의자들이 불만족스러워하는 불평의 일부를 해결하고자 하는 열망에 자극받아 전 국가 노동자들에게 퇴직금을 지급하는 세계 최초의 시스템을 세웠다. 그것은 장애인 노동자에 대한 수당뿐만 아니라 고용주와 정부의 분담금으로 보완된 소득세를 통한 납부를 포함하여, 현재 시스템에서 여전히 발견되는 많은 기능들을 이미 포함하고 있었다.

어휘 complaint 불평, 불만 retirement benefits 퇴직 수당, 퇴직금 supplement 보완하다 contribution 분담금 disabled 장애가 있는

04

정답 ②

해설 새로운 사무실 정책에 관해 이야기하는 상황이다. 빈칸 앞에서 A가 매주 3일씩 재택근무를 할 수 있다고 언급하고 빈칸 뒤에서 A가 다음 달부터 시작한다고 답하므로, 빈칸에는 B가 정책이 시작되는 시기에 관해 묻는 내용이 오는 것이 자연스럽다. 따라서 빈칸에 들어갈 말로 가장 적절한 것은 ② '그 정책은 바로 시행되나요'이다.
① 누가 이 아이디어를 제안했는지 아시나요
③ 이는 사무실의 모든 직원에게 적용되나요
④ 제 근무 시간을 조정할 수 있나요

해석 A: 새로운 사무실 정책 확인해봤어요?
B: 아뇨, 무슨 일인가요?
A: 일주일에 3일은 재택근무를 하게 될 거예요.
B: 그거 정말 좋네요! 더 많은 유연성과 더 나은 일과 삶의 균형을 가질 수 있어서 좋을 것 같아요. 그 정책은 바로 시행되나요?
A: 다음 달부터 시작해요. 정말 기대되네요.
B: 저도 동감이에요. 게다가 매일 출퇴근할 필요가 없다는 점도 획기적인 변화가 될 거예요.

어휘 policy 정책 work from home 재택근무하다; 재택근무 flexibility 유연성 work-life balance 일과 생활의 균형 look forward to ~를 기대하다 plus 게다가 commute 통근하다 game changer 획기적인 변화, 게임 체인저(상황 전개를 완전히 바꿔놓는 사람이나 사건) go into effect 시행되다 adjust 조정하다

05

정답 ②

해설 승진과 관련하여 다른 지사에 공석이 생겼음을 알리며 해당 직책에 대한 세부 정보와 함께 그 직책을 제안하는 내용의 글이다. 따라서 글의 목적으로 가장 적절한 것은 ② '새로운 직책을 제안하려고'이다.
① 본사의 직원을 소개하려고 → 본사의 직원을 소개하는 것이 아니라 본사 직원이 승진을 제안했다고 알리고 있다.
③ 계약 세부사항을 재협상하려고 → 직책을 제안하고 있는 것이지, 계약 세부사항을 협상하고 있지 않다.
④ 승진 신청이 시작된 것을 알리려고 → 3개월 전에 지원한 승진에 대한 제안을 하는 글이다.

06

정답 ③

해설 새로운 직책 제안이 갑작스럽겠지만 답변을 이번 주까지 달라는 내용이다. 맥락상 abrupt는 '갑작스러운'이라는 뜻으로 쓰였으므로, 이와 의미가 가장 가까운 것은 ③ 'sudden(갑작스러운)'이다.
① 간단한 ② 가혹한 ④ 매력적인

05-06

해석 수신: Iris Lee <irislee@ptw.com>
발신: Marcus Grant <m_grant@ptw.com>
날짜: 6월 18일
제목: 긴급 사항

Iris님,

회사 본사의 Jasmine Walsh가 귀하에 관한 제안을 하려고 저에게 전화했습니다. 그녀는 귀하가 3개월 전에 지원했던 승진을 제안하고 싶어 하는데, 당신이 이를 수락한다면 다른 지사로 전근 가게 될 것입니다.

Walsh 씨는 홍콩 지사에 선임 사무 관리자 직책이 막 공석이 되었다고 했으며, 귀하가 그 자리에 적합하다고 생각한다고 합니다. 7월 1일까지 근무를 시작해야 하므로 시간이 많지 않습니다. 급여, 복지, 직무 및 (회사의) 기대 사항에 대한 정보가 포함된 제안서 사본을 첨부해 드렸습니다.

다소 갑작스러운 제안인 것은 알지만 이번 주까지 답변을 주셔야 합니다. 이틀 동안 결정할 시간이 주어집니다. 조언이 필요하시면 저와 이 문제에 대해 논의할 수 있습니다. 답변을 기다리겠습니다.

안부를 전하며,
Marcus 드림

어휘 headquarter 본사 proposal 제안 regarding ~와 관련하여 promotion 승진 apply 지원하다 transfer 전근 가게 하다 state 말하다 position 직책 branch 지사 ideal 적합한 attach 첨부하다 contain 포함하다 salary 급여 benefit 복지 job duty 직무 discuss 논의하다 look forward to ~을 기대하다

07

정답 ④

해설 마지막 2번째 문장에서 NHI는 전국적인 의사, 간호사, 건강 전문가 네트워크를 통해 상담을 제공한다고 언급되므로, 글의 내용과 일치하지 않는 것은 ④ '전국의 의사와 간호사는 NHI에 직접 고용되어 있다.'이다.
① 최근 몇 년 동안 건강 문제가 증가하고 있다. → 첫 문장에서 언급된 내용이다.
② 과체중은 NHI가 해결하고자 하는 문제이다. → 2번째 문장에서 언급된 내용이다.
③ NHI는 사람들에게 정신 건강에 대해 교육하고자 노력한다. → 4번째 문장에서 언급된 내용이다.

해석 **국민 건강 계획**

최근 몇 년 동안 다양한 이유로 건강하지 못한 사람들의 수가 급증했습니다. 그 어느 때보다 많은 사람들이 만성 질환, 정신 건강 문제, 비만, 잘못된 식습관 등의 문제로 고통 받고 있습니다. 국민 건강 계획(NHI)은 사람들의 건강을 개선하기 위해 노력하고 있습니다. 먼저, 사람들이 겪고 있는 다양한 증상을 확인하는 방법과 적절한 식단을 섭취하고, 신체 운동을 하고, 스트레스 수준을 줄임으로써 신체적, 정신적 건강을 개선하는 방법을 가르치는 교육 서비스를 제공합니다. 또한 NHI는 협력 의사, 간호사, 건강 전문가의 전국적인 네트워크를 통해 상담을 제공합니다. 이들은 문제를 겪고 있는 환자를 진단, 치료, 지원하여 건강을 되찾을 수 있도록 노력합니다.

어휘 national 국민의, 전국적인 initiative 계획 skyrocket 급증하다 suffer 고통 받다 chronic 만성의 illness 질환 mental 정신의 obesity 비만 strive 노력하다 identify 확인하다 symptom 증상 physical 신체의 proper 적절한 engage in ~에 참여하다 reduce 줄이다 additionally 또한 consultation 상담 associate 협력한 professional 전문가 diagnose 진단하다 treat 치료하다 assist 지원하다 patient 환자 overweight 과체중의 instruct 교육하다 directly 직접

08

정답 ③

해설 고대 메소포타미아 지역은 물과 토양이 풍부했지만 금속, 목재, 석재 등 다른 전략적 자원이 부족했기에, 타 지역과 서로의 잉여 생산물을 교환함으로써 경제와 문명을 유지해 나가야 했다는 내용의 글이다. 따라서 글의 제목으로 가장 적절한 것은 ③ '고대 메소포타미아에서의 생존을 위한 무역'이다.
① 원자재 부족: 그 중대한 이유 → 고대 메소포타미아 지역에서의 자원 부족이 언급되기는 하지만, 이는 교역의 필요성을 설명하기 위한 부수적 소재일 뿐이며, 자원 부족에 대한 이유들을 나열하고 있지도 않다.
② 메소포타미아 제국의 흥망성쇠 → 메소포타미아의 생존을 위한 무역이 흥망성쇠와 연관될 수는 있으나, 그 흥망성쇠를 설명하고 있지는 않다.
④ 석유: 인류의 가장 큰 걱정거리 → 현대 서구 사회의 위험한 타 지역에의 석유 의존에 대한 우려가 언급되긴 하나, 이는 글의 중심 소재인 고대 메소포타미아의 상황과 비교하기 위한 서두에 불과하다.

해석 현대 서양은 지구상에서 정치적으로 가장 불안정한 지역에서 나는 석유에 의존하고 있는 상태임을 걱정하지만, 고대 메소포타미아의 곤경은 훨씬 더 심각했다. 강 사이의 평평한 충적토 지대는 물과 토양만 과도하게 지녀서, 풍부한 양의 보리, 에머 밀, 물고기, 양모를 생산해 냈다. 하지만 이 고대 문명의 요람에는 금속, 큰 목재, 그리고 심지어 건축용 돌과 같은, 당대의 전략적 자재가 거의 전혀 없었다. 수메르인, 아카드인, 아시리아인, 그리고 마지막으로 바빌로니아인까지, 메소포타미아의 위대한 제국들의 생존이야말로 그들의 잉여 식량을 오만과 시나이족의 금속, 아나톨리아와 페르시아의 화강암과 대리석, 레바논의 목재와 교역하는 것에 의존했다.

어휘 dependence 의존 unstable 불안정한 plight 곤경 possess 지니다, 소유하다 excess 과다 yield 생산하다 abundance 풍부함 barley 보리 wheat 밀 cradle 요람 devoid ~이 전혀 없는 strategic 전략적인 timber 목재 rely on ~에 의존하다 surplus 잉여, 과잉 granite 화강암 marble 대리석 lumber 목재 shortage 부족 raw material 원자재 rise and fall 흥망성쇠 humanity 인류

09

정답 ①

해설 역접 접속사 However로 시작하는 주어진 문장은 이것(this)이 자발적 실업은 진정한 실업이 아니라는 사실을 간과하고 있다는 내용이다. 이와 반대 논조를 띠는 것은 실업률이 3%만 되어도 0%가 아니기에 완전 고용 상태가 아니라고 여기는, 즉 배경이나 맥락은 고려치 않고 실업률이라는 결과만 따지는 내용의 ① 앞 문장이다. 따라서 주어진 문장의 this는 ① 앞 문장의 내용을 가리키고, ① 뒤 문장의 It이 voluntary unemployment를 받아 자발적 실업이 적절한 일자리를 찾는 상황에서 일어날 수 있다는 예시가 이어지는 것이 자연스러우므로, 주어진 문장이 들어갈 위치로 가장 적절한 것은 ①이다.

해석 비록 높은 고용률이 바람직하다는 것은 분명하지만, 그것이 얼마나 높아야 하는가? 어느 지점에서 우리는 경제가 완전 고용 상태에 있다고 말할 수 있는가? 많은 사람들은 완전고용이란 아무도 실업 상태가 아닌 것, 즉 실업률이 0%인 상태라고 생각한다. 그 결과, 실업률이 3%만 되어도 완전 고용이 달성되지 않았다고 여겨질 수 있다. 하지만, 이는 자발적 실업이라고 불리는 어떤 실업이 가장 엄밀한 의미에서 진정한 실업이 아니라는 사실을 무시하고 있다. 그것은 적절한 직장을 찾는 과정에서 생길 수 있다. 예를 들어, 더 나은 직장을 찾기로 결정한 어떤 노동자는 일자리 탐색 기간에 잠시 실업 상태가 될 수도 있다. 노동자들은 종종 가족 부양, 해외여행, 또는 복학과 같은 다른 활동들을 해 나가기 위해 일시적으로 일자리를 떠나기로 결정한다. 그들이 취업 시장에 다시 들어오기로 결정할 때, 그들이 적절한 일자리를 찾는 데는 얼마간의 시간이 걸릴 수 있다.

어휘 unemployment 실업(률) voluntary 자발적인 genuine 진짜의 strict 엄밀한 desirable 바람직한 consequently 그 결과 suitable 적절한 temporarily 일시적으로 reenter 다시 들어가다

10

정답 ④

해설 기축 통화에 관한 글이다. 문맥상 경제적으로 더 약한 국가들(those countries)이 환율을 맞추고자 하는 무역 상대국은 두 번째 문장에서 서술된 재정적으로 강하고 경제적으로 안정적이고 발전된 국가로 볼 수 있다. 그리고 빈칸 뒤에도 '주요 선진국(major advanced countries)'이 추가로 언급되었으므로 빈칸에는 그러한 국가들을 수식하기에 적절한 형용사가 들어가야 한다. 따라서 빈칸에 들어갈 말로 가장 적절한 것은 ④ '우세한'이다.
① 개발 도상의 → 개발 중이 아닌 이미 개발된 선진국을 묘사해야 하므로 적절하지 않다.
② 의존적인 → 문맥상 환율을 조정하는 대상인 무역 상대국은 상대적으로 강한 국가여야 하며, '의존적인'이라는 표현은 경제적으로 약한 국가를 수식할 때 적절하다.
③ 국내의 → 빈칸 문장은 국제 거래 시 통화 관행을 설명하고 있으므로 적절하지 않다.

해석 기축 통화는 미국 달러(USD), 유로(EUR), 영국 파운드(GBP) 등 국제 거래의 환율 기반을 제공하는 안정적이고 크게 변동하지 않는 통화를 말한다. 기축 통화는 대개 재정적으로 강하고 경제적으로 안정적이고 발전된 국가에서 나오기에 다른 통화들의 가치를 설정하는 경향이 있다. 특히, 기축 통화는 더 작거나 경제적으로 더 약한 국가들의 통화에 영향을 준다. 그 결과, 그 국가들이 환율을 <u>우세한</u> 무역 상대국들에 맞춰 조정하려고 노력하는 것이 통화 관행이다. 게다가 주요 선진국들과 경제적 관계를 수립하고 유지하기 위한 노력의 일환으로, 그러한 기축 통화가 없는 아프리카와 아시아 일부 국가들은 그들 자국 통화를 이용하여 기축 통화를 매입한다.

어휘 key currency 기축 통화 stable 안정적인 fluctuate 변동을 거듭하다 exchange rate 환율 transaction 거래 monetary 통화[화폐]의 adjust A to B A를 B에 맞추다, 조정하다 trading partner 무역 상대국 advanced 선진의 devoid ~이 전혀 없는 utilize 활용하다

01	④	02	②	03	③	04	②	05	①
06	③	07	①	08	①	09	④	10	①

01

정답 ④

해설 그녀가 바닥에 쓰러져 움직일 수 없고 주변 사람들에게 반응할 수 없었던 것을 통해 의식을 잃었다는 것을 알 수 있다. 따라서 빈칸에 들어갈 말로 가장 적절한 것은 ④ 'unconscious(의식을 잃은)'이다.
① 부주의한 ② 당황한 ③ 졸리는

해석 그녀는 갑작스러운 충격으로 바닥에 쓰러져 <u>의식을 잃은</u> 채 발견되었고, 움직일 수 없고 주변 사람들에게 반응할 수 없었다.

어휘 floor 바닥 sudden 갑작스러운 respond 반응하다

02

정답 ②

해설 오랜 기간 방치되었지만, 페이지가 여전히 읽을 수 있고 보존된 것을 보아 원고가 온전한 상태를 유지하고 있었음을 알 수 있다. 따라서 빈칸에 들어갈 말로 가장 적절한 것은 ② 'intact(온전한)'이다.
① 딱딱한 ③ 인공적인 ④ 손상된

해석 수년간의 방치 후에도, 그 오래된 원고는 놀랍게도 <u>온전한</u> 상태를 유지하고 있었으며, 페이지는 여전히 읽을 수 있고 잘 보존되어 있었다.

어휘 neglect 방치 manuscript 원고 legible 읽을 수 있는 well-preserved 잘 보존된

03

정답 ③

해설 (enduring → (to) endure) 의미상 enduring과 병렬 구조를 이루고 있는 것은 to resist이므로, enduring을 (to) endure로 고쳐야 한다. 참고로, 여기서 endure는 '오래가다, 지속되다'라는 뜻의 자동사로 쓰였다.
① avoid는 동명사를 목적어로 취하는 동사이므로 devoting은 적절하게 쓰였다.
② materials를 선행사로 받는 주격 관계대명사 that이 적절하게 쓰였다.
④ 복수 주어인 irrigation systems가 '설치하는' 것이 아니라 '설치된' 것이므로, 수동태로 쓰인 were established는 적절하게 쓰였다.

해석 도시의 설립은 인간이 자연과 거리 두는 것을 수반했다. 유목민들은 영속적인 것들을 확립하는 데 에너지와 자원을 바치는 것을 피했다. 심지어 정착 초기에도 오두막은 오래 지속될 재료로 만들어지지 않았다. 그러나 도시는 화재와 악천후를 견디고 아주 오래 지속되도록 세워진 인공 환경이었다. 침입자들을 막기 위해 벽이 만들어졌고, 자연을 통제하기 위해 관개 시스템이 설치되었다.

어휘 establishment 설립 distance 거리를 두다 nomadic 유목의 people 민족(pl. peoples) devote 바치다 permanent 영속적인 settlement 정착 hut 오두막 artificial 인공의 inclement 험한, 궂은 invader 침입자 irrigation 관개

04

해설 Jen이 카풀 그룹에 한 명을 더 추가해도 되는지 Mike에게 묻는 상황이다. 빈칸 앞에서 Mike가 경로를 먼저 고려해야 함을 언급한 후 Jen이 빈칸과 같이 답하자 빈칸 뒤에서 Mike가 Jen과 Daniel을 동시에 태울 수 있다고 말했으므로, 빈칸에는 Jen이 Daniel과 가까이 산다는 내용이 올 것을 추론할 수 있다. 따라서 빈칸에 들어갈 말로 가장 적절한 것은 ② '그의 집은 내 집에서 그리 멀지 않아'이다.
① 그는 대신 자기 차를 몰고 갈 거야
③ 퇴근 시간대에는 차가 그렇게 막히지 않아
④ 시간 맞춰 도착하려면 아마 더 일찍 출발해야 할 것 같아

해석 Jen: Mike, 카풀에 한 사람을 더 추가해도 괜찮을까?
Mike: 지금 한 자리 남아있어. 누가 같이 타려는 거야?
Jen: 우리 새로운 팀원인 Daniel이야.
Mike: 알겠어, 근데 먼저 우리 경로를 고려해야 해. 아침에 서두르고 싶지는 않거든.
Jen: 걱정하지 마. 그의 집은 내 집에서 그리 멀지 않아.
Mike: 그럼 괜찮겠네. 같은 시간, 같은 장소에서 너희 둘 다 태울 수 있겠다.

어휘 carpool 카풀(승용차 함께 타기) route 경로 rush 서두르다 pick sb up ~을 (차에) 태우다 rush hour (출퇴근) 혼잡 시간대

05

해설 지역사회 개선 프로젝트를 수행하는 Love Our City가 주민들의 도움을 요청하는 내용의 글이다. 따라서 글의 제목으로 가장 적절한 것은 ① '더 나은 지역사회를 만드는 방법을 알아보세요'이다.
② 환경 보호: 행동 촉구 → 환경 관련 활동이 언급되긴 하지만, 글의 주제는 아니다.
③ 자금 부족 위기에 처한 도시 → 도시의 자금이 부족한 것은 맞지만, 글의 주제는 Love Our City의 활동이므로 제목으로 적절하지 않다.
④ 곧 모금 행사를 개최하는 Love Our City → 모금 행사에 대한 내용이 언급되어 있지만, 이는 Love Our City의 다양한 활동들 중 하나라서 제목으로 적절하지 않다.

06

해설 글의 중반부에서 가을에 계획한 프로젝트에 대해 이야기할 예정이라고 언급될 뿐, 투표에 대한 내용은 언급되지 않으므로 글의 내용과 일치하지 않는 것은 ③ '단체는 가을 활동에 대해 투표할 것이다.'이다.
① 시는 모든 문제를 해결할 돈을 지불할 수 없다. → 글의 초반부에서 언급된 내용이다.
② 회원들은 도시에 도움을 제공하려고 노력한다. → 글의 초반부에서 언급된 내용이다.
④ 참석자들은 단체에 제안을 할 수 있다. → 글의 후반부에서 언급된 내용이다.

05-06

해석 **더 나은 지역사회를 만드는 방법을 알아보세요**

우리 지역사회의 많은 곳이 개선이 절실히 필요하지만 시에서는 모든 비용을 지불할 자금이 부족합니다. 우리 Love Our City의 회원들은 시에서 조치를 취할 수 없을 때 도움을 제공합니다. 우리는 더 나은 도시를 만들기 위해 지역 주민들에게 도움을 요청합니다.

다음 회의에 참여해 보세요
날짜: 8월 19일 일요일
시간: 오후 5시 - 오후 7시
장소: Duncan 커뮤니티 센터 204호

회의에서 우리가 누구이며 어떤 일을 하는지 알아보세요
＊이번 가을에 계획한 프로젝트에 대해 이야기할 예정입니다. 여기에는 공원 낙엽 수거, 지역 노인 회관 개조, 소외계층 아동을 위한 학용품 구입을 위한 모금 행사 등이 포함됩니다.
＊향후 진행할 프로젝트에 대해 참석자들에게 제안을 받습니다.
＊기존 회원들에게 신규 회원들을 소개하고 지역사회를 돕는 일에 적극적으로 참여하도록 독려할 것입니다.

자세한 내용은 Beth Robertson에게 (502) 555-8732로 문의하세요.

어휘 community 지역사회 dire 심각한 improvement 개선 lack 부족하다 funding 자금 assistance 도움 resident 주민 renovate 개조하다 senior citizen 노인 fundraiser 모금 행사 school supply 학용품 unprivileged 소외계층의 suggestion 제안 current 현재의 encourage 격려하다

07

정답 ①

해설 이 글은 영어라는 언어가 다른 그 어떤 언어보다 더 많은 어휘를 가지고 있는데, 이는 영어 어휘가 모든 주요 언어와 수많은 소수 언어로부터 계속해서 차용해온 것이기 때문이라고 설명한다. 따라서 글의 요지로 가장 적절한 것은 ① '외국어로부터의 단어 차용이 영어를 풍요롭게 했다.'이다.
② 사전들이 영어의 발전에 기여했다. → 옥스퍼드 영어 사전이 언급되긴 하나, 이는 영어 어휘의 방대한 양을 설명하기 위한 예에 불과하다.
③ 중국어의 실용성은 영어의 실용성을 넘어선다. → 중국어의 단어 형성력은 영어와 동등하다고 언급되며, 이 글의 중심 소재는 '중국어의 실용성'이 아니다.
④ 영어는 비격식적인 표현들을 배제해 왔다. → 속어 및 방언 표현도 포함된다고 언급되므로 적절하지 않다.

해석 영어 어휘는 1,500년 이상 발전하면서 많이 증가해 왔다. 그 언어의 가장 거의 완성된 사전인 옥스퍼드 영어 사전은 50만 개의 단어를 담고 있다. 그러나 현재 영어 어휘는 속어 및 방언 표현과 과학 기술 용어를 포함하여 100만 개 이상의 단어로 구성된다고 추정되어 왔다. 가령 중국어 같은 일부 다른 언어들이 영어와 같은 단어 형성 능력을 지니고 있지만, 영어 어휘는 세계의 다른 어떤 언어의 어휘보다 더 광범위하다. 모든 주요 언어, 특히 라틴어, 그리스어, 프랑스어, 스칸디나비아어와 수많은 소수 언어로부터의 광범위하고 끊임없는 차용은 영어 어휘의 엄청난 단어 수를 설명해준다.

어휘 estimate 추정하다 slang 속어 dialect 방언 term 용어 extensive 광범위한 constant 끊임없는 borrowing 차용 account for ~을 설명하다 enrich 풍요롭게 하다 practicality 실용성 exceed 넘어서다 exclude 배제하다

08

정답 ①

해설 주어진 글은 쥐라기 시대의 사건으로 인해 조류와 포유류의 시각적 능력에 차이가 생겼으며 그때 조류 계통이 나머지 파충류로부터 분리되었다는 내용으로, 그 조류 계통을 These ancient birds로 받아 이들이 분리되면서 파충류로부터 네 가지 색 수용체를 물려받았다는 내용의 (B)가 와야 한다. 그다음으로, 포유류 역시 네 가지 색 수용체를 물려받았다는 (B)의 마지막 문장 다음엔 But으로 시작하여, 그러나 조류와는 달리 그들은 야행성이었기 때문에 색을 그렇게 명확하게 구분할 필요가 없었다며 둘을 대조하는 (A)가 이어져야 한다. 마지막으로, 그 결과(Hence) 네 가지 색 수용체 중 두 가지가 사라졌다고 서술하는 (C)가 오는 것이 자연스럽다. 따라서 글의 순서로 가장 적절한 것은 ① '(B) - (A) - (C)'이다.

해석 1억 5천만 년 전 쥐라기 시대의 사건들로 인해 조류와 포유류의 시각적 능력은 다르다. 그 당시, 현대 조류를 낳은 계통은 나머지 파충류들로부터 분리되었다. (B) 이 고대 조류는 그들의 파충류 조상으로부터 네 가지 색 수용체를 물려받았다. 포유류의 초기 조상 또한 동일한 네 가지 색 수용체를 가지고 파충류에서 진화했는데, 이들은 조류보다 더 일찍 갈라져 나왔다. (A) 그러나 조류와는 달리 우리의 고대 포유류 조상은 쥐와 같은 야행성 동물로서 쥐라기 시대를 보냈다. 이 밤에 사는 동물에게는 색을 그렇게 명확하게 구분할 필요가 없었다. (C) 따라서 포유류의 조상이 물려준 네 가지 색 수용체 중 두 개가 사라졌다. 오늘날까지 대부분의 포유류는 단지 두 가지 색 수용체만 가지고 있다. 인간을 낳은 영장류를 포함한 일부 영장류는 나중에 세 번째 수용체를 발달시켰다.

어휘 mammal 포유류 Jurassic 쥐라기(의) lineage 계통 give rise to ~이 생기게 하다, ~을 낳다 split 분리되다 reptile 파충류 ancestor 조상 nocturnal 야행성의 dwell 살다, 거주하다 inherit 물려받다 receptor 수용체 split away 갈라지다 pass down 물려주다 primate 영장류 evolve 발달시키다

09

정답 ④

해설 교통 기반 시설이 관광의 발전에 어떤 영향을 미쳤는지를 설명하며, 특히 교통의 기술적·물리적 진보가 관광 지역의 확대와 기반 시설 변화로 이어졌다는 내용의 글이다. 따라서 글의 흐름상 어색한 문장은 교통 정책 및 계획 담당의 공공 기관이 관광을 더 잘 이해해야 한다고 주장하는 ④이다.

해석 교통 기반 시설은 오늘날 우리가 여행하는 '곳'을 구체화할 수 있지만, 여행의 초기에는 아예 사람들이 여행을 할 수는 있는지를 결정지었다. 교통의 개선은 현대 관광업이 대규모로 발전하고 우리 삶의 일부가 될 수 있게 하는 데 가장 중요한 요인 중 하나였다. 기술 발전은 좁은 지역, 넓은 지역, 전 세계 교통망의 폭발적인 확장의 기반을 제공했으며, 여행을 더 빠르고, 쉽고, 저렴하게 만들었다. 이는 관광객을 창출하고 받아들이는 새로운 지역들을 만들어 냈을 뿐만 아니라, 숙박 시설과 같은 관광업 기반 시설에도 여타 많은 변화를 일으켰다. (교통 정책 및 계획을 담당하는 그 공공 기관 내에 관광업에 대한 더 나은 이해가 구축되어야 한다.) 그 결과, 교통 기반 시설과 서비스의 이용 가능성이 관광업의 기본 전제 조건으로 간주되어 왔다.

어휘 transportation 교통 infrastructure 기반 시설 shape 구체화하다 era 시대 advance 발전 explosive 폭발적인 expansion 확장 local (좁은) 지역의 regional (넓은) 지역의 generate 창출하다 prompt 촉발하다 a host of 다수의 accommodation 숙박 시설 public body 공공 단체 availability 이용 가능성 fundamental 근본적인 precondition 전제 조건

10

정답 ①

해설 사형과 징역형의 가장 큰 차이점은 유죄 판결이 나중에 새로운 증거나 이전에 고려되지 않았던 정보를 통해 뒤집힐 수 있다는 점이다. 징역형은 나중에 잘못된 판결이 밝혀지면 처벌을 취소할 수 있지만, 사형은 한 번 집행되면 되돌릴 수 없기 때문에, 판결이 항상 옳다고 보장할 수 없는 이상 부적절하다는 것이 사형제 반대론자들의 핵심 주장이다. 따라서 판결이 최종적이지 않다는 걸 고려했을 때 사형제는 부적절하다는 것으로, 빈칸의 내용에는 사형제에 대한 내용이 들어가야 한다. 즉 빈칸에 들어갈 말로 가장 적절한 것은 ① '누군가에게 되돌릴 수 없는 처벌을 선고하는'이다.
② 철학적 증거 없이 누군가가 유죄인지 결정하는 → 철학적 표현이 일부 등장하긴 하지만, '철학적 증거의 유무'가 아니라 '판결의 확정 가능성 여부'가 글의 핵심이다.
③ 누군가가 저지른 범죄에 대한 판결을 계속 미루는 → 글은 판결을 미루는 것이 아닌, 이미 내려진 판결이 바뀔 수 있다는 점에 주목하고 있다.
④ 정치적 적에 대한 테러 수단으로 사형을 이용하는 → 정치적 목적이나 남용에 대한 내용은 전혀 언급되지 않았다.

해석 사형제에 대한 논쟁에서 사람들은 종종 사형과 징역형 사이의 중요한 차이를 언급한다. 한 사람이 유죄 판결을 받을 때, 영국 법은 이후에 판결에 의문을 제기할 새로운 증거가 나타날 가능성을 고려한다. 그런 일이 생기면 판결은 다시 검토될 수 있고, 필요하다면 형벌도 뒤집힐 수 있다. 그러나 일단 사형이 집행되면 이런 선택지는 더 이상 존재하지 않는다. 그 형벌은 되돌릴 수 없기 때문에 취소될 수 없다. 이 사실은 많은 사람들이 사형에 반대하는 주요 이유 중 하나다. 철학적으로 말하자면, 그들의 주장의 핵심은 어떤 유죄 판결이나 법정에서 제시된 어떤 증거도 항상 최종적인 것은 아니라는 것이다. 다시 말해, 새로운 증거나 이전에 간과된 증거가 발견되면 판결이 바뀔 수 있는 가능성은, 아무리 작더라도 항상 존재한다. 이러한 판결이 최종적이지 않다는 점을 고려할 때, 누군가에게 되돌릴 수 없는 처벌을 선고하는 것은 부적절하다. 그런 행위는 오직 법원의 판결이 결코 틀리는 일이 없다면 정당화될 수 있다.

어휘 debate 논쟁 death penalty 사형제 point to ~을 언급하다 sentence 형벌; 선고하다 guilty 유죄의 allow for ~을 고려하다 verdict 평결, 판결 overturn 뒤집다 carry out 수행[집행]하다 undo 원상태로 돌리다 oppose 반대하다 philosophical 철학적인 judgement 판결, 판단 previously 이전에 given that ~을 고려할 때 inappropriate 부적절한 justify 정당화하다 reverse 되돌리다 opponent 적

01	①	02	④	03	②	04	④	05	③
06	②	07	④	08	④	09	③	10	③

01

정답 ①

해설 그녀가 열심히 일하고 끊임없이 노력한 끝에 자기 분야의 최고 전문가가 되었다는 말은 곧 이상적인 자리를 얻어 냈다는 의미이므로, 빈칸에 들어갈 말로 가장 적절한 것은 ① 'attained(성취하다)'이다.
② 사직하다 ③ 제안하다 ④ 거절하다

해석 열심히 일하고 끊임없이 노력함으로써 그녀는 이상적인 자리를 성취했으며, 자신의 분야에서 최고 전문가 중 한 명이 되었다.

어휘 incessant 끊임없는 ideal 이상적인 position 위치, 자리 professional 전문가 field 분야

02

정답 ④

해설 I wish를 통해 가정법 문장임을 알 수 있는데, 종속절 내 과거 시점을 나타내는 부사절 when I was younger가 있는 것으로 보아 빈칸은 가정법 과거완료 동사 자리이다. 문맥상으로도 '내가 어렸을 때 해외여행을 할 기회를 가졌었다면 좋을 텐데'라는 의미가 자연스러우므로 빈칸에 들어갈 말로 가장 적절한 것은 ④ 'had taken'이다.

해석 내가 어렸을 때 해외여행을 할 기회를 가졌었다면 좋을 텐데.

어휘 abroad 해외로

03

정답 ②

해설 (whom → whose) 목적격 관계대명사 whom 뒤에는 목적어가 없는 불완전한 절이 와야 하는데, 여기서는 whom 바로 뒤에 완전한 절이 오고 있다. 문맥상 선행사 a person과 명사 attention이 '사람의 관심'이라는 뜻의 소유관계를 이루므로, 목적격 관계대명사 whom을 소유격 관계대명사 whose로 고쳐야 한다. 참고로, whose attention 뒤에 주어 없는 불완전한 절이 오는 구조이다.
① 주격 관계대명사 who가 주어 없는 불완전한 절을 이끌고 있으며, 선행사가 단수 부정대명사인 someone이므로 단수 동사 focuses의 수일치는 적절하다.
③ 'have difficulty (in) RVing'는 '~하는 데 어려움을 겪다'라는 뜻의 관용 표현으로 동명사 adjusting은 적절하게 쓰였다. 참고로 '~에 적응하다'를 뜻하는 자동사+전치사 형태의 adjust to가 동명사구 adjusting to로 알맞게 쓰인 형태이다.
④ to adapt는 명사 ability를 수식하는 to 부정사의 형용사적 용법으로 적절하게 쓰였다.

해석 내향적인 사람은 자신의 생각과 감정에 내부로 집중하는 사람이다. 반면, 외향적인 사람은 관심이 다른 사람들과 외부 세계로 향하는 사람이다. 전형적인 내향적인 사람은 수줍음을 타고 사회적 상황에 적응하는 데 어려움을 겪는 경향이 있는 반면, 외향적인 사람은 활동성과 다양한 상황에 빨리 적응하는 능력으로 특징지어진다.

어휘 introvert 내향적인 사람 inward 내부로 extrovert 외향적인 사람 direct ~으로 향하다 typical 전형적인 adjust to ~에 적응하다 characterize 특징짓다

04

정답 ④

해설 주민등록등본을 발급받으려고 대기하는 상황이다. 빈칸 앞에서 A가 사무실로 복귀해야 해 바쁘다고 말하고 빈칸 뒤에서 B가 그건 안 된다며 다른 사람들과 똑같이 순서를 기다려야 한다고 답변하는 것으로 보아, 빈칸에서는 A가 번호표 순서와 상관없이 먼저 처리될 방법이 있는지 물었음을 알 수 있다. 따라서 빈칸에 들어갈 말로 가장 적절한 것은 ④ '제가 먼저 처리될 수 있는 방법이 있을까요'이다.

① 표 발급 기계는 어디에 있나요
② 제 증명서를 가져와야 하나요
③ 제 앞에 몇 명이 있나요

해석 A: 안녕하세요, 주민등록등본이 한 부 필요합니다. 어떻게 발급받을 수 있나요?
B: 발권기에서 번호표 뽑으셨나요?
A: 네, 이미 받았습니다. 하지만 30분 안에 회사에 복귀해야 해서 좀 바쁩니다. 제가 먼저 처리될 수 있는 방법이 있을까요?
B: 죄송하지만, 번호 순서대로 불러야 합니다. 다른 분들과 마찬가지로 순서를 기다리셔야 합니다.
A: 네, 알겠습니다. 그냥 나중에 시간이 더 있을 때 다시 오겠습니다.

어휘 resident registration certificate 주민등록등본 in a hurry 바쁜 ahead of ~앞에

05

정답 ③

해설 세미나를 진행하기 위한 회의실 예약을 확인하며 회의실에 갖추어져야 할 장비들의 준비를 요청하는 글이다. 따라서 글의 목적으로 가장 적절한 것은 ③ '회의실 장비 준비를 요청하려고'이다.
① 다양한 장비들의 가격을 확인하려고 → 장비들의 가격을 확인하는 것이 아니라 장비들을 준비해 줄 것을 요청하고 있다.
② 현재 예약 날짜의 변경을 요청하려고 → 예약 날짜 변경에 관한 내용은 언급된 바 없다.
④ 컨벤션 센터의 회의실을 예약하려고 → 회의실 예약은 이미 한 상태이다.

06

정답 ②

해설 회의실에 필요한 장비들 중 의자는 50개가 아닌 70개가 준비되어야 한다는 내용이다. 맥락상 set up은 '준비된'이라는 뜻으로 쓰였으므로, 이와 의미가 가장 가까운 것은 ② 'arranged(마련된)'이다.
① 제거된 ③ 구매된 ④ 제조된

05-06

해석 수신: Eunmi Lee <elee@watersinc.com>
발신: Jaehyun Park <j_park@gcc.org>
날짜: 8월 12일
제목: 회의실 예약

Lee 씨께,

어제 전화로 통화하게 되어 정말 반가웠습니다. 또한, 8월 30일 Gwanggyo 컨벤션 센터의 회의실 예약을 확정해 주셔서 감사합니다. 다만, 제가 진행할 세미나를 위해 회의실에 있어야 할 것과 관련하여 몇 가지 세부 사항이 있다는 점을 말씀드리고 싶습니다.

이메일에서 말씀하신 50개가 아니라 70개의 의자가 준비되어야 합니다. 또한, 회의실 앞쪽에 연단이 있어야 합니다. 저는 청중들에게 그래프와 차트를 보여줄 수 있도록 노트북을 스크린에 연결하는 방법은 물론이고 스크린과 마이크도 필요합니다.

모든 것이 제대로 준비될 수 있도록 확인해 주시면 대단히 감사하겠습니다. 30일에 뵙기를 기대하겠습니다.

안부를 전하며,
Jaehyun Park 드림

어휘 reservation 예약 confirm 확정하다 mention 말하다 lead 진행하다 podium 연단 microphone 마이크 hook up 연결하다 laptop 노트북 audience 청중 prepare 준비하다 properly 제대로 appreciate 감사하다 look forward to ~을 기대하다 various 다양한 equipment 장비 current 현재의 booking 예약

07

정답 ④

해설 2번째 단락 마지막 문장에서 단체는 기타 동물들을 구조하는 활동도 한다고 언급되므로, 글의 내용과 일치하는 것은 ④ '이곳은 고래 외의 다른 해양 동물들도 돕는다.'이다.
① 이곳은 고래 한 종이 멸종하면서 시작되었다. → 첫 단락 첫 문장에서 단체가 고래 멸종 '가능성'에 대한 우려로 설립되었다고 언급되므로 옳지 않다.
② 이곳의 회원들은 교육보다 행동이 낫다고 생각한다. → 2번째 단락 2번째 문장에서 단체 회원들은 교육이 필수적이라고 믿는다고 언급되며, 행동을 더 중시하는 내용은 글에서 언급되지 않았으므로 옳지 않다.
③ 이곳은 오로지 몇 가지 프로젝트에만 집중해 왔다. → 2번째 단락 3번째 문장에서 단체는 수많은 프로젝트를 진행했다고 언급되므로 옳지 않다.

설립

1977년, 열네 살이었던 Maris Sidenstecker는 고래의 멸종 가능성에 대한 우려로 Save the Whales를 설립했습니다. 이곳의 회원들은 고래잡이를 종식시키고 가능한 한 많은 고래를 구하기 위해 50년 가까이 끊임없이 노력해 왔습니다.

사명

Save the Whales는 사람들, 특히 어린이들에게 고래, 다른 해양 포유류, 해양 생태계에 대해 교육하는 것을 강조합니다. 이곳의 회원들은 교육이 고래를 멸종으로부터 구하는 데 필수적이라고 믿습니다. 수년 동안 이 단체는 수많은 프로젝트를 진행했습니다. 그중에는 고래 사냥과 포획을 막고, 미 해군이 고래를 해칠 수 있는 수중 폭발물을 터뜨리는 것을 막고, 어망에 걸린 고래, 돌고래, 알락돌고래, 기타 동물들을 구조하는 활동이 있습니다.

어휘 whale 고래 founding 설립 establish 설립하다 concern 우려 possibility 가능성 extinct 멸종된 tirelessly 끊임없이 nearly 거의 whaling 고래잡이 stress 강조하다 educate 교육하다 particularly 특히 marine 해양의 mammal 포유류 ecosystem 생태계 integral 필수적인 numerous 수많은 capture 포획하다 navy 해군 detonate 폭발시키다 explosive 폭발물 rescue 구조하다 dolphin 돌고래 porpoise 알락돌고래 species 종 exclusively 오로지

08

정답 ④

해설 이 글은 디지털 설계 도구의 발전으로 인해 과거의 일관된 디지털 설계 방식이 변화하고 있으며, 최근에는 인공지능과 기계 학습을 활용해 보다 복잡하고 새로우며 예측 불가능한 디지털 아키텍처가 만들어지고 있음을 설명한다. 따라서 글의 주제로 가장 적절한 것은 ④ '사고를 위한 새로운 도구가 이끄는 디지털 지능형 아키텍처'이다.
① 현대 아키텍처의 기원과 그 전망 → 디지털 시대의 초기 소프트웨어가 현대 아키텍처에 깊은 흔적을 남겼다고 언급될 뿐, 현대 아키텍처의 기원이 무엇인지에 대한 내용이 아니다.
② 기계 사유와 학습의 숨은 메커니즘 → 설계자들이 기계 사유와 기계 학습을 연구했다고 했을 뿐, 이에 대한 구체적인 메커니즘은 언급되지 않았다.
③ 오늘날 여전히 사용되는 최초의 디지털 시대의 소프트웨어들 → 최초의 디지털 시대의 소프트웨어가 현대 아키텍처에 흔적을 남겼다고는 하나 여전히 사용되고 있다는 언급은 없으며, 글의 중심 소재는 '새로운 도구를 이용한 아키텍처'이므로 적절하지 않다.

해석 거의 한 세대 전, 컴퓨터 보조 설계 및 제조(CAD/CAM)를 위한 초기 소프트웨어는 최초의 디지털 시대에 가시적인 형태를 부여한 매끄럽고 곡선인 선과 표면의 스타일을 만들어 냈으며, 현대 아키텍처에 지울 수 없는 흔적을 남겼다. 하지만 오늘날의 디지털 지능형 아키텍처는 더 이상 그런 모습이 아니다. <The Second Digital Turn>에서 Mario Carpo는 이는 설계 직종이 새로운 종류의 디지털 도구, 즉 더 이상 만들기 위한 도구가 아닌 생각하기 위한 도구들을 수용하고 있기 때문이라고 설명한다. 설계자들은 한동안 인공지능과 기계 학습의 활용을 탐구해 왔다. 그 결과, 그들은 이제 이해할 수 없어 보이는 복잡성을 지닌 물리적 형태들을 만들고 있는데, 그 복잡성은 현대 과학의 전통에서 벗어나며 우리 이성의 유기적인 논리와는 다른, 새로운 형태의 인공지능을 표현한다.

어휘 manufacturing 제조 spawn 낳다, 만들어 내다 curving 곡선의 indelible 지울 수 없는 contemporary 현대의 architecture 아키텍처 (컴퓨터 설계 사양) intelligent 지능적인 profession 직종, 전문직 come to terms with ~을 받아들이려고 애쓰다 explore 탐구하다 machine learning 기계 학습(컴퓨터가 스스로 학습하여 문제를 해결하는 기능) apparently 보기에 unfathomable 불가해한 complexity 복잡성 alien 다른, 이질적인 organic 유기적인 prospect 전망

09

정답 ③

해설 이 글은 기술의 발전으로 인해 전통적인 생계 수단이 사라지고, 해롭고 위험한 새로운 일자리들이 생겨났으며, 그로 인한 신체적·정신적 부작용까지 초래되고 있다는 내용을 다룬다. 주어진 문장은 대중 교육과 매체가 저차원적 기술의 육체노동은 피하고 디지털 관련 일자리를 찾게 사람들을 유도한다는 내용으로, such low-tech manual work는 앞 문장의 coal mining과 같은 저차원적 기술의 위험 직종을 구체적으로 지칭한다. 그리고 주어진 문장의 manual work를 받아 손과 머리의 분리, 즉 손을 쓰는 일을 하지 않고 앉아 있기만 하는 것도 건강상 해롭다는 내용이 이어져야 한다. 따라서 주어진 문장이 들어갈 위치로 가장 적절한 것은 ③이다.

해석 만약 우리가 기술을 받아들인다면, 우리는 그것의 대가를 직면해야 한다. 수천 개의 전통적 생계 수단이 발전에 의해 옆길로 밀려났으며, 그러한 직업들을 둘러싼 생활 방식은 제거되었다. 오늘날 수억 명의 사람들은 자신이 싫어하는 일자리에서 힘들게 일하며 애정을 지니고 있지 않은 것을 생산해 낸다. 때때로 이러한 일자리는 육체적 고통, 장애 또는 만성 질병을 일으킨다. 기술은 반박의 여지없이 위험한 새로운 직업들(예를 들어, 탄광업)을 많이 만들어 낸다. 그와 동시에, 대중 교육과 매체는 사람들을 그러한 저차원적 기술의 육체노동은 피하고, 디지털 기술로 일하는 일자리를 찾게끔 훈련시킨다. 손을 머리에서 분리하는 것은 인간의 정신에 부담을 준다. 실제로, 가장 보수가 좋은 일자리의 앉아서 일하는 성질은 건강상 몸과 마음에 해롭다.

어휘 shy away from ~을 피하다 manual 손으로 하는, 육체노동의 embrace 받아들이다 confront 직면하다 livelihood 생계 (수단) sidetrack 곁길로 새게 하다 occupation 직업 eliminate 제거하다 toil 힘들게 일하다 disability 장애 chronic 만성적인 indisputably 반박의 여지가 없게 coal mining 탄광업 detach 분리하다 strain 부담 psyche 정신 sedentary 앉아서 하는 hazard 위험, 해

10

정답 ③

해설 상황에 대한 수용적 태도의 이점을 설명하는 글로, 상황이 우리에게 관대하다면 그것을 굳이 주도적으로 고치기보다 받아들이는 것이 낫다는 내용을 다루고 있다. 따라서 빈칸에 들어갈 말로 가장 적절한 것은 ③ '호의적인 현실을 뒤집기보다는 받아들이는 것'이다.
① 현상을 유지하는 대신 방해하는 것 → 오히려 현상을 유지하라는 글의 내용과 반대된다.
② 삶의 어려움을 수용하고 그에 적응하는 것 → 이 글이 주장하는 '수용'은 호의적인 상황을 전제하는 것으로, 어려움마저 수용하라는 내용은 언급된 바가 없다. 만약 어려움을 수용해야 하는 글이었다면, 빈칸 뒤의 인용구도 '고장 나지 않았으면 고치지 마라'가 아니라 '고장이 났더라도 고치지 마라'가 되었을 것이다.
④ 자신의 삶을 책임짐으로써 자율성을 키우는 것 → 서론에 자율성이 언급되긴 하나, 이는 일반적인 성장 과정에 대한 설명일 뿐이며 글 전체의 주제는 호의적인 현실에 굳이 저항하지 말고 수용하라는 수용적 태도에 있으므로 적절하지 않다.

해석 우리는 유아기와 아동기 초기 외에는 상황이 거의 평생 지속되지 않는다는 것을 안다. 자율성과 독립성은 성숙의 단계로서 거의 불가피하여, 궁극적으로 어느 정도의 진취성, 의사결정, 행동을 필요로 하는 소위 어른의 책임을 취할 것을 요구한다. 그렇기는 하지만, 생의 사건들이 (우리를 지금까지) 배려하고 베풀어 왔으며 계속 그러는 한, 이 행운을 받아들이고 상황을 그대로 두는 것이 아마 가장 현명하지 않은가? 이러한 수용적인 인생철학은 식물계를 구성하는 복잡한 유기체들을 유지하고 키우는 데 매우 잘 작용했다. 그러므로 수동성, 즉 환경의 힘에 대한 굴복은 그 자체로 문제가 안 될 뿐만 아니라, 사건과 상황이 삶의 즐거움을 제공하고 고통으로부터 보호해주는 경우엔 긍정적으로 적응력이 높을 수도 있다. 소위 "고장 나지 않았으면 고치지 마라"라는 말처럼, 호의적인 현실을 뒤집기보다는 받아들이는 것이 건전한 방침으로 보인다.

어휘 infancy 유아기 autonomy 자율성 inevitable 불가피한 maturation 성숙 ultimately 궁극적으로 adoption 채택 a measure of 어느 정도의 initiative 진취성 to the extent that ~인 한에는 accommodating 수용적인 foster 기르다, 육성하다 comprise 구성하다 passivity 수동성 yield 굴복[항복]하다 unproblematic 문제가 안 되는 adaptive 적응력 있는 sound 건전한 disrupt 방해하다, 지장을 주다 status quo 현상 embrace 수용하다 adjust 적응하다 overturn 뒤집다 hospitable 호의적인

01	②	02	④	03	①	04	②	05	②
06	④	07	④	08	②	09	③	10	①

01

정답 ②

해설 자동차 경적, 공사 소음, 시끄러운 대화들이 거리를 가득 채운다는 것을 보아 소음 공해가 도시에서 보편적이라는 것을 알 수 있다. 따라서 빈칸에 들어갈 말로 가장 적절한 것은 ② 'prevalent(만연한)'이다.
① 부족한 ③ 특별한 ④ 사소한

해석 자동차 경적, 공사 소리, 시끄러운 대화가 거리를 가득 채우는 도시 지역에서는 소음 공해가 만연하다.

어휘 noise pollution 소음 공해 urban 도시의 horn (차량의) 경적 construction 공사

02

정답 ④

해설 양측의 주장을 듣고 모든 사람들이 수용할 수 있는 해결책을 찾는 것은 상황을 중재하는 것임을 알 수 있다. 따라서 빈칸에 들어갈 말로 가장 적절한 것은 ④ 'mediate(중재하다)'이다.
① 거부하다 ② 방어[옹호]하다 ③ 해고하다

해석 양측의 주장을 듣고 난 후, 변호사는 관련된 모든 사람들이 수용할 수 있는 해결책을 찾기 위해 중재하기로 결정했다.

어휘 argument 주장, 논쟁 lawyer 변호사 aim to ~하는 것을 목표로 하다 acceptable 받아들일 수 있는 involved 관련된

03

정답 ①

해설 (making → make) 'be used to RV'는 '~하기 위해 사용되다'라는 뜻이고, 'be used to RVing'는 '~하는 데 익숙하다'라는 뜻이다. 여기서는 맥락상 corn이 그 간식을 만드는 데 '익숙한' 것이 아니라 '사용된' 것이므로, 동사원형이 와야 한다. 따라서 making을 make로 고쳐야 한다.
② 뒤에 명사(구) the mid-1800s가 있으므로 전치사 during은 적절하게 쓰였다.
③ '~와 비교하다'라는 뜻의 compare with가 쓰이고 있는데, 분사구문의 의미상 주어인 Popcorn이 '비교하는' 것이 아니라 '비교되는' 것이기 때문에 수동의 과거분사 compared는 적절하게 쓰였다.
④ 과거 시점을 나타내는 in 1885가 쓰였으므로, 과거 시제인 got이 적절하게 쓰였다. 또한 2형식 동사로 쓰인 get은 형용사를 보어로 취하므로 형용사 easy의 비교급인 easier이 쓰인 것은 적절하고, 비교급 강조 부사 even의 쓰임도 적절하다.

해석 '팝콘'은 터진 알맹이만을 가리키는 것이 아니다. 이것은 그 간식을 만드는 데 사용되는 특정 종류의 옥수수에 대한 이름이기도 하다. 그것은 원래 중미에서 재배되다가 1800년대 중반에 미국에서 인기를 끌었다. 당시 다른 간식들과 비교했을 때 팝콘 간식은 만들기가 쉬웠으며, 1885년 이동식 증기 동력 팝콘 제조기가 발명되면서 (만들기가) 훨씬 더 쉬워졌다.

어휘 kernel 알맹이 specific 특정한 originally 원래 mobile 이동식의 steam-power 증기력 invent 발명하다

04

정답 ②

해설 Sophie가 구청에 조치를 취해달라고 요청하는 상황이다. 빈칸 앞에서 Sophie가 조치가 필요한 장소를 언급했고 빈칸 뒤에서 동작구청이 도움을 받으려면 다른 구청에 연락을 해야 한다고 안내하고 있으므로, 빈칸에는 해당 지역은 서비스 제공 지역이 아님을 알리는 내용이 올 것으로 추론할 수 있다. 따라서 빈칸에 들어갈 말로 가장 적절한 것은 ② '죄송하지만 해당 지역에는 저희 서비스가 제공되지 않습니다'이다.

① 일부 도로는 즉각적인 조치가 필요합니다

③ 그 사안을 조사하는 데 보통 며칠이 걸립니다

④ 귀하의 요청을 적절한 부서로 전달하겠습니다 → 요청을 대신 전달해주겠다고 말한 뒤, 곧바로 다른 구청에 직접 연락해야 할 수 있다고 하면서 해당 구청의 연락처를 안내하는 것은 모순된다. 또한 엄밀히는 '부서'가 동일한 기관 내에 있는 조직을 의미하므로 적절하지 않다.

해석 동작구청: 안녕하세요, 여기는 동작구청입니다. 어떻게 도와드릴까요?
Sophie: 안녕하세요. 역 앞 인도가 폭설로 인해 얼어버렸어요. 이 문제는 즉시 해결되어야 할 것 같아요.
동작구청: 알겠습니다. 정확한 위치를 여쭤봐도 될까요?
Sophie: 사당역 14번 출구 바로 앞이에요.
동작구청: 죄송하지만 해당 지역에는 저희 서비스가 제공되지 않습니다. 도움을 받으시려면 다른 구청에 연락해야 할 수도 있습니다.
Sophie: 아, 죄송해요. 제가 잘못된 곳에 연락한 것 같네요.
동작구청: 괜찮습니다. 서초구청의 연락처를 제공해 드리겠습니다.

어휘 sidewalk 인도 immediately 즉시 assistance 도움 reach out to ~에게 연락하다 transfer 전달하다, 옮기다 department 부서

05

정답 ②

해설 집을 직접 리모델링할 수 있는 방법을 알려주는 워크숍을 소개하는 글이다. 따라서 글의 제목으로 가장 적절한 것은 ② '집 인테리어를 바꾸는 방법을 배우세요'이다.

① 집 개조를 위해 계약자를 고용하세요 → 계약자를 고용하지 말고 집을 직접 리모델링하라는 내용이다.

③ Haroldson Home Décor가 폐업합니다 → Haroldson Home Décor가 폐업한다는 내용은 언급된 바 없다.

④ 집 재건축에 필요한 모든 도구를 얻으세요 → 집 재건축에 필요한 도구를 얻기 위한 워크숍이 아니라 집을 리모델링하는 방법을 알려주는 워크숍이다.

06

정답 ④

해설 글의 후반부에서 도배와 페인트칠, 문과 창문 교체, 배관 및 배선 등 1시간짜리 수업이 네 차례 진행된다고 언급될 뿐, 그중 하나에만 집중해야 한다는 언급은 없으므로 글의 내용과 일치하지 않는 것은 ④ '참가자들은 네 가지 기술 중 하나에만 집중하게 된다.'이다.

① 워크숍에서는 사람들에게 집을 개선하는 방법을 알려준다. → 글의 초반부에서 언급된 내용이다.

② Haroldson Home Décor가 특별한 이벤트의 개최자가 된다. → 글의 중반부에서 언급된 내용이다.

③ 워크숍은 일요일 오후로 예정되어 있다. → 글의 중반부에서 언급된 내용이다.

05-06

해석
집 인테리어를 바꾸는 방법을 배우세요

집을 리모델링하고 싶지만 시공업체에 지불할 돈이 부족하신가요? 직접 해보는 건 어떨까요? 기술이 없더라도 문제가 되지 않습니다. 최신 워크숍을 통해 집을 특별하게 만드는 방법을 배워보세요.

Haroldson Home Décor는 35년 동안 사업을 해왔습니다. 그 기간 동안 수백 명의 사람들에게 자신의 집을 꾸미는 비법을 가르쳐 왔습니다. 여러분도 그 명단에 이름을 올려보는 건 어떨까요?

날짜: 3월 14일 일요일
시간: 오후 1시부터 오후 5시까지
위치: Ridgeway길 93번지

세부 정보
* 워크숍은 도배 및 페인트칠, 문 및 창문 교체, 배관, 배선을 포함한 집 개선의 다양한 측면에 관한 1시간짜리 수업 네 차례로 구성될 것입니다.
* 모든 도구와 장비는 저희가 제공합니다. 긍정적인 태도만 가져오세요.

예약: (305) 555-9143으로 전화하여 예약하세요. 75달러의 요금이 부과됩니다.

어휘 remodel 개조하다, 리모델링하다 lack 부족하다 contractor 계약자, 시공업체 fix up 꾸미다 feature 포함하다 aspect 측면, 양상 improvement 개선 wallpapering 도배 replacement 교체 plumbing 배관 wiring 배선 equipment 장비 attitude 태도 reservation 예약 charge 부과하다 renovation 개조 transform 바꾸다 go out of business 폐업하다 host 개최자 attendee 참가자 exclusively 배타적으로

07

정답 ④

해설 이 글은 사랑을 표현할 때 상대방의 사랑의 언어를 이해하고 그에 맞춰 표현해야 진정한 의미가 전달될 수 있음을 강조하고 있으므로, 글의 요지로 가장 적절한 것은 ④ '사랑은 상대방의 사랑의 언어로 표현되어야 한다.'이다.
① 사랑받고자 하는 욕망은 우리 모두에게 보편적이다. → 이 글은 사랑받고자 하는 욕망이 아닌, 사랑을 표현하는 방식의 차이에 대해 다루고 있다.
② 사랑의 언어에서는 말이 행동보다 정말로 더 큰 힘이 있다. → 말과 행동 중 어느 것이 더 중요한지 논하지 않고, 상대방의 사랑의 언어에 맞춰 표현해야 한다는 점을 강조하는 글이다.
③ 당신은 사랑을 보이면서 그것을 돌려받기를 기대해서는 안 된다. → 사랑을 표현할 때 돌려받기를 기대하지 말라는 내용은 언급되지 않았다.

해석 우리는 본래 우리 자신의 사랑의 언어로 말하는 경향이 있다. 즉, 우리는 우리가 사랑받는다고 느끼게 해주는 언어로 다른 사람들에게 사랑을 표현한다. 그러나 그것이 그들의 주된 사랑의 언어가 아니라면, 그것이 그들에게는 우리에게 의미하는 바를 의미하지 않을 것이다. 당신 언니(누나)의 주된 사랑의 언어가 '봉사'여서 그녀가 당신에게 봉사할 창의적인 방법들을 계속 찾는다고 가정해 보자. 그녀는 가장 큰 피자 조각을 당신한테 주고, 당신을 위해 당신의 배낭을 들어주고, 당신의 과학 박람회 프로젝트를 돕기 위해 늦게까지 깨어 있는다. 한편, 당신의 주된 사랑의 언어는 '말'이어서, 당신은 그녀에게 격려하는 메시지를 보내고, 당신의 친구들에게 그녀를 자랑한다고 해보자. 둘 다 서로를 사랑하고 있지만, 각자 자신의 언어로 말하고 있다. 만약 당신이 그저 언젠가 그녀를 위해 그녀의 차를 청소해 준다면, 그것은 당신의 모든 말을 합친 것보다 그녀에게 더 큰 의미가 있을 것이다. 통하는 것의 첫 번째 단계는 당신이 사랑하는 사람의 사랑의 언어를 이해하는 것이다.

어휘 by nature 본래 primary 주된 constantly 계속 backpack 배낭 fair 박람회 encourage 격려하다 boast 자랑하다 combine 합치다 desire 욕망 universal 보편적인

08

정답 ②

해설 기후 변화는 특정 사회의 상황을 더 좋게도 더 나쁘게도 만들 수 있다는 내용의 주어진 글 다음에는, 기후 변화가 자원을 고갈시키고 있던 사회에 영향을 미친 사례가 제시된 (B)가 오는 것이 자연스럽다. 그다음에는 (B)에서 언급된 the edge of collapse를 the collapse로 받아 그 붕괴가 인간 때문인지 기후 변화 때문인지를 묻고 둘 다 아니라고 하는 (A)가 오고, 인간을 탓하는 (A)의 마지막 문장에 이어 반대로(Conversely) 기후 변화를 탓하는 내용이 나와 어느 하나가 아닌 두 요인의 결합이 원인이라고 마무리 짓는 (C)가 와야 한다. 따라서 글의 순서로 가장 적절한 것은 ② '(B) - (A) - (C)'이다.

해석 자연적인 기후 변화는 상황을 어느 특정 인간 사회에 더 좋거나 더 나쁘게 만들 수도 있고, 다른 사회를 해치면서 한 사회에 이득을 줄 수도 있다. (B) 많은 역사적 경우에, 환경 자원을 고갈시키고 있던 사회는 기후가 온화하기만 하면 그 손실을 흡수할 수 있었지만, 이후 기후가 더 건조하거나, 더 춥거나, 더 덥거나, 더 습하거나, 더 변덕스러워지면 붕괴 직전으로 내몰렸다. (A) 그렇다면 그 붕괴는 인간이 환경에 미친 영향 때문이라고 해야 할까, 아니면 기후 변화 때문이라고 해야 할까? 그 간단한 양자택일 중 어떤 것도 정확하지 않다. 대신, 그 사회가 이미 환경 자원을 어느 정도 고갈시키지 않았다면 기후 변화로 야기된 자원 고갈에서 살아남았을지도 모른다. (C) 반대로, 그것은 기후 변화가 추가적인 자원 고갈을 발생시킬 때까지는 자초한 자원 고갈에서 살아남을 수 있었다. 치명적인 것으로 입증된 것은 단독으로 취해진 어느 요인도 아니라, (인간이) 환경에 미친 영향과 기후 변화의 결합이었다.

어휘 collapse 붕괴 alternative 양자택일 deplete 고갈시키다 absorb 흡수하다 mild 온화한 on the edge of ~직전에 variable 변덕스러운 conversely 반대로 self-inflicted 자초한 further 추가적인 fatal 치명적인

09

정답 ③

해설 이 글은 장례식이라는 공간에서 여러 사람이 고인과의 삶을 함께 떠올리며 이야기를 나누는 과정에서, 서로의 감정이 연결되고 삶의 의미가 재구성되는 경험을 다루고 있다. 이 같은 공유된 이야기와 정서적 일치감이 글의 핵심인 것에 유의하면, 글의 흐름상 어색한 문장은 상실의 고통을 종교적 신앙으로 위로받는다는 내용의, 개인적 치유에 초점을 둔 ③이다.

해석 우리가 장례식에 참석해서 이제는 세상을 떠난 우리가 사랑하는 사람의 삶을 또한 알고 있고 공유한 다른 사람들에게 둘러싸일 때, 우리는 우리 안에서 고인의 '영혼'을 느낄 수 있다. 그리고 실제로, 추도식에서 우리 각자 안에 있는 수조 개의 뉴런 연결의 활성화 패턴은 고인에 대한 우리의 유사한 경험 때문에 유사성을 가지고 있을 수도 있다. (살아) 남겨진 사람으로서, 우리는 우리가 우리의 삶에서 함께 구성하는 이야기 속에서 사랑하는 사람과의 일치감을 만들어 냄으로써 상실에 대처하려고 시도한다. (상실의 고통은 시간이 지나면서 희미해질 수 있지만, 많은 사람들은 슬픔 속에서 위안과 의미를 찾기 위해 종교적 믿음에 의지한다.) 그런 추도식에서는, 이제 막 죽은 사람의 '삶과 본질을 포착하기' 위해서 이야기가 심심찮게 들려올 것이다. 이러한 이야기의 공유는 인간 삶의 일치를 만들고 우리의 마음을 서로 연결하는 데 있어서 이야기의 중심적인 중요성을 반영한다.

어휘 funeral 장례식 surround 둘러싸다 pass away 세상을 떠나다 the deceased 고인 trillion 1조 neuronal 뉴런의 memorial service 추도식 parallel 유사한, 평행한 coherence 일관성, 일치 narrative 이야기 turn to ~에 의지하다 religious 종교적인 grief 슬픔 capture 포착하다 essence 본질 reflect 반영하다

10

정답 ①

해설 이 글은 유아기의 애착 추구 행동에 대한 부모의 반응에 따라 세상을 바라보는 시선의 방향이 결정된다고 기술하고 있다. 부모의 반응이 긍정적일 땐 세상이 친절하다는 메시지가 내면화된 성인이 되지만, 그 반대일 땐 세상이 위험하다는 메시지가 내면화된 성인이 된다고 했으므로, 빈칸에 들어갈 말로 가장 적절한 것은 ① '우리의 세상에 대한 모델을 암호화한다'이다.

② 근원적인 부모의 애정을 보여 준다 → 부모가 애정을 보이지 않는 경우의 예시도 언급되었으며, 글의 핵심은 부모의 반응 그 자체보다는, 그 반응에 영향을 받는 우리의 세계관이므로 적절하지 않다.

③ 우리의 유아기 건강 상태에 영향을 준다 → 건강 상태가 아닌, 우리가 세상을 바라보는 방식에 영향을 준다는 내용이다.

④ 우리의 뇌에 신경질환을 유발한다 → 신경질환에 관한 내용도 아닐뿐더러, 부모의 반응이 긍정적인 결과와 부정적인 결과 모두 낳을 수 있다는 내용이므로 부정적인 결과만 포함한 선지는 정답이 될 수 없다.

해석 신경과학자들은 우리의 애착 추구 행동에 대한 부모의 반응이, 특히 우리 삶의 첫 2년 동안, 우리의 세상에 대한 모델을 암호화한다는 것을 발견했다. 만일 우리가 유아일 때 (우리에게 잘) 적응되어 있고 응할 수 있는 양육자와 건강한 애착 교류를 가졌다면, 우리는 안전감과 신뢰감을 기를 수 있었을 것이다. 만일 우리의 부모가 대부분의 시간 동안 먹이고 위로해달라는 우리의 요구에 응답할 수 있었다면, 우리는 세상이 도움이 필요할 때 누군가가 와서 도와주는 친절한 곳이라는 메시지를 내면화했을 것이다. 우리는 또한 괴로울 때 스스로 진정시키는 법을 배웠을 것이고, 이는 우리가 성인이 되었을 때의 회복력을 형성한다. 반대로, 우리가 유아일 때 받은 메시지가 세상은 안전하지 않고 사람은 의지할 수 없다는 것이었다면, 그것은 불확실함과 실망, 관계의 기복을 견뎌내는 우리의 능력에 영향을 미쳤을 것이다.

어휘 neuroscientist 신경과학자 attachment 애착 infant 유아 adjusted 적응한 available 응할 수 있는, 이용 가능한 nurture 양육하다 caregiver 돌보는 사람 comfort 위로, 안락 internalize 내면화하다 distress 고통, 괴로움 resilience 회복력 withstand 견디다 uncertainty 불확실성 encode 암호화하다 underlying 근원적인 affection 애정, 보살핌 trigger 유발하다 neurological 신경의 disorder 장애, 질환

01	②	02	②	03	④	04	④	05	③
06	②	07	④	08	①	09	②	10	④

01

정답 ②

해설 여행할 때 여러 개의 충전 케이블을 들고 갈 필요가 없다는 것을 통해 충전기가 대부분의 스마트폰과 호환된다는 것을 유추할 수 있다. 따라서 빈칸에 들어갈 말로 가장 적절한 것은 ② 'compatible(호환되는)'이다.
① 나뉘는 ③ 비교할 만한 ④ 부적합한

해석 이 충전기는 대부분의 스마트폰과 보편적으로 호환되는데, 이는 여행할 때 여러 개의 충전 케이블을 들고 갈 필요를 없애 준다.

어휘 charger 충전기 universally 보편적으로 eliminate 없애다

02

정답 ②

해설 'No sooner + had + S + p.p. + than + S + 과거동사'는 '~하자마자 ~했다'라는 뜻의 구문이다. 따라서 빈칸에 들어갈 말로 가장 적절한 것은 ② 'began'이다.

해석 과학자들이 그들의 혁신적인 연구를 발표하자마자 학계는 그 연구의 유효성에 대해 논의하기 시작했다.

어휘 innovative 혁신적인 validity 유효성

03

정답 ④

해설 (is → are) 문장의 주어가 복수 명사인 milestones이므로 동사 자리에는 그에 수일치한 복수 동사가 와야 한다. 따라서 단수 동사 is를 are로 고쳐야 한다.

① 비교급을 이용하여 최상급을 표현하는 경우, '비교급 ~ than + any other + 단수 명사'를 취한다. 따라서 any other 뒤에 단수 명사인 player은 적절하게 쓰였다.

② if 종속절에 had p.p. 형태인 had allowed가 쓰여 있으므로 가정법 과거완료가 쓰인 문장이다. 이때 주절에는 '조동사 + have p.p.'의 구조가 쓰여야 하므로 would have never set이 쓰인 것은 적절하다.

③ 여기서 discarded는 every wrong attempt를 수식하는 분사인데, 시도가 '버리는' 것이 아니라 '버려지는' 것이므로 과거분사로 적절하게 쓰였다.

해석 Maury Wills는 기록을 세우는 도루 선수였다. 그가 메이저리그에서 다른 어떤 선수보다 더 많이 도루한 1965년에, 그는 또한 도루하다가 가장 많이 잡힌 기록도 보유하고 있었다. 그러나 만약 Wills가 아웃된 것에 자신이 좌절하게 내버려 두었다면, 그는 절대 어떠한 기록도 세우지 못했을 것이다. Thomas Edison은 "모든 버려지는 잘못된 시도는 전진을 위한 또 다른 발걸음이므로 나는 낙심하지 않는다."라고 말했다. 비록 오천 번의 실험이 성공하지 못하더라도, 성공으로 가는 길 위의 이정표는 항상 실패다.

어휘 base stealer 도루 선수 frustrate 좌절시키다 discourage 낙담시키다 discard 버리다 milestone 이정표 failure 실패

04

④

해설 점심 약속을 조정하는 상황이다. 빈칸 앞에서 A가 B에게 새로운 팀 멤버와의 점심 약속을 상기시키자, 빈칸 뒤에서 B가 갑자기 잡힌 회의에 필요한 자료 준비를 해야 한다고 말한다. 이에 A가 나중에 다른 날을 잡아보자고 제안하는 것을 보아 빈칸에는 B가 오늘은 점심 식사를 같이할 수 없어 다른 날로 변경이 가능한지 묻는 내용이 와야 자연스럽다. 따라서 빈칸에 들어갈 말로 가장 적절한 것은 ④ '혹시 다른 날로 변경해도 괜찮을까'이다.
① 먹고 싶은 것이 있니
② 오늘 회의에는 누가 참여하니
③ 우리 조금 더 일찍 가도 괜찮을까

해석 A: 안녕, Mike. 그냥 다시 한번 알려주려고 하는데, 오늘 우리 새 팀원이랑 점심 먹을 거야.
B: 응, 기억하고 있어. 혹시 다른 날로 변경해도 괜찮을까?
A: 그건 문제없어. 무슨 일 있어?
B: 방금 급하게 잡힌 온라인 회의가 있다는 걸 알아서, 급히 자료를 준비해야 해.
A: 그렇구나. 천천히 하고 나중에 시간 될 때 알려줘. 그때 다른 날을 잡으면 돼.
B: 이해해줘서 고마워. 곧 연락할게.

어휘 remind 다시 한번 알려주다 last-minute 급하게 결정된 material 자료 urgently 급히 set up (일정을) 잡다 get in touch with ~와 연락하다 take part in ~에 참여하다 reschedule 일정을 변경하다

05

③

해설 내일 아침에 건물 엘리베이터 점검이 있다는 것을 알리며 그로 인해 생길 불편 사항들에 대한 조치를 안내하는 글이다. 따라서 글의 목적으로 가장 적절한 것은 ③ '건물의 엘리베이터에 대한 업데이트를 제공하려고'이다.
① 직원들과의 점심 약속을 잡으려고 → 점심 약속을 잡는 것이 아니라 점심을 가져오라고 권하고 있다.
② 직원들에게 오늘 엘리베이터를 사용하지 말라고 경고하려고 → 엘리베이터 점검은 오늘이 아니라 내일이고, 엘리베이터를 사용하지 말라는 것이 아니라 사용할 수 없다고 알리고 있다.
④ 다음 날 고객과의 미팅을 제안하려고 → 다음 날 고객과의 미팅을 잡으라는 것이 아니라, 있다면 일정을 변경하라고 했다. 또한 미팅 일정 변경은 엘리베이터 점검에 따른 불편 사항들에 대한 조치 중 하나로 언급되었을 뿐이다.

06

②

해설 건물 관리자가 내일 아침에 엘리베이터를 점검할 예정이라고 알리는 내용이다. 맥락상 inspection은 '점검'이라는 뜻으로 쓰였으므로, 이와 의미가 가장 가까운 것은 ② 'examination(검사)'이다.
① 고장 ③ 교체 ④ 건설

05-06

해석 수신: 전 직원 <비공개 수신자>
발신: Harriet Salas <h_salas@petersonconsulting.com>
날짜: 3월 18일
제목: 중요 뉴스

모든 분들께,

여러분 모두가 즉시 아셔야 할 중요한 소식이 있습니다. 건물 관리자가 내일 아침 9시부터 우리 건물의 엘리베이터가 점검을 받을 예정이라고 알려왔습니다. 그는 작업이 최소 4시간은 소요될 것으로 예상되며 하루 종일 지속될 수도 있다고 말했습니다.

저희는 10층에 위치해 있고 건물에 엘리베이터가 한 대밖에 없으므로 내일은 지연을 피하기 위해서 모두 정규 출근 시간보다 조금 일찍 출근하시길 바랍니다. 평소 점심을 나가서 먹는다면, 계단을 여러 번 오르내리지 않도록 식사를 직접 가져오는 것이 좋습니다. 또한, 내일 고객과의 예정된 미팅이 있다면 불편을 피하기 위해 일정을 변경하거나 가상 형식으로 전환하는 것을 고려해 보세요.

궁금한 점이 있으시면 언제든지 알려주세요.

안부를 전하며,
Harriet

어휘 immediately 즉시 inform 알려주다 undergo 겪다, 받다 maintenance 유지, 보수 mention 말하다 entire 전체의, 온 locate 위치시키다 regular 정규의 client 고객 consider 고려하다 switch 전환하다 virtual 가상의 format 형식 inconvenience 불편 arrange 잡다 appointment 약속 warn 경고하다

07

④

해설 마지막 문장에서 회사는 150척 이상의 선박을 85개국에 배송한다고 언급되므로, 글의 내용과 일치하지 않는 것은 ④ 'Anderson Shipping은 150개 이상의 국가로 선박을 운항한다.'이다.
① David Anderson은 가족의 길을 따라 바다로 향했다. → 첫 문장에서 언급된 내용이다.
② 1950년대 후반쯤, Anderson Shipping은 새로운 선박들로 항로를 확장했다. → 3번째 문장에서 언급된 내용이다.
③ Anderson Shipping은 1980년에 훨씬 더 커지기 시작했다. → 4~6번째 문장에서 언급된 내용이다.

Anderson Shipping: 한 척의 선박에서 세계적인 대기업으로

David Anderson은 선원 집안에서 태어났기 때문에 그도 바다로 나간 것은 놀라운 일이 아니었습니다. 1951년, 그는 증기선을 구입하여 런던 에서 암스테르담까지 정기 운송을 시작했습니다. 1958년까지 그의 회사 Anderson Shipping은 프랑스, 스페인, 이탈리아의 항구로 항해하는 선 박 2척을 더 구입할 정도로 성공을 거두었습니다. 1980년 그가 세상을 떠 나자 그의 두 자녀인 Marcus와 Darlene이 가업을 인수받아 대규모 확 장 프로젝트에 착수했습니다. 이 회사는 여러 경쟁업체를 인수하고 북미, 아프리카, 아시아로 운송을 시작했습니다. 오늘날 이 회사는 85개국에 배 송하는 150척 이상의 선박을 소유하고 있으며 해운업계의 선두주자로 자 리매김했습니다.

어휘 shipping 해운, 운송 giant 대기업 sailor 선원 purchase 구입하다 steamer 증기선 regular 정기적인 acquire 입수[인수]하다 sail 항해하 다 port 항구 pass away 죽다 take over 인계받다 undertake 착수하 다 vast 대규모의 expansion 확장 competitor 경쟁사 leading 선두의 industry 사업 founder 설립자

08

정답 ①

해설 수증기가 생성되고 응결되면서 열에너지를 흡수하고 방출하는 과정을 설 명한 글이다. 적도에서 생성되고 그와 멀리 떨어진 곳에서 응결되는 특성 때문에 수증기가 전 지구적인 에너지 재분배에서 큰 역할을 한다고 하였 으므로, 글의 주제로 가장 적절한 것은 ① '지구의 에너지 운반체로서의 수증기'이다.
② 빠른 물 증발을 일으키는 요인 → 전반적으로 물 증발에 관해 다루 는 있으나, '빠른' 증발을 일으키는 요인들을 구체적으로 설명하는 글은 아니다.
③ 태양 에너지가 지구 환경에 미치는 영향 → 지구 환경에 관해서는 별다 른 언급이 없으며, 태양 에너지는 글의 주요 소재인 '수증기'의 형성 과정 을 설명하기 위한 부차적인 소재에 불과하다.
④ 기후 형성에 있어서 수증기의 대단치 않은 역할 → 오히려 수증기가 큰 역할을 한다는 내용이므로 적절하지 않다.

해석 물은 매우 높은 기화열을 가지고 있으며, 태양 에너지가 바다와 다른 수역 에서 액체 상태의 물이 증발하게 할 때 이 에너지는 수증기에서 잠열로 유 지된다. 그 (수)증기가 액체로 응결될 때 그 열이 방출되어 대기를 따뜻하 게 하고 상승하는 더 따뜻한 공기를 생성한다. 이 효과는 강력할 수 있어, 가령 허리케인의 바람과 기류에서 나오는 엄청난 에너지의 원동력이 된 다. 지구가 태양으로부터 에너지를 받는 각도 때문에, 태양열은 적도에서 가장 강렬하다. 이 에너지에 의해 증발되는 물은 잠열을 대기 중으로 나르 고 수분을 실은 공기는 에너지를 함께 나르며 적도에서 멀어진다. 이 에너 지는 적도에서 멀리 떨어진 곳에서 비가 형성될 때 방출되며, 이 현상은 전 지구적으로 에너지 재분배의 많은 부분에 책임이 있다.

어휘 vaporization 증발, 기화 liquid 액체(의) evaporate 증발하다 water vapor 수증기 condense 응결되다 atmosphere 대기 driving force 추진력, 원동력 air current 기류 intense 강렬한 equator 적도 moisture-laden 습기를 포함한 phenomenon 현상 redistribution 재 분배 modest 보통의, 대단하지 않은

09

정답 ②

해설 인간은 집단생활이라는 사회적 환경에 최적화된 적응을 택함으로써 광범 위한 환경에서 생존할 수 있게 되었다는 내용의 글이다. 주어진 문장의 This trade-off가 인간이 사회적 환경(집단생활)에 대한 적응을 택하는 대신 혼자서 사는 삶에 대한 적응을 포기했다는 ② 앞 문장의 내용을 가리 켜, 그 덕에 인간이 넓은 지리적 범위와 우위를 확보했다는 내용의 주어진 문장이 이어지는 것이 자연스럽다. 따라서 주어진 문장이 들어갈 위치로 가장 적절한 것은 ②이다.

해석 무리를 지어 사는 것은 혼자서 또는 심지어 짝을 이룬 방식으로 사는 것과 는 다른 난제를 제시한다. 인간은 생존 전략으로 집단생활을 채택했다. 그 리고 이러한 (사회적) 환경에서의 성공을 최적화하기 위해, 인간은 (신체 적 특성과 본능적 행동을 포함한) 다수의 적응을 떠맡았고 혼자서 사는 삶 에 적합한 적응을 포기했다. 이러한 거래는 우리 종이 엄청난 지리적 범위 를 가지고 지구에서 우세한 종이 되는 것을 가능하게 만들었다. 등에 자신 의 물리적 환경을 가지고 다니는 달팽이처럼, 우리는 우리가 어디를 가든 우리와 함께 친구와 집단의 사회적 환경을 가지고 다닌다. 그리고 이러한 보호적인 사회적 껍질로 둘러싸인 우리는 그러고 나서 믿을 수 없을 정도 로 넓은 환경에서 생존할 수 있다. 한 종으로서 우리는 우정, 협력, 사회적 학습에 의존하도록 진화해 왔으며, 비록 그러한 매력적인 자질들이 경쟁 과 폭력의 불길에서 태어났더라도 그렇다.

어휘 trade-off (타협을 위한) 거래, 균형 geographic 지리적인 range 범위 dominant 우세한 challenge 난제, 어려움 solitary 혼자의, 고독한 paired 짝을 이룬 fashion 방식 adopt 채택하다 optimize 최적화하다 take on ~을 떠맡다 a host of 다수의 adaptation 적응 trait 특성 instinctual 본능의 incredibly 믿을 수 없을 정도로 cooperation 협력 appealing 매력적인

10

정답 ④

해설 모든 영화, 교향곡, 강연 등 쇼가 시작하기 직전에 각기 다른 사고와 생각을 지닌 관객 전체가 기대감으로 침묵하는 놀라운 순간이 있다는 내용의 글이 다. 빈칸은 사람들이 가득한 방을 침묵시킬 수 있는 것이 무엇인지를 묻고 있으므로, 빈칸에 들어갈 말로 가장 적절한 것은 ④ '공연의 시작'이다.
① 통제력의 상실 → 관객이 자발적으로 미지의 쇼에 통제력을 넘긴다는 언급이 있으나, 통제력을 잃어 침묵하게 된다는 내용은 아니다.
② 환대에 대한 기대 → 관객이 기대하는 것은 곧 시작될 공연이지 환대받 는 것이 아니다.
③ 경쟁의 제거 → 경쟁에 관해서는 언급된 바 없다.

해석 모든 영화, 교향곡, 강연마다 쇼가 시작되기 직전에, 관객 전체가 침묵하는 순간이 있다. 모든 대화와 바스락거리는 소리가 멈추고, 거의 동시에 모든 사람이 곧 일어날 일에 대한 조용한 기대감에 빠진다. 이것은 군중 사이의 고요라고 불리지만, 사실 그것은 군중 자체가 처음으로 형성되는 순간이 다. 각기 다른 사고와 생각을 지닌 200명의 독특한 사람들은 이제 단 하나 의 실체가 되고, 처음으로 함께 모여 방 앞쪽에 통일된 관심을 쏟는다. 그리 고 이상한 점은 관객이 미지의 것에 통제력을 넘겨준다는 것이다. 그들은 전에 그 영화를 본 적이 없다. 그들은 그 강의를 듣거나 그 연극을 본 적이 없다. 그것은 존경의 행위이자 희망의 행위로, 놀라운 일이다. 세상에는 사 람들로 가득 찬 방을 침묵하게 할 수 있는 것은 몇 가지밖에 없는데, 공연의 시작이 그중 하나이다.

어휘 symphony 교향곡 lecture 강연 rustling 바스락거리는 소리 anticipation 기대 hush 침묵, 고요 entity 독립체, 실체 unified 통일된 hospitality 환대

01	①	02	②	03	②	04	④	05	④
06	②	07	④	08	②	09	②	10	①

01

정답 ①

해설 정해진 규정을 무시하고 수업을 방해하는 행동은 교칙을 위반한 것으로 볼 수 있다. 따라서 빈칸에 들어갈 말로 가장 적절한 것은 ① 'violation (위반)'이다.
② 원칙 ③ 금지 ④ 준수

해석 그가 정해진 규정을 무시하고 수업을 방해했기 때문에 그의 행동은 교칙 위반으로 간주되었다.

어휘 ignore 무시하다 establish 정하다 regulation 규정 disrupt 방해하다

02

정답 ②

해설 그 기자가 인터뷰 내내 개인적 선호를 드러내지 않고 양측의 주장을 공평하게 제시한 것을 통해 중립을 유지한 것을 알 수 있다. 따라서 빈칸에 들어갈 말로 가장 적절한 것은 ② 'neutral(중립적인)'이다.
① 적대적인 ③ 수동적인 ④ 무모한

해석 그 기자는 인터뷰 내내 계속 중립적이었고, 개인적 선호를 드러내지 않고 양측의 주장을 공평하게 제시했다.

어휘 journalist 기자 fairly 공평하게 argument 주장 preference 선호

03

정답 ②

해설 (which → where 혹은 at which) 관계대명사 which 뒤에 불완전한 절이 아닌 완전한 절이 왔으므로, 완전한 절을 이끄는 관계부사 where이나 '전치사 + 관계대명사' 형태의 at which로 고쳐야 한다.
① 'as ~ as' 원급 비교 구문과 함께 형용사 permanent가 앞에 나온 be 동사의 보어로 적절하게 쓰였다.
③ do의 주어는 복수 명사인 Cities이므로 수일치는 적절하다.
④ 'stop to RV'는 '~하기 위해 멈추다'라는 의미이고, 'stop RVing'는 '~하는 것을 그만두다'라는 의미이다. 맥락상 '성장하는 것을' 멈추는 것이므로 동명사 growing은 알맞게 쓰였다.

해석 현대 도시들은 그것들이 설계된(의도된) 것만큼 영구적이지 않으며, 그 도시가 자원이 더는 인구를 부양할 수 없을 정도로 성장하면, 위험에 처한다. 고대 로마인들이 증명할 수 있듯이, 도시의 성장을 특징짓는 자연 경시는 궁극적으로 도시의 파멸을 초래할 수 있다. 그러나 자급자족을 넘어선 도시들은 간단히 성장을 멈추지 않는다. 일반적으로, 그것들은 먼 땅을 식민지로 만들거나 계속해서 시골 지역으로 퍼져나가면서 성장하는데, 이는 상황을 더 악화시킨다.

어휘 permanent 영구적인 disregard 무시, 경시 characterize 특징짓다 ultimately 궁극적으로 attest 증명[입증]하다 surpass 능가하다, 뛰어넘다 self-sufficiency 자급자족, 자생 colonize 식민지로 만들다 distant 먼

04

정답 ④

해설 축제 상품을 위한 여러 제안에 관해 상의하는 상황이다. 빈칸 뒤에서 Eric은 그중 물병을 선택하면서 물병의 장점을 언급하고 있으므로, 빈칸에는 어떤 제안이 축제 상품으로 가장 좋다고 생각하는지 묻는 내용이 와야 함을 알 수 있다. 따라서 빈칸에 들어갈 말로 가장 적절한 것은 ④ '우리 행사에 가장 잘 어울리는 건 뭐라고 생각해?'이다.
① 우리가 제외해야 할 항목이 있다고 생각하니? → 빈칸 뒤에서 물병의 장점을 설명하였으므로 제외할 항목이 아니라 선택하고자 하는 항목을 물어봐야 한다.
② 목록에 다른 항목을 제안해 줄래? → Eric의 대답이 제안서에 제안된 세 가지 항목 중 하나인 물병이었으므로 새로운 제안을 묻는 것은 잘못된 질문이다.
③ 그 항목들에서 어떤 점을 개선할 수 있을까?

해석 Jina: Eric, 우리 축제 상품을 위한 제안서 검토해 봤어?
Eric: 응, 방금 다 살펴봤어. 티셔츠, 에코백, 물병이 있었어, 그렇지?
Jina: 맞아. 전부 가격도 괜찮고, 디자인도 잘 만들어졌더라.
Eric: 나도 동의해.
Jina: 우리 행사에 가장 잘 어울리는 건 뭐라고 생각해?
Eric: 난 물병이 좋겠어. 재사용도 가능하고, 사람들이 행사 중에 들고 다닐 수도 있으니까.
Jina: 좋은 생각이네. 그렇게 적어 두고 다른 사람들이 어떻게 생각하는지도 확인해 볼게.

어휘 proposal 제안서 affordable 가격이 괜찮은 go with ~을 선택하다 reusable 재사용 가능한 note sth down ~을 적어 두다

05

정답 ④

해설 베이커리가 33주년을 기념하여 할인과 무료 배송 등 특별 혜택을 제공한다고 알리는 내용의 글이다. 따라서 글의 제목으로 가장 적절한 것은 ④ '특별 혜택과 함께 우리의 기념일을 축하하세요'이다.
① Clearmont 베이커리가 이제 영업을 시작합니다 → 이제 영업을 시작하는 것이 아니라 영업한 지 33주년이 되었다.
② 한 달간 특별한 베이커리 할인 → 한 달간이 아니라 일주일간의 할인이다.
③ 온라인 쇼핑을 통해 다음의 할인을 받으세요 → 표에 있는 할인은 오프라인으로 진행되는 것일 뿐만 아니라, 온라인 쇼핑의 할인은 베이커리가 제공하는 혜택 중 하나일 뿐이라 제목으로 적절하지 않다.

06

정답 ②

해설 글의 중반부에서 베이글은 40% 할인을 하고 케이크는 50% 할인을 한다고 언급되므로, 글의 내용과 일치하지 않는 것은 ② '가장 크게 할인되는 품목은 베이글이다.'이다.
① 베이커리는 영업한 지 30년이 넘었다. → 글의 초반부에서 언급된 내용이다.
③ 무료 배달 서비스는 평일 동안 가능하다. → 글의 중반부에서 언급된 내용이다.
④ 온라인 쇼핑객은 특별한 할인을 받을 수 있다. → 글의 후반부에서 언급된 내용이다.

05-06

해석

특별 혜택과 함께 우리의 기념일을 축하하세요

Clearmont 베이커리는 지역 주민들의 성원 덕분에 이제 33년째 영업을 이어오고 있습니다. 이를 기념하여 이번 주에는 지역사회의 모든 분들께 감사의 마음을 전하기 위해 특별한 혜택을 포함했습니다.

월요일	쿠키 20% 할인
화요일	컵케이크와 머핀 30% 할인
수요일	빵 한 개를 구매하면 한 개를 무료로 드립니다.
목요일	프레즐과 베이글 40% 할인
금요일	케이크 50% 할인
토요일 & 일요일	매장 내 모든 품목 30% 할인

이번 주 월요일부터 금요일까지는 무료 배송 서비스도 제공합니다. 배달을 위한 최소 주문량은 없습니다.

Central가 34번지에 있는 매장에 들러서 이 즐거움에 함께하세요. 매장을 직접 방문하시는 분들은 무료 샘플과 나중에 사용할 수 있는 쿠폰을 받으실 것입니다. 온라인 쇼핑을 선호하시는 분들은 www.clearmontbakery.com을 방문하여 온라인으로만 제공되는 특별 할인을 누리실 수 있습니다.

어휘 resident 주민 in honor of ~을 기념하여 feature 특별히 포함하다 delivery 배달 minimum 최소한의 stop by ~에 들르다 in person 직접 prefer 선호하다 discount 할인 available 이용할 수 있는 celebrate 축하하다 anniversary 기념일

07

정답 ④

해설 산사태관리과(LCD)가 산사태의 징후와 대처 방법 등을 안내하며 산사태 위험과 관련해 주민들이 따를 지침을 제시한다는 내용이다. 따라서 글의 요지로 가장 적절한 것은 ④ 'LCD는 산사태 위험에 대해 대중에게 알린다.'이다.
① LCD의 주요 목표는 산림의 건강과 생물 다양성을 증진하는 것이다. → LCD의 주요 목표는 산사태를 관리하는 것이지, 산림의 건강과 생물 다양성에 대한 내용은 언급된 바 없다.
② LCD는 산사태 취약 지역의 재건을 지원한다. → 산사태 취약 지역의 재건을 지원하는 것이 아니라, 그러한 지역에 대한 지침을 안내하고 있다.
③ LCD는 장기적 기후 변화 연구에 전념하고 있다. → 기후 변화 연구에 대한 내용은 언급된 바 없다.

해석 한국의 산사태는 주로 6월부터 10월까지 장마철 폭우 및 태풍으로 인해 발생합니다. 산사태관리과(LCD)는 산사태 위험에 대한 중요한 업데이트와 주민들이 적극적으로 따라야 할 지침을 제공합니다.

산사태의 초기 징후:
• 땅이 울리고 경사면에서 갑자기 물이 솟구침
• 바람 없이 나무가 흔들리거나 쓰러짐
• 하천 상류에서 흙탕물이 밀려옴
• 경사면에서 토양이 무너지거나 바위가 굴러옴

산사태 위험이 높은 경우의 지침:
• 정기적으로 TV, 인터넷, 스마트폰을 통해 기상 뉴스로 최신 정보를 얻으세요.
• 현재 상황을 (파악하기) 위해 sansatai.forest.go.kr에서 산사태 정보 시스템을 확인하세요.

산사태 발생 후 행동요령:
• 갇히거나 다친 사람이 있으면 즉시 당국에 신고해 주세요.
• 추가 산사태를 피할 수 있도록 재해 지역에서 벗어나세요.
• 귀가에 관한 현지 행정(당국)의 조언에 유의하세요.

어휘 landslide 산사태 primarily 주로 monsoon 장마 typhoon 태풍 guideline 지침 resident 주민 early sign 초기 징후 rumble 우르릉 울리다 burst 터짐, 폭발 slope 경사면 muddy 진흙의 surge 밀려들다 stream 하천 collapse 무너지다 roll 구르다 via ~을 통해 current 현재의 immediately 즉시 trap 가두다 authorities 당국 steer clear of ~으로부터 벗어나다 disaster 재해 further 더 이상의 heed (충고, 경고 등에) 유의하다, 주의를 기울이다 administrative 행정의 enhance 증진하다 biodiversity 생물 다양성 reconstruction 재건 prone ~하기 쉬운 devoted to ~에 전념하는

08

정답 ②

해설 서부 지대와 동부 지대로 이루어진 태평양 거대 쓰레기 지대를 소개하는 주어진 글 다음에는, 플라스틱병의 이동을 예로 들어 쓰레기 지대가 커지는 과정을 서술한 (B)가 오는 것이 자연스럽다. 이후엔 그 과정을 This way로 칭해 태평양 거대 쓰레기 지대의 쓰레기양이 늘어난다는 내용의 (A)가 오고, 플라스틱이 작은 조각들로 부서진다는 (A)의 마지막 문장에 이어 그 조각들을 those tiny bits of plastics로 칭하며 미세 플라스틱을 설명하는 (C)가 와야 한다. 따라서 글의 순서로 가장 적절한 것은 ② '(B) - (A) - (C)'이다.

해석 태평양 거대 쓰레기 지대는 북아메리카의 서해안부터 일본까지의 수역에 걸쳐 있다. 이 지대는 실제로 일본 근처에 있는 서부 쓰레기 지대와 하와이와 캘리포니아 사이에 있는 동부 쓰레기 지대로 구성되어 있다. (B) 플라스틱병 하나가 캘리포니아 해안에서 막 버려졌다고 상상해보라. 긴 항해 끝에, 그것은 광활한 태평양을 건너 서부 쓰레기 지대에 도달할 것이다. 그리고 마침내, 천천히 돌아가는 서부 쓰레기 지대의 소용돌이가 그것을 끌어들일 것이다. (A) 이런 식으로, 태평양 거대 쓰레기 지대의 쓰레기양은 축적된다. 게다가, 생분해되지 않는 플라스틱은 마모되지 않는다. 그것들은 그저 더 작고 작은 조각들로 부서진다. (C) 이러한 이유로, 지대들은 거의 전적으로 미세 플라스틱이라고 불리는 그 작은 플라스틱 조각들로 이루어져 있다. 미세 플라스틱은 항상 육안으로 볼 수 있는 것은 아니다. 그것들은 단지 물을 뿌연 수프처럼 보이게 할 뿐이다.

어휘 patch 지역, 구역 span ~에 걸치다 debris 잔해, 쓰레기 accumulate 축적되다 biodegradable 생분해[자연분해]성의 wear down 마모되다 discard 버리다 voyage 항해 vast 거대한 vortex 소용돌이 bit 작은 조각 naked eye 육안 cloudy 뿌연

09

정답 ②

해설 우리 몸이 부상을 입었을 때 면역 체계가 손상 부위에서 감염을 막고 치유를 촉진하기 위해 다양한 반응을 일으킨다는 내용의 글이다. 따라서 글의 흐름상 어색한 문장은 면역 반응이 과도해져 문제가 생기는 경우를 서술하는 ②이다.

해석 당신이 다치면 당신의 면역 체계는 피해를 제한하기 위해 일련의 사건들을 일으킨다. 이는 면역 반응의 일부로서 발생하여 우리가 부상으로 인한 세균 감염을 물리치는 데 도움을 준다. (면역 반응은 중요하지만, 보통 때는 도움이 되는 이 기능이 과잉 반응하거나 너무 오래 지속되면 문제가 발생한다.) 부상 부위의 혈류량이 증가하여, 존재하는 그 어떤 세균도 제거하고 감염을 막을 수 있는 백혈구가 공급된다. 다른 단백질들도 도착하여 그 부위를 봉쇄하고 세균이 퍼지는 것을 막는다. 당신의 신체가 치유 속도를 높이기 위해 손상된 조직의 대사율을 증가시키기 때문에 피부가 따뜻하게 느껴진다.

어휘 injure 다치게 하다 immune 면역의 trigger 일으키다, 유발하다 defeat 물리치다 bacterial 세균에 의한 infection 감염 originate 비롯되다 crucial 중대한 overreact 과잉 반응하다 overstay one's welcome 너무 오래 머무르다 blood flow 혈류 site 위치 white blood cell 백혈구 wipe out 제거하다 protein 단백질 seal off ~을 봉쇄하다 germ 세균 metabolic (신진)대사의 tissue 조직

10

정답 ①

해설 이 글은 유전자 변이가 일어나는 여러 원인들과 그 변이를 통해 환경에 잘 적응하게 된 개체가 더 잘 살아남는다는 사실을 기술하고 있다. 그 예로 나무껍질 색과 유사한 날개를 가지게 변이한 나방이 위장 능력이 더 뛰어나다고, 즉 생존에 더 유리하다고 제시되었다. 따라서 빈칸에 들어갈 말로 가장 적절한 것은 ① '살아남아 그들의 유전자를 물려주다'이다.
② 형편없는 번식 때문에 멸종하게 되다 → 오히려 환경에 잘 적응했으니 생존 가능성이 클 것으로 추론할 수 있다.
③ 새로운 서식지를 찾기 위해 기존의 서식지를 떠나다 → 현재 환경에 적합하다는 내용이므로 오히려 기존 서식지를 떠나지 않을 것임을 유추할 수 있다.
④ 같은 색 나무의 증식에 영향을 주다 → 유전 변이로 인한 같은 종 내의 환경 적합성 차이를 설명하는 글로, 다른 종에 미치는 영향에 관해선 언급된 바 없다.

해석 한 종 내의 유전적 변이는 몇 가지 다른 근원에서 비롯될 수 있다. 돌연변이, 즉 DNA 내 유전자 배열의 변화는 유전적 변이의 한 근원이다. 또 다른 근원은 유전자 흐름, 즉 서로 다른 집단의 유기체들 사이에서 일어나는 유전자의 이동이다. 마지막으로, 유전적 변이는 새로운 유전자 조합의 생성으로 이어지는 유성 생식의 결과일 수 있다. 한 유기체 집단 내의 유전적 변이는 어떤 유기체들을 그들이 사는 환경의 다른 유기체들보다 더 잘 살아남을 수 있게 한다. 심지어 작은 개체군에 속한 유기체들도 특정 환경에서의 삶에 그들이 얼마나 적합한지에 관해서는 현저하게 다를 수 있다. 다른 색의 날개를 가진 같은 종의 나방이 그 예일 것이다. 나무껍질 색과 비슷한 날개를 가진 나방은 다른 색의 나방보다 자신을 더 잘 위장할 수 있다. 결과적으로, 나무 색깔의 나방은 살아남아 그들의 유전자를 물려줄 가능성이 더 크다.

어휘 variation 변이 mutation 돌연변이 sequence 순서, 배열 gene flow 유전자 흐름 sexual reproduction 유성 생식 strikingly 현저하게 moth 나방 bark 나무껍질 camouflage 위장하다 pass on 전달하다 habitat 서식지 proliferation 증식, 확산

01	①	02	④	03	③	04	②	05	④
06	②	07	③	08	③	09	③	10	①

01

정답 ①

해설 in a clear and detailed manner라는 표현에 유의했을 때, 지원자가 원하는 면접 날짜와 시간을 명시해야 함을 유추할 수 있다. 따라서 빈칸에 들어갈 말로 가장 적절한 것은 ① 'specify(명시하다)'이다.
② 무시하다 ③ 가정하다 ④ 숨기다

해석 지원서를 제출할 때 선호하는 면접 날짜와 시간을 분명하고 자세하게 명시해 주시면 그에 맞춰 일정을 잡을 수 있습니다.

어휘 submit 제출하다 accordingly 그에 맞춰

02

정답 ④

해설 문맥상 더 일찍 배터리를 교체하지 않았기 때문에 현재 채널을 바꾸는 데 시간이 오래 걸리고 리모컨을 사용하기 불편해진 것이므로, '~했어야 했는데(하지 않았다)'라는 과거 사건에 대한 후회를 나타내는 'should have p.p.'가 와야 한다. 따라서 빈칸에 들어갈 말로 가장 적절한 것은 ④ 'should have replaced'이다.
① 교체했음에 틀림없다 → 과거 사건에 대한 강한 확신
② 교체해 놓을 것이다 → 미래 완료
③ 교체했을지도 모른다 → 과거 사건에 대한 추측

해석 John은 리모컨의 오래된 배터리를 더 일찍 교체했어야 했다. 지금은 채널을 바꾸는 데 훨씬 더 오래 걸리고 리모컨을 사용하기 불편해졌다.

어휘 remote control 리모컨 inconvenient 불편한

03

정답 ③

해설 (takes → taking) 문장의 주어 역할을 하는 동명사가 'A, B, or C' 형태로 병렬되어, A 자리에는 동명사 enjoying이, C 자리에는 동명사 reading이 온 구조이다. 따라서 동사 takes를 동명사 taking으로 고쳐야 한다.
① 분사의 수식을 받는 명사 lifestyle이 '아는' 것이 아니라 '알려진' 것이므로 수동의 과거분사 known은 알맞게 쓰였다.
② 주격 관계대명사 which의 선행사는 앞에 나온 단수 명사 Aboha(a lifestyle)이므로, 그에 수일치한 단수 동사 means는 적절하게 쓰였다.
④ 앞에는 전치사 on이 있으므로 전치사의 목적어가 필요한데, 뒤에는 주어가 없는 불완전한 문장이 온 형태이다. 따라서 선행사를 포함하는 관계대명사 what이 전치사 on의 목적어 역할과 동사 matters의 주어 역할을 동시에 하고 있는 것은 적절하다.

해석 빠르게 전개되고 경쟁적인 오늘날의 사회에서 많은 사람들은 성공과 자극을 끊임없이 추구하는 것으로부터 등을 돌리고 있다. 그 대신 이들은 '아보하(Aboha)'라고 알려진 생활 방식을 받아들이고 있는데, 이는 '아주 보통의 하루'라는 뜻이다. 이러한 트렌드는 처음에는 사소하게 보일 수 있는 단순하고 일상적인 순간들에 가치를 둔다. 예를 들어, 아침에 조용히 커피 한 잔을 즐기는 것, 퇴근 후 짧게 산책하는 것, 또는 잠들기 전 좋아하는 책을 읽는 것과 같은 활동들이 모두 아보하 생활 방식의 일부이다. 이 트렌드는 속도를 늦추고 진정 중요한 것에 집중하고자 하는 (사람들의) 증가하는 욕구를 반영한다.

어휘 fast-paced 빠르게 전개되는 competitive 경쟁적인 turn away from ~으로부터 등을 돌리다 pursuit 추구 embrace 받아들이다 lifestyle 생활 방식 value 가치를 두다 insignificant 중요하지 않은, 사소한 reflect 반영하다 focus on ~에 집중하다 matter 중요하다

04

정답 ②

해설 A가 B에게 꽃다발을 주문하는 상황이다. 빈칸 앞에서 A가 B의 추천 꽃다발에 긍정적으로 반응하고 빈칸 뒤에서 B가 내일 아침까지 준비할 수 있다고 하는 것으로 보아, 빈칸에는 꽃다발을 받을 수 있는 시기에 관해 묻는 내용이 오는 것이 자연스럽다. 따라서 빈칸에 들어갈 말로 가장 적절한 것은 ② '언제 수령할 수 있나요'이다.
① 비용은 얼마인가요
③ 꽃을 어떻게 배열해 주나요
④ 대량 주문 시 할인을 제공하나요

해석 A: 안녕하세요, 꽃다발을 주문하고 싶습니다.
B: 어떤 종류의 꽃을 생각하고 계신가요?
A: 좋은 걸 추천해 주실 수 있나요? 제 매니저의 승진을 축하하는 선물입니다.
B: 그런 경우라면, 장미, 백합, 튤립을 섞은 꽃다발이 좋은 선택이 될 거예요. 우아하면서도 축하하기에 완벽합니다.
A: 그거 좋네요. 언제 수령할 수 있나요?
B: 내일 아침까지 준비해 드릴 수 있습니다. 방문하시기 전에 전화 한 통만 주세요.

어휘 bouquet 꽃다발 celebrate 축하하다 promotion 승진 elegant 우아한 arrange 준비하다, 배열하다 discount 할인 bulk order 대량 주문

05

정답 ④

해설 정부에서 통과시킨 새로운 직장 규정 중 하나인 소방 훈련에 대해 설명하고 시행해 줄 것을 요청하는 글이다. 따라서 글의 목적으로 가장 적절한 것은 ④ '공장에 영향을 미칠 새로운 규정을 설명하려고'이다.
① 정부의 간섭에 대해 불평하려고 → 정부의 간섭에 대해 불평하는 것이 아니라 정부 규정을 시행하려고 하고 있다.
② 모든 기계의 가동 중단을 알리려고 → 기계의 가동 중단은 소방 훈련의 내용이다.
③ 소방 훈련의 날짜를 바꿀 것을 요청하려고 → 소방 훈련의 날짜는 아직 정해지지 않았고 금요일까지 준비해달라고 요청하고 있다.

06

정답 ②

해설 근로자가 100명 이상인 공장은 한 달에 최소 한 번 소방 훈련을 해야 한다는 내용이다. 맥락상 carry out은 '수행하다'라는 뜻으로 쓰였으므로, 이와 의미가 가장 가까운 것은 ② 'conduct(수행하다)'이다.
① 일정을 잡다 ③ 준비하다 ④ 행동하다

05-06

해석 수신: Charles Potter <charlesp@salemmanufacturing.com>
발신: Dennis Jones <djones@salemmanufacturing.com>
날짜: 10월 3일
제목: 정부 규정

Charles,

정부가 방금 몇 가지 새로운 직장 규정을 통과시켰는데, 그 중 하나에 대해 즉시 알려드리고 싶습니다. 그 이유는 그것이 우리 운영에 직접적인 영향을 미칠 것이기 때문입니다. 또한 우리 공장의 책임자로서 이 규정이 즉시 시행될 수 있도록 해 주실 것을 기대하고 있습니다.

오늘부터 근로자가 100명 이상인 모든 공장은 최소 한 달에 한 번은 소방 훈련을 수행해야 합니다. 이는 모든 기계의 가동을 중단하고 모든 근로자가 현장에서 대피해야 함을 의미합니다. 처음 실시하는 훈련은 반드시 녹화하여 정부에 보내서 관찰을 받아야 합니다.

늦어도 이번 주 금요일까지 소방 훈련을 준비해 주세요. 어려울 수 있다는 것을 이해하지만, 우리는 규정을 따라야 합니다. 내일 세부 사항을 (함께) 검토해 보고, 그때 당신의 계획을 알려주시면 됩니다. 그때 다른 관련 규정도 함께 논의해 보겠습니다.

안부를 전하며,

Dennis Jones
법무부 관리자

어휘 regulation 규정 workplace 직장 immediately 즉시 direct 직접적인 operation 운영 foreman 책임자 count on ~을 믿다, 기대하다 implement 시행하다 at once 즉시 fire drill 소방 훈련 machinery 기계 shut down ~을 정지시키다 evacuate 대피하다 challenging 어려운 go over ~을 검토하다

07

정답 ③

해설 4번째 문장에서 상점들은 더 넓어지고 밝아졌다고 언급되므로, 글의 내용과 일치하는 것은 ③ '상점들의 조명이 개선되었다.'이다.
① 이곳은 10월 1일에 처음으로 개장한다. → 첫 문장과 2번째 문장에서 Goldwater 몰이 리모델링을 마치고 10월 1일에 재개장한다고 언급되므로 옳지 않다.
② 이곳에 아트 갤러리가 추가되었다. → 3번째 문장에서 쇼핑몰 벽면을 수많은 예술 작품이 장식한다고 언급될 뿐, 아트 갤러리가 추가되었다는 내용은 언급되지 않으므로 옳지 않다.
④ 이곳 옆에 지상 3층 규모의 주차장이 지어졌다. → 마지막 2번째 문장에서 3층 규모의 지하 주차장이 추가 되었다고 언급되므로 옳지 않다.

해석 **Goldwater 몰의 변화를 확인해 보세요**

6개월간의 집중적인 리모델링을 마친 Goldwater 몰이 재개장할 준비가 되었습니다. 영화관과 여러 레스토랑을 포함한 165개의 모든 상점이 10월 1일, 토요일에 영업을 시작합니다. 쇼핑몰의 인테리어는 벽면을 아름답게 장식하는 수많은 예술 작품으로 업그레이드되었습니다. 상점들은 더 넓어지고 밝아졌습니다. 건물 전체에 에스컬레이터가 여러 대 추가되어 방문객들이 다른 층으로 이동하기 쉬워졌습니다. 마지막으로 3층 규모의 지하 주차장이 추가되어 쇼핑몰로 차를 타고 오는 것이 이전보다 훨씬 편리해졌습니다. 꼭 들러서 모든 개선 사항을 확인해 보세요.

어휘 check out 확인하다 intensive 집중적인 numerous 수많은 beautify 아름답게 하다 spacious 널찍한 well-lit 조명이 밝은 complex 복합 건물, 단지 underground 지하의 parking lot 주차장 thereby 그렇게 함으로써 comfortable 편리한 drop by ~에 들르다 improvement 개선 사항 story 층

08

정답 ③

해설 오늘날 유전자 기술로 생산품이 철저하게 통제되는 농장이 점점 더 많아지고 있으며, 이러한 변화는 앞으로 양식업, 원예 등으로 영역을 더욱더 넓힐 것이라는 내용의 글이다. 따라서 글의 제목으로 가장 적절한 것은 ③ '게놈이 통제하는 농장의 출현'이다.
① 게놈 편집의 기원 → 게놈 편집의 기능을 설명하고 있을 뿐, 그 기원에 관한 언급은 없다.
② 농업의 생산성 저하 → 글의 중심 소재인 '유전자 기술'을 포함하고 있지 않을뿐더러, 그 기술 덕분에 오히려 더 정밀한 재배가 가능해졌다는 내용이므로 적절하지 않다.
④ 최신 농업 기술의 한계 → 글에서 언급된 유전자 기술을 최신 농업 기술로 본다면, 한계가 아니라 오히려 장래성을 강조하는 내용이므로 적절하지 않다.

해석 농장은 이제 더 공장처럼 되어가고 있다. 즉, 자연의 변덕으로부터 가능한 한 면역이 생긴, 신뢰할 수 있는 제품을 생산하기 위해 엄격하게 통제되는 운영이 되었다. DNA에 대한 더 나아진 이해 덕분에, 농장에서 길러지는 식물들과 동물들 또한 더욱 철저하게 통제된다. "게놈 편집"으로 알려진 정밀한 유전자 조작은 작물이나 가축의 게놈을 하나의 유전자 "문자" 수준으로 바꾸는 것을 가능하게 만들었다. 작물의 DNA 염기서열을 이해하는 것은 또한 번식 자체가 더 정밀해질 수 있다는 것을 의미한다. 하드웨어, 소프트웨어 그리고 "라이브웨어"에서의 그런 기술 변화들은 들판, 과수원 그리고 축사를 넘어서고 있다. 양식업 또한 그것들(기술 변화들)로부터 힘을 받게 될 것이다. 그리고 이미 가장 잘 통제되고 정밀한 형태의 농업인 실내 원예도 더욱더 그렇게 될 것이다.

operation 운영 turn out 생산하다 reliable 신뢰할 수 있는 immune 면역의, 면역성이 있는 vagary 예상 밖의 변화, 변덕 precise 정밀한 genetic 유전의 manipulation 조작 genome 게놈(유전자 총체) stock 가축 sequence 서열 breeding 사육, 번식 orchard 과수원 byre 축사 boost (신장시키는) 힘 horticulture 원예 advent 출현

09

정답 ③

해설 전체 글에서 주어진 문장의 제도(system)가 가리키는 대상으로 볼 수 있는 것은 ③ 앞 문장에서 소개된 fractional reserve banking이다. 또한 ③ 뒤 문장의 주어인 The rest는 은행이 현금으로 보유하고 있는 예금 (only a portion of total deposits ~ in the form of cash reserve)을 제외한 나머지를 의미하므로 주어진 문장은 그보다 앞에 들어가야 한다. 따라서 주어진 문장이 들어갈 위치로 가장 적절한 것은 ③이다.

해석 당신의 은행 계좌 안의 돈을 당신의 재량대로 인출할 수 없는 경우에 대해 생각해 본 적 있는가? 이런 일은 일어날 수 있고, 실제로도 여러 번 일어났다. 경제 혼란으로 은행이 파산 직전의 상태에 있을 때, 모든 예금자들은 힘들게 모은 돈을 확보하고 예금을 인출하기 위해 은행으로 달려갈 것이다. 이러한 현상은 뱅크런이라고 불리며 대개 사람들의 손실에 대한 두려움에 의해 발생한다. 또 다른 원인은 부분지급준비제도이며, 이는 모든 예금자가 동시에 자금을 인출하고 싶어 하지는 않을 것이라는 가정에 기반을 둔다. 그 제도하에서 상업 은행들은 전체 예금 중 10%를 넘지 않는 단지 일부만을 현금 예비금의 형태로 금고에 보유한다. 나머지는 대출자들에게 빌려주거나 금융시장에 투자하기 위해 사용된다. 그 결과로, 은행들은 뱅크런이 발생한 시점에 모든 인출을 충당할 만큼 충분한 돈을 갖고 있지 않을 수도 있다.

어휘 retain 보유하다, 유지하다 deposit 예금 reserve (은행의) 준비금, 예비금 vault 금고 at sb's discretion ~의 재량대로 on the verge of ~의 직전에 insolvent 지급 불능의, 파산한 turmoil 혼란 savings 저축한 돈 withdraw 인출하다 phenomenon 현상 fractional 단편[부분]적인 presumption 추정, 가정 borrower 대출자

10

정답 ①

해설 온라인 활동은 시공간적 제약을 줄여 사회적 배제도 줄일 것으로 기대되는데, 사실 반대의 결과를 낳을 위험성이 있다는 내용의 글이다. 가상 이동성이 물리적 이동성과 같은 기능을 제공하거나 적어도 그것이 없을 때의 접근성 격차를 메우지 못할 때, 배제를 악화시킬 수 있는 부정적 영향을 모두 피하지 못할 때 사람들이 겪을 수 있는 일을 묻고 있으므로, 빈칸에 들어갈 말로 가장 적절한 것은 ① '훨씬 더 큰 사회적 배제를 경험할'이다.
② 부당한 사회적 배제에 맞서 싸우고 있을 → 사회적 배제의 부당함과 그에 맞서는 사람들의 적극적인 행위에 관해서는 논하고 있지 않다.
③ 사실과 허구를 구별하는 데 어려움을 겪을 → '가상'이라는 말이 언급되긴 하나, 그것과 현실의 구분에 관한 내용이 아니다.
④ 물리적 이동성의 결여를 수용할 → 가상 이동성의 장벽이 높아지면 사람들이 물리적 이동성의 결여를 수용한다는 내용은 언급되지 않았으며, 오히려 그것이라도 되찾고 싶어 할 것이므로 적절하지 않다.

해석 온라인 활동은 시공간적 접근성을 재형성하여 사회적 배제의 패턴을 재형성할 것으로 기대된다. 인터넷을 통한 가상 이동성은 현재 접근성 기술로서 물리적 이동성에 대한 실현 가능한 대안으로 부상하여, 기회, 서비스, 사회적 네트워크 및 기타 상품에 대한 접근을 제공하고 있다. 인터넷 사용은 시공간적 제약을 극복하여, 기존의 여행을 대체할 뿐만 아니라, 사람들이 이전에 배제되었던 활동에 대한 추가적인 접근 수단을 제공할 수도 있다. 그러나 가상 이동성이 사회적 배제를 줄이기 위해서는 그것이 물리적 이동성과 똑같은 기능을 제공하거나, 적어도 물리적 이동성의 결여가 남기는 접근성 격차를 채워야만 한다. 게다가, 그것은 일반적으로 이동성 관련 배제나 사회적 배제를 악화시킬 수 있는 모든 부정적인 사회적 영향이나 이동성 영향을 피해야만 한다. 온라인 활동이 접근성에 대한 장벽을 증가시킨다면, 이 장벽을 극복할 수 없는 사람들은 훨씬 더 큰 사회적 배제를 경험할 수도 있다.

어휘 reshape 개조하다, 재형성하다 exclusion 배제 accessibility 접근성 virtual 가상의 mobility 이동성, 유동성 emerge 드러나다, 부상하다 viable 실현 가능한 alternative 대안 constraint 제약 means 수단 worsen 악화시키다 barrier 장벽, 장애물 unjust 부당한 tell A from B A와 B를 구별하다 fiction 허구 embrace 수용하다

01	②	02	①	03	②	04	④	05	④
06	③	07	③	08	④	09	②	10	②

01

정답 ②

해설 전통적인 필름 카메라가 수십 년 동안 사용되었지만 디지털 사진 기술이 생겨나면서 그것을 구식으로 만들었음을 알 수 있다. 따라서 빈칸에 들어갈 말로 가장 적절한 것은 ② 'obsolete(구식의)'이다.
① 현대의 ③ 실용적인 ④ 혁신적인

해석 전통적인 필름 카메라는 수십 년 동안 널리 사용되었지만, 디지털 사진 기술이 더 발전하고 접근하기 쉬워지면서 필름 카메라를 거의 <u>구식으로</u> 만들었다.

어휘 traditional 전통적인 decade 10년 photography 사진 기술 advance 발전하다 accessible 접근 가능한

02

정답 ①

해설 여행이 그의 에너지를 전부 소진시켜 그가 원하는 것은 편한 침대에서 자는 것뿐이라는 내용으로 보아, 그의 몸에 긴 여행으로 인한 피로가 자리 잡고 있음을 알 수 있다. 따라서 빈칸에 들어갈 말로 가장 적절한 것은 ① 'fatigue(피로)'이다.
② 활력 ③ 인내 ④ 고립

해석 긴 여행에서 오는 <u>피로</u>가 (몸에) 자리 잡았고, 여행이 그의 에너지를 완전히 소진시켰기 때문에 그가 원하는 것은 오직 편안한 침대에서 자는 것이었다.

어휘 journey 여행 settle in 자리 잡다 comfortable 편안한 drain 소모시키다

03

정답 ②

해설 (overwhelmed → overwhelming) 주어인 The unfamiliar streets and the constant sense of being lost(낯선 거리들과 길을 잃은 듯한 끊임없는 느낌)가 '압도되는' 것이 아니라 '압도하는' 것이므로, 능동을 나타내는 분사 overwhelming으로 고쳐야 한다. 참고로, '너무 ~해서 ~하다'라는 뜻의 'so ~ that' 구문이 함께 쓰인 구조이다.
① 'only + 부사절'이 문두에 나올 경우 주어와 동사는 반드시 '동사 + 주어'의 어순으로 도치되며, 특히 일반동사가 쓰인 경우 'do/does/did + 주어 + 동사원형' 어순으로 도치되므로 did I understand가 온 것은 적절하다.
③ 뒤에 명사(구) these tough times가 쓰였으므로 전치사 during은 적절하게 쓰였다. 참고로, 'it ~ that' 강조구문을 통해 전명구 during these tough times를 강조한 형태로, that 뒤에는 완전한 절의 형태가 알맞게 쓰였다.
④ 의문부사 how가 이끄는 '얼마나 ~한지'라는 뜻의 명사절이 동사 learned의 목적어로 오고 있다. 이때 그 명사절은 'how + 형용사/부사 + S + V'의 간접의문문 어순을 취하므로, how important it is의 어순은 적절하다. 참고로 명사절 내에서는 가주어(it)-진주어(to embrace change and (to) adapt) 구문이 쓰이고 있다.

해석 내가 새로운 도시로 이사한 후에야 집을 떠나 사는 것의 어려움을 이해하게 되었다. 낯선 거리들과 길을 잃은 듯한 끊임없는 느낌은 너무나 압도적이어서 종종 포기하고 싶었다. 그러나 바로 이러한 힘든 순간들 속에서 내가 변화를 받아들이고 적응하는 것이 얼마나 중요한지를 배웠다. 천천히 나는 내 길을 찾았고 그 경험을 통해 더 강해졌다.

어휘 unfamiliar 낯선 constant 끊임없는 overwhelm 압도하다 embrace 받아들이다

04

정답 ④

해설 David와 Joe가 선거에 관해 이야기하는 상황이다. 빈칸 앞에서 선거 당일 동네에 있지 않은 Joe에게 David가 사전 투표를 제안한 후, 빈칸 뒤에서 David가 등록된 주소와 무관하게 어디서든 투표할 수 있다고 하는 것으로 보아, 빈칸에는 사전 투표 기간에 Joe가 머무를 지역의 투표소를 방문하라고 추천하는 내용이 와야 자연스럽다. 따라서 빈칸에 들어갈 말로 가장 적절한 것은 ④ '네가 머물 곳에서 가장 가까운 투표소를 찾아봐'이다.
① 사전 투표가 네 지역에서 가능한지 확인해 봐
② 일부 투표소는 운영 시간이 달라
③ 다른 사람이 너를 대신해 투표하도록 하는 것이 허용돼

해석 David: 선거가 바로 코앞으로 다가왔어. 지정된 투표소는 확인해 봤어?
Joe: 응. 나는 우리 집 근처 노량진 주민센터에서 투표해야 하는데, 선거일에는 동네를 떠나있을 거야.
David: 그럼 사전 투표는 어때? 공식 투표일 며칠 전부터 열려 있어.
Joe: 그때도 다른 도시에 있을 거라서, 여전히 투표할 수 없어.
David: 걱정하지 마, <u>네가 머물 곳에서 가장 가까운 투표소를 찾아봐.</u> 그 기간에는 네 등록된 주소와 상관없이 어디서나 투표할 수 있어.
Joe: 정말 편리하네! 그럼 그렇게 해야겠다.

어휘 election 선거 around the corner 코앞에 와 있는 designated 지정된 voting place 투표소 early voting 사전 투표 official 공식적인 period 기간 regardless of ~와 상관없이 registered 등록된 operating hour 운영 시간 on one's behalf ~을 대신하여 voting station 투표소

05

정답 ④

해설 온라인 판매를 개선할 수 있는 방법에 대해 알려주는 세미나를 소개하는 글이다. 따라서 글의 제목으로 가장 적절한 것은 ④ '인터넷을 활용하여 사업 매출을 향상하세요'이다.
① 기업을 해외로 확장하는 방법을 배우세요 → 상품과 서비스를 해외에 홍보하는 방법을 배운다고 언급되긴 하지만, 글의 주제인 온라인 판매 개선을 위한 방법 중 하나일 뿐이라 제목으로 적절하지 않다.
② 온라인에서 진행되는 새로운 세미나에 참석하세요 → 온라인에 관한 세미나이지 온라인으로 진행되는 세미나는 아니다.
③ 소셜 미디어 광고의 효과적인 활용법을 마스터하세요 → 온라인 마케팅에 대한 내용이지, 반드시 소셜 미디어 광고만을 의미하는 것은 아니다.

06

정답 ③

해설 글의 중반부에서 세미나는 2시간씩 진행되지만, 강사의 문의 답변이 그 이후에 1시간 추가로 진행되는 것을 알 수 있으므로, 글의 내용과 일치하지 않는 것은 ③ '참석자들은 강습과 질의응답에 2시간을 할애할 것이다.'이다.
① 새로운 세미나는 두 명의 강사가 진행할 것이다. → 글의 초반부에서 언급된 내용이다.
② 세미나는 10월에 네 곳에서 열릴 것이다. → 글의 중반부에서 언급된 내용이다.
④ 일부 단체 참석자들은 1인당 200달러보다 적게 지불할 것이다. → 글의 후반부에서 언급된 내용이다.

05-06

해석

인터넷을 활용하여 사업 매출을 향상하세요

Jackson 컨설팅의 전문가들이 10월부터 새로운 세미나를 개최한다는 소식을 알려드리게 되어 자랑스럽게 생각합니다.

Rudolph Kessler와 Andrew McBain이 공동 진행하는 이 세미나는 기업과 매장이 온라인 판매를 개선할 수 있는 방법에 초점을 맞출 예정입니다.

10월 일정은 다음과 같습니다:

10월 2일	오후 7시 - 오후 9시	Hope 컨벤션 센터
10월 9일	오후 6시 - 오후 8시	Murphy 전시홀
10월 16일	오후 6시 30분 - 오후 8시 30분	시청
10월 23일	오후 5시 - 오후 7시	Westland 커뮤니티 센터

＊각 세미나 종료 후 1시간 동안 강사가 문의에 답변해 드립니다.

참석자들은 매력적인 웹사이트를 디자인하고, 온라인 마케팅을 활용하고, 웹사이트에 특별 혜택을 만들고, 상품과 서비스를 해외에 홍보하는 법을 배우게 됩니다.

참가비는 1인당 200달러입니다. 5명 이상 단체 할인이 가능합니다. www.jacksonconsulting.com을 방문하여 예약하세요.

어휘 expert 전문가 announce 알리다 co-teach 공동으로 가르치다 improve 개선하다 instructor 강사 inquiry 문의 conclusion 종료 attendee 참석자 appealing 매력적인 utilize 이용하다 offer 혜택 promote 홍보하다 overseas 해외로 discount 할인 expand 확장하다 abroad 해외로 take place 열리다 effective 효과적인 advertising 광고

07

정답 ③

해설 정기적인 예방 조치가 문제를 방지하는 데 필요함을 강조하는 내용의 글로, 타이어에 박힌 못을 방치한 친구의 사례를 통해 경고 신호를 무시하면 예상치 못한 문제가 생길 수 있음을 보여 주고 있다. 따라서 글의 요지로 가장 적절한 것은 ③ '잠재적 문제를 피하기 위해선 예방 조치가 필요하다.'이다.
① 사고 발생 시 침착함을 유지하는 것이 바람직하다. → 사고 발생 시의 행동 방침이 아닌, 발생 전의 예방 조치에 관한 글이다.
② 경고 신호처럼 보이는 것은 때때로 허위 경보이다. → 오히려 반대로 경고 신호를 무시할 경우 예상치 못한 문제를 겪을 수 있음을 강조하는 글이다.
④ 안전사고 예방에 대한 교육이 의무화되어야 한다. → 안전사고 예방 교육의 의무화에 대한 언급은 없다.

해석 우리는 왜 정기적으로 자동차 오일을 교체해야 하는가? 우리는 왜 일 년에 두 번 치과를 방문해야 하는가? 이 질문들에 대한 간단한 답은 예방적 유지 보수이다. 당신은 사람들이 경고 신호를 무시하고 불운한 상황이 하룻밤 사이에 나타난 것처럼 보였다는 이야기를 얼마나 많이 들어보았는가? 내 친구 중 한 명은 자신의 앞 타이어 중 하나에 못이 박혀 있다는 것을 알았지만, 그 타이어에 어떤 뚜렷한 손상도 없는 것 같았다. 그는 그 못을 무시하기로 하여, 결국 타이어가 펑크 난 채 고속도로변에 있는 자신을 발견하게 되었다. 타이어가 펑크 나는 당황스러운 경험을 하기 전에 그는 "시간이 있을 때 그것을 수리할 계획이었다"라고 내게 나중에 말했다. 그가 그 못을 제거하기 위해 몇 분만 들였더라면, 그는 그날 타이어가 펑크 나지 않았을 가능성이 크다. 우리가 경고 신호를 계속 무시한다면 위험에 처하는 게 타이어 하나를 넘어설 수도 있다.

어휘 routinely 정기적으로 preventative 예방의 maintenance 유지 보수 adverse 불운한 present 나타내다 overnight 하룻밤 사이에 flat 펑크 난; 펑크 난 타이어 remove 제거하다 at risk 위험에 처한 desirable 바람직한 false alarm 허위 경보 mandatory 의무적인

08

정답 ④

해설 전통적인 민족지학자들은 수천 명의 사람들 간의 의사소통으로 표현된 문화를 기술했다는 내용의 주어진 글 다음에는 For example과 함께 Firth의 고전 연구를 그 예로 제시하는 (C)가 와야 한다. 그리고 1929년과 달리 현대의 민족지학자들은 훨씬 더 큰 규모의 수에 직면한다는 내용의 (C)에 이어, 2000년의 방대한 인구를 제시하고 현대 통신 매체의 동시성을 설명하는 (B)가 와야 한다. 마지막으로 (B)에 언급된 1980년을 that same era로 지칭하여 또 다른 동시성의 예를 들고, 그 시기 이후 의사소통의 규모와 범위가 증대해서 구식의 민족지학은 제 역할을 못 한다고 마무리 짓는 (A)가 오는 것이 자연스럽다. 따라서 글의 순서로 가장 적절한 것은 ④ '(C) - (B) - (A)'이다.

해석 전통적인 민족지학자들은 수천 명의 사람들 사이의 의사소통을 통해 표현된 문화를 기술했다. (C) 예를 들어, Raymond Firth의 고전적인 연구는 1929년에 인구가 1,300명이었던 태평양 섬 Tikopia에 대해 수행되었는데, 그 섬의 모든 사람이 다른 모든 사람과 의사소통을 한다고 해도, 총 관계의 수는 약 845,000건에 불과했을 것이다. 이와 대조적으로, 현대 사회에서 연구하는 민족지학자들은 훨씬 더 큰 규모의 수에 직면한다. (B) 2000년 인구 조사에 따르면 미국 인구만 280,000,000명이다. 게다가, 현대의 통신 매체는 이 방대한 수의 사람들이 즉각적으로 정보를 공유하는 것을 가능하게 한다. 1980년까지만 해도, 150,000,000명의 전 세계 사람들이 슈퍼볼을 보고 동시에 그것을 경험했다. (A) 같은 시기에, 미국 가구 중 절반인 거의 100,000,000명의 사람들이 텔레비전 미니시리즈 <Roots>를 시청했다. 의사소통의 규모와 범위는 이어지는 20년 동안 많이 증가해 왔다. 이런 환경에서, 구식의 민족지학은 완전한 일을 할 수 없다.

어휘 ethnographer 민족지학자 era 시기, 시대 household 가정 scope 범위 ensuing 뒤따르는 milieu (사회적) 환경 old-fashioned 구식의 census 인구 조사 vast 방대한 instantaneously 즉각적으로 simultaneously 동시에 confront 직면하다 magnitude 규모

09

정답 ②

해설 행동 형성이라는 개념을 광장 공포증을 앓는 사람을 예로 들어 설명하고 있는 글이므로, 글의 흐름상 어색한 문장은 광장 공포증의 원인에 대한 이론을 다루고 있는 ②이다.

해석 정신적 장애가 있는 사람들을 대상으로 연구하는 많은 심리학자들은 '행동 형성'이라는 개념을 채택했다. 이를 이용해, 사람은 완전히 새로운 유형의 행동을 한 번에 조금씩 학습하여 수행할 수 있게 된다. 이 원리는 예를 들어 광장 공포증, 즉 개방된 공간에 대한 공포를 가진 사람을 돕는 데 매우 성공적이었다. 심리학자는 그 사람이 모든 문제를 한 번에 해결하도록 강요하기보다는, 한 번에 조금씩 능력을 키울 수 있게 그를 점진적으로 도와줄 것이다. (광장 공포증의 원인에 대해서는 생물학적 및 유전적 요인부터 심리적 및 사회적 요인에 이르기까지 여러 이론들이 있다.) 예를 들어, 그는 자기 집의 열린 출입구에 서는 것에 익숙해지는 것부터 시작할 수 있다. 일단 이것을 쉽게 할 수 있게 되면, 그는 위험을 무릅쓰고 한두 걸음이라도 나갈 수 있다. 그가 마침내 바깥세상에 쉽게 대처해 낼 수 있기까지 매번 조금씩 (걸음이) 더해질 것이다.

어휘 psychologist 심리학자 disturbed 정신적 장애가 있는 adopt 채택하다 carry out 수행하다 principle 원리 agoraphobia 광장 공포증 deal with ~을 해결하다, ~에 대처하다 gradually 점진적으로 theory 이론 range from A to B (범위가) A부터 B에 이르다 genetic 유전적인 factor 요인 venture (위험을 무릅쓰고) 가다 eventually 결국

10

정답 ②

해설 지식 생산에 대한 비판적 이론의 관점에 관한 내용으로, 지식은 '객관적'일 수 없고 사회적으로 구성되어 그 과정에 연관된 사람들 각자의 가치관과 이해관계를 반영한다고 설명한다. 빈칸은 이러한 비판적 이론의 관점에서 지식의 성질이 어떠한지를 묻고 있으므로, 빈칸에 들어갈 말로 가장 적절한 것은 ② '사회적 맥락과 연결되어 있다'이다.
① 사회적으로 공정한 것과 거리가 멀다 → 사회적 부정은 지식이 객관적이라는, 비판적 이론의 반대 관점에 해당하는 내용이므로 적절하지 않다.
③ 시간과 문화를 초월하여 보편적이다 → 오히려 지식이 보편적이라는 생각에 의문을 제기한다고 언급되므로 적절하지 않다.
④ 비판적 학자들의 노력에서 비롯된다 → 비판적 학자들의 관점에서 보는 지식의 성질에 대해 묻고 있는 것으로, 지식이 그들에 의해 생산된다는 내용은 언급된 바 없다.

해석 비판적 이론가들의 핵심 공헌 중 하나는 지식 생산에 관한 것이다. 지식 전수가 학교에서 필수적인 활동이라는 점에서, 교육 분야의 비판적 학자들은 지식이 어떻게 생산되는가에 특히 관심을 두어 왔다. 그 학자들은 사회적 부정의 핵심 요소가, 특정 지식이 객관적이고 중립적이고 보편적이라는 주장을 포함한다고 주장한다. 비판적 이론에 근거한 접근법은 "객관성"이 바람직하다거나 심지어 '가능하다'는 생각에 의문을 제기한다. 지식에 대한 이러한 사고방식을 기술하는 데 사용되는 말은 '지식이 사회적으로 구성된다'이다. 우리가 지식을 사회적으로 구성된 것이라고 말할 때, 우리는 지식이 그것을 만들어 내는 사람들의 가치관과 이해관계를 반영한다는 뜻으로 말하는 것이다. 이러한 개념은 모든 지식과 모든 앎의 수단이 사회적 맥락과 연결되어 있다는 해석을 담고 있다.

어휘 contribution 공헌, 기여 critical 비판적인 given ~을 고려해 볼 때 transmission 전달 integral 필수적인 scholar 학자 injustice 불평등, 부정 objective 객관적인 neutral 중립적인 call sth into question ~에 의문을 제기하다 desirable 바람직한 term 말, 용어 construct 구성하다 reflective 반영하는 interest 이익, 이해관계 capture 담다 context 맥락 derive 끌어내다, 얻다

01	③	02	④	03	④	04	①	05	②
06	④	07	③	08	①	09	④	10	③

01

정답 ③

해설 초봄의 따뜻함에 눈이 녹은 것을 하얀 풍경이 땅 아래로 섞여 사라진다고 표현한 문장이다. 따라서 빈칸에 들어갈 말로 가장 적절한 것은 ③ 'vanished(사라지다)'이다.
① 퍼지다 ② 드러나다 ④ 굳어지다

해석 초봄의 따뜻함이 눈을 녹이기 시작하자, 하얀 풍경은 서서히 <u>사라지며</u> 땅 아래로 섞였다.

어휘 warmth 따뜻함 landscape 풍경 gradually 서서히 blend into ~에 섞이다 earth 땅, 지면

02

정답 ④

해설 분사구문의 주어가 주절의 주어와 같아서 생략된 분사구문이 쓰이고 있다. '~에게 부상을 입히다'라는 뜻의 타동사 injure 뒤에 목적어가 없고, 그가 부상을 '입힌' 것이 아니라 부상을 '입은' 것이기 때문에 수동으로 쓰여야 한다. 또한 부상을 겪은 시점(last month)이 결승전에 참가할 수 없는 시점보다 앞서 일어난 일이기 때문에 완료형 분사구문이 와야 한다. 따라서 빈칸에 들어갈 말로 가장 적절한 것은 ④ 'Having been injured'이다.

해석 지난 달 경기 중 부상을 입은 그는, 그가 간절히 기대해온 결승전에 참가할 수 없다.

어휘 eagerly 간절히 anticipate 기대하다

03

정답 ④

해설 (reach → reaching) 밑줄 친 부분은 부대 상황을 나타내는 'with + O + OC'의 분사구문이 사용된 부분으로, 목적격 보어 자리에 분사나 형용사가 와야 하는데 동사가 왔으므로 부적절하다. 뒤에 목적어인 sexual maturity가 있고 의미상으로도 성적 성숙에 '도달하는' 것이므로 능동의 현재분사 reaching이 와야 한다.
① 뒤에 목적어로 명사구 their eggs가 있으므로 '눕히다, 놓다, (알을) 낳다'라는 뜻을 지닌 타동사 lay가 적절하게 쓰였다.
② at which 뒤에 주어 turtles, 1형식 자동사 reproduce로 완전한 절이 온 구조이다. 따라서 완전한 절을 이끄는 '전치사 + 관계대명사' 형태의 at which는 적절하게 쓰였다.
③ 문장의 주어는 단수 명사인 The age이므로 단수 동사 varies의 수일치는 적절하다.

해석 모든 거북이는 육지에서 알을 낳고, 부모의 보살핌을 보이지 않는다. 사실, 겉보기에는 일관성이 있어 보이지만, 거북이들 사이에는 번식 행동, 생태학, 생리학적 다양성이 있다. 거북이가 처음 번식하는 나이는 고작 몇 년부터 최대 50년까지 다양하며, 작은 종들은 일반적으로 성적 성숙에 이르는 시간이 더 짧다.

어휘 parental 부모의 uniformity 일관성 reproductive 번식의 ecology 생태학 physiology 생리학 maturity 성숙

04

정답 ①

해설 동물원 입장권을 구매하는 상황이다. 빈칸 앞에서 B가 어린이는 입장이 무료라고 들었다고 하자 빈칸 뒤에서 A가 지금은 모두가 입장료를 내야 한다고 언급한 것으로 보아 빈칸에서는 어린이 요금이 무료가 아닌 이유를 설명했다는 것을 유추할 수 있다. 따라서 빈칸에 들어갈 말로 가장 적절한 것은 ① '죄송하지만, 그 정책은 작년에 종료되었습니다'이다.
② 노인을 위한 할인은 제공되지 않습니다
③ 우리가 이곳을 방문하는 것은 처음이에요
④ 티켓은 입구에서 구매할 수 있습니다

해석 A: Wild Haven 동물원에 오신 것을 환영합니다! 오늘 어떻게 도와드릴까요?
B: 안녕하세요! 제 가족을 위한 입장권을 사고 싶은데요, 어른 2명과 아이 1명입니다. 얼마인가요?
A: 1인당 10달러이므로 총 30달러입니다.
B: 아, 저는 어린이 입장은 무료라고 들었어요.
A: <u>죄송하지만, 그 정책은 작년에 종료되었습니다.</u> 이제는 모두가 입장료를 내야 합니다.
B: 그거 유감이네요. 혹시 다른 할인은 있나요?
A: 저희는 1년간 무제한 방문이 가능하고 최대 4명까지 이용할 수 있는 가족 이용권을 80달러에 제공하고 있습니다.
B: 괜찮은 제안이네요. 생각해 볼게요.

어휘 admission 입장(료) entrance 입장, 입구 unfortunate 유감스러운 discount 할인 pass 이용권 unlimited 무제한의 policy 정책 senior 노인

05

정답 ②

해설 클럽 회원 가입비를 납부 받았음을 확인하며 정식 회원이 되었음을 환영하는 내용의 글이다. 따라서 글의 목적으로 가장 적절한 것은 ② '클럽에 새로운 회원을 환영하려고'이다.
① 클럽 회비 납부를 요청하려고 → 클럽 회비는 이미 납부한 상태이다.
③ 다음 모임 날짜를 문의하려고 → 다음 모임 날짜를 문의하는 것이 아니라 안내하고 있다.
④ 다음 모임에 책을 제안하려고 → 다음 모임의 책은 이미 정해진 상태이다.

06

정답 ④

해설 글의 중반부에서 Dyson 씨에게 토론을 잘 이끌어 달라고 하고 있으므로, 글의 내용과 일치하는 것은 ④ 'Dyson 씨는 다음 모임에서 이야기할 것이다.'이다.
① Dyson 씨는 Ernst 씨에게 카드 결제를 했다. → 글의 초반부에서 클럽 회원비를 송금받았다고 언급되므로 옳지 않다.
② 북클럽 회원들은 아침에 만날 것이다. → 글의 중반부에서 다음 모임은 오후 3시에 열린다고 언급되므로 옳지 않다.
③ 모든 북클럽 회원들은 <Empty Waters>를 잘 안다. → 글의 중반부에서 <Empty Waters>는 북클럽 회원 대부분이 익숙하지 않은 장르라고 언급되므로 옳지 않다.

05-06

해석 수신: Carmen Dyson <carmend@homemail.com>
발신: Tammy Ernst <tammy@rockwellbookclub.org>
날짜: 2월 19일
제목: 북클럽

Dyson 씨께,

이번 주 Rockwell 도서관에서 열린 북클럽 모임에서 만나 뵙게 되어 반가웠습니다. 클럽 회원비를 위한 은행 송금을 받았으니 이제 공식 회원이 되셨음을 확인드립니다. 새로운 회원이 되셔서 정말 기쁩니다.

다음 모임은 3월 3일 토요일 오후 3시에 도서관의 같은 방에서 열릴 예정입니다. 추천해 주신 Jason Hamels의 <Empty Waters>를 읽을 예정입니다. 우리 중 익숙한 사람이 거의 없는 장르를 읽을 예정이라 모두들 기대하고 있습니다. 이 작품을 잘 아시는 만큼 토론을 잘 진행해 주셨으면 좋겠습니다.

다시 한번 만나서 반가웠고, 저와 클럽 회원 모두 몇 주 후에 있을 다음 모임에서 다시 뵙기를 고대하고 있습니다.

진심을 담아,
Tammy Ernst 드림

어휘 make one's acquaintance ~을 알게 되다, 처음으로 만나다 confirm 확인하다 transfer 송금 membership 회원(비) familiar with ~에 익숙한 lead 진행하다 discussion 토론 look forward to ~을 기대하다 payment 결제, 지불

07

정답 ③

해설 마지막 2번째 문장에서 <Chad Stalwart> 시리즈가 23개 외국어로 번역되어 있다고 언급되므로, 글의 내용과 일치하지 않는 것은 ③ '전 세계의 모든 판본이 원어로 되어 있다.'이다.
① 지금까지 <Chad Stalwart> 시리즈에는 14권의 책이 있다. → 첫 문장에서 언급된 내용이다.
② 최신작의 액션은 6개국에서 진행된다. → 3번째 문장에서 언급된 내용이다.
④ 독자들은 새 책을 출간 전에 온라인으로 주문할 수 있다. → 마지막 문장에서 언급된 내용이다.

해석 James Travis

James Travis는 스릴러 장르의 거장이며, 곧 <Chad Stalwart> 시리즈의 열다섯 번째 책을 출간할 예정입니다. 최신작인 <One Week To Never>에서는 슈퍼 스파이 Chad Stalwart가 테러 음모를 막기 위해 시간과의 싸움을 벌이는 이야기를 다루고 있습니다. 홍콩에서 시작하여 호주, 이집트, 이탈리아, 프랑스를 거쳐 영국에서 흥미진진한 결말로 마무리되는 액션이 펼쳐집니다. Travis는 그의 트레이드마크인 액션 장면과 생생한 산문으로 전 세계 독자들을 매료시킵니다. <Chad Stalwart> 시리즈는 3천만 부 이상 판매되었으며 23개 외국어로 번역되었습니다. 이 책은 7월 3일에 출간되며 이 웹사이트에서 사전 주문할 수 있습니다.

어휘 release 출간하다 latest 최신의 feature 다루다 avert 막다 plot 음모 conclusion 결말 include 포함하다 vivid 생생한 prose 산문 enchant 매료시키다 translate 번역하다 foreign language 외국어 available 이용 가능한 preorder 사전 주문

08

정답 ①

해설 집 설계 시 특정한 디테일 또는 주제를 은근하게 전체적으로 반복해 주면 설계의 통일성과 완성도가 높아질 수 있다는 내용의 글이다. 따라서 글의 제목으로 가장 적절한 것은 ① '설계에 통일성을 이루기 위한 반복의 기술'이다.
② 주제의 반복에서 비롯된 지루함을 피하는 법 → 주제 반복으로 지루함이 생긴다는 내용은 언급되지 않았으며, 오히려 그것의 긍정적인 효과를 설명하는 글이다.
③ 반복이 음악 인식에 미치는 불가사의한 영향 → 음악에서의 반복은 비유로 언급되었을 뿐, 이 글의 중심 소재는 설계에서의 반복이다.
④ 다이아몬드 모양에 대한 선호: 보편적 현상 → 다이아몬드 모양은 집 설계에서 주제가 반복되는 경우를 보여 주고자 예시로 언급된 디테일일 뿐이며, 다이아몬드 모양에 대한 선호가 보편적이라는 언급 또한 없다.

해석 설계의 우수함과 통일성의 느낌을 주는 한 가지 방법은 특정 디테일을 집 전체에 반복하는 것이다. 그것은 한 음악 주제가 연주된 후 변주들이 이어지는 것과 아주 유사하다. 가령 당신은 다이아몬드 모양에 애정이 있을 수 있다. 이것을 설계 전체에 걸쳐 누비듯이 이어지고 반복되는 미묘한 주제로 사용하여, (이것이) 예기치 못한 곳에서 다시 나타나는 것에 대해 생각해 보라. 당신이 현관문에 들어서서 그 다이아몬드 디테일이 바닥 표면에 새겨져 있는 것을 보면 어떨까? 그런 다음, 당신은 부엌에 들어가 그 다이아몬드 모양이 유리문에서, 또 창문에서 반복되는 것을 보는데, 여기서는 크기가 더 작을 수도 있다. 누군가 집에 처음 올 때 그 모든 다이아몬드 무늬의 반복을 알아채려면 몹시 관찰력 있어야 하겠지만, 결국 그 사람은 알아차릴 것이다. 반복되는 주제가 집 전체에 존재하는 것은 그 집에 대량 생산된 집은 결코 제공할 수 없는 통일감과 완성감을 줄 것이다.

09

정답 ④

해설 경력이 상승세인 관리자와 경력이 정체된 관리자를 대조하며 그 차이의 원인을 설명하는 글이다. 역접 연결사 On the other hand로 시작하는 주어진 문장은 승진에서 제외되고 있던 관리자들이 수동적으로 누군가의 지시를 기다리고 있었다는 내용을 담고 있는데, 이 앞에는 대조적으로 승진하는 관리자들이 능동적으로 나선다는 내용이 올 것임을 추론할 수 있다. ④ 앞 문장에 출세 가도를 달리는 관리자들은 새로운 일을 자발적으로 시도하고 있었다는 내용이 있으며, ④ 뒤 문장에서는 일을 자발적으로 한다는 생각이 낯설다는 수동적인 관리자들의 특징을 설명하고 있으므로, 주어진 문장이 ④에 위치해야 ④ 앞뒤 맥락의 단절이 발생하지 않는다. 따라서 주어진 문장이 들어갈 위치로 가장 적절한 것은 ④이다.

해석 한 연구에서 연구원들은 관리자들을 두 집단, 즉 경력 오름세가 멈춘 관리자들과 경력이 빠른 속도로 올라가고 있는 관리자들로 나누었다. 그들은 두 집단을 모두 인터뷰하여 그들의 성공과 실패의 상대적 수준을 설명하는 차이점을 알아내려 했다. 그들이 마침내 결론 내린 것은 그것(차이점)이 교육, 경험, 배경, 또는 지능이 아니라는 것이었다. 성공과 실패의 결정적인 차이는 일을 자발적으로 하는 습관이었다. 출세 가도를 달리는 관리자들은 새로운 분야에서 새로운 일을 자발적으로 시도하고 있었다. 반면, 승진에서 제외되고 있던 관리자들은 계속 누군가가 와서 그들에게 무엇을 해야 할지 말해주기를 기다리고 있었다. 그들은 일단 명확한 지시를 받게 되면 그들의 책무를 수행하는 데 꽤 능숙해 보였지만, 일을 자발적으로 한다는 생각은 그들에게 낯설었다.

어휘 leave sb out of ~을 ~에서 제외하다 promotion 승진 come along 나타나다 flatten out 오름세가 멈추다 rapid 빠른 determine 알아내다 relative 상대적인 intelligence 지능 critical 결정적인 voluntarily 자발적으로 on the fast track 출세 가도를 달리는 instruction 지시 competent 능숙한 carry out 수행하다 unfamiliar 낯선

10

정답 ③

해설 자막 번역에 관한 글이다. 글로 쓰인 텍스트 번역과는 달리, 영상 자막 번역에서는 형식보다 기능과 의미 위주로 번역(의역)이 이루어지는데, 이 때문에 구어에 익숙한 사람들은 불만스러울 수도 있다고 한다. 여기서 불만은 자막이 구어의 형태나 문화적 함의를 오롯이 담아내지 못하는 데서 오는 것이므로, 빈칸에 들어갈 말로 가장 적절한 것은 ③ '글로 쓰인 자막으로 전달될 수 없는'이다.
① 제공된 이미지와 상충할 수 있는 → 구어와 화면이 상충한다는 내용은 언급된 바 없다.
② 자막을 만드는 과정을 더 쉽게 만들 수 있는 → 말의 군더더기나 문화적 함의는 오히려 자막을 만들기 더 까다롭게 하는 것이므로, 말의 군더더기나 문화적 함의를 수식하는 말로 적절하지 않은 선지이다.
④ 다른 문화권 사람을 기분 상하게 할 수도 있는 → 구어에 문화적 갈등을 일으킬 소지가 있다는 내용은 언급되지 않았다.

해석 자막 번역은 글로 쓰인 텍스트의 번역과 다를 수 있다. 보통 영화나 텔레비전 프로그램의 자막을 만드는 과정에서, 화면과 음성의 각 문장은 자막 번역가에 의해 분석된다. 게다가, 자막 번역가는 대화가 글로 옮겨 쓰인 것을 접할 수 있을지도 아닐지도 모른다. 특히 상업용 자막 분야에서, 자막 번역가는 흔히 대화가(말로) 언급된 방식을 (그대로) 번역하기보다는, 그것이 의미하는 바를 해석한다. 즉, 의미가 형식보다 더 중요하다. 시청자가 이를 항상 환영하지는 않는데, 일부 구어에 익숙한 사람들에게는 이것이 불만스러울 수 있으며, 구어에는 글로 쓰인 자막으로 전달될 수 없는 말의 군더더기나 문화적 함의가 있을 수도 있기 때문이다. 또한, 자막 번역가는 받아들여질 수 있는 읽기 속도에 이르기 위해 대화를 압축할 수도 있는데, 그것으로 인해 (말의) 목적이 형식보다 더 중요해진다.

어휘 subtitle 자막 translation 번역 analyze 분석하다 transcript (구술된 내용을) 글로 옮긴 것 interpret 해석하다 state 언급하다 appreciate 환영하다 frustrating 불만스러운 implied 함축된 condense 압축하다 whereby 그것으로 인해 conflict 상충하다 convey 전달하다 offend 기분 상하게 하다

01	②	02	①	03	②	04	①	05	②
06	①	07	④	08	④	09	④	10	③

01

정답 ②

해설 매니저가 모든 세부 사항을 관리하지 않고 고차원적인 전략에 집중한다는 것을 통해 더 일상적인 업무는 부하 직원들에게 위임하기로 결정했을 것을 알 수 있다. 따라서 빈칸에 들어갈 말로 가장 적절한 것은 ② 'delegate (위임하다)'이다.
① 보류하다 ③ 실행하다 ④ 제외하다

해석 그 매니저는 모든 세부 사항을 자신이 관리하는 대신, 고차원적인 전략에 집중하고 더 일상적인 업무는 부하 직원들에게 위임하기로 결정했다.

어휘 manage 관리하다 concentrate 집중하다 high-level 고차원적인 strategy 전략 routine 일상적인 subordinate 부하 직원

02

정답 ①

해설 창의성과 지속 가능성을 결합해 재활용 재료를 사용하여 예술 작품을 만든 것은 발상이 좋고 영리한 방식이라고 볼 수 있다. 따라서 빈칸에 들어갈 말로 가장 적절한 것은 ① 'ingenious(기발한)'이다.
② 둔감한 ③ 토착의 ④ 일관성 없는

해석 그 예술가는 재활용 재료를 사용하여 멋진 예술 작품을 만들었는데, 그것은 창의성과 지속 가능성을 결합하는 기발한 방법이었다.

어휘 recycle 재활용하다 material 재료 stunning 멋진 piece 작품 combine 결합하다 creativity 창의성 sustainability 지속 가능성

03

정답 ②

해설 (if → whether) if는 타동사의 목적어로는 사용할 수 있지만 주어, 보어, 전치사의 목적어로는 쓸 수 없다. 반면에 whether은 주어, 보어, 전치사의 목적어로 모두 사용 가능하다. 전치사 about의 목적어가 필요하기 때문에 if를 whether로 고쳐야 한다.
① '너무 ~해서 ~하다'라는 뜻의 'so ~ that' 구문이 사용되었고, 형용사 rare는 2형식 동사 become의 주격 보어로 왔으므로 적절하다.
③ the species가 '옮기는' 것이 아니라 '옮겨지는' 것이기 때문에 수동태 be brought는 적절하게 쓰였다.
④ 5형식 동사 make는 형용사를 목적격 보어로 취하므로 형용사 suitable은 적절하게 쓰였다. 참고로 여기에서는 5형식 동사 make가 수동태로 쓰이면서 목적어로 있던 areas가 주어로 가고 be made 뒤에 형용사인 목적격 보어가 남은 형태이다.

해석 일부 종들은 너무 희귀해져서 그들이 야생에서 생존할 수 있을지에 대한 의문이 있다. 이러한 상황에서는, 그 종들이 야생으로 다시 보내질 수 있도록 적합한 영역이 마련될 때까지 보호 구치로 옮겨질 수 있다.

어휘 rare 희귀한 doubt 의문 circumstance 상황 protective custody 보호 구치 suitable 적합한 release 보내다, 풀어 주다

04

정답 ①

해설 Mike와 Jane이 공공 배달 서비스에 대하여 이야기 나누는 상황이다. Mike가 빈칸 앞에서 그 서비스를 어디서나 이용할 수 있는지 물었는데, 빈칸 뒤에서는 서비스를 더 많은 곳에서 이용할 수 있게 되면 좋겠다고 했으므로, 빈칸에는 모든 지역에서 이 서비스를 제공하는 것은 아니라고 말하는 내용이 오는 것이 자연스럽다. 따라서 빈칸에 들어갈 말로 가장 적절한 것은 ① '아직 모든 지역에서 이 서비스를 제공하는 건 아니야'이다.
② 그 앱은 일부 사용자에게만 제한되어 있어
③ 그건 영업시간 동안에만 사용할 수 있어
④ 이 앱을 사용하려면 회원 가입을 해야 해

해석 Mike: 요즘 배달비가 점점 더 비싸지고 있다고 생각하지 않아?
Jane: 나도 그렇게 느꼈어. 그래서 시에서 운영하는 공공 배달앱을 사용하기 시작했어.
Mike: 시에서 배달앱을 만들었어?
Jane: 응. 공공 서비스이기 때문에 음식점들은 더 낮은 수수료를 내고, 소비자들은 지역 화폐를 사용하면 할인도 받을 수 있어.
Mike: 정말 좋다! 어디서든 사용할 수 있어?
Jane: 아직 모든 지역에서 이 서비스를 제공하는 건 아니야.
Mike: 음, 빨리 더 널리 이용 가능해지면 좋겠다.

어휘 fee 요금 operate 운영하다 commission 수수료 currency 화폐, 통화 accessible 이용 가능한 limited 제한된 business hour 영업시간 sign up 가입하다

05

정답 ②

해설 시장 선거를 앞둔 두 후보가 선거 전 추가 토론회를 개최한다고 알리는 내용의 글이다. 따라서 글의 제목으로 가장 적절한 것은 ② '선거 전 마지막 토론회를 시청하세요'이다.
① 채널10이 토론회 방송권을 획득하다 → 채널10에서 토론회를 방송하는 것은 맞지만 방송권을 획득한 것이 글의 주제는 아니다.
③ 시장을 만날 수 있는 기회 → 시장은 아직 결정되지 않았으므로 적절하지 않다.
④ 시장 선거 투표가 시작되다 → 시장 선거 투표는 아직 시작되지 않았다.

06

정답 ①

해설 시장 선거 토론회에서 지역 경제와 도시 기반 시설을 주제로 다룬다는 내용의 글이다. 맥락상 covered는 '다루다'라는 뜻으로 쓰였으므로, 이와 의미가 가장 가까운 것은 ① 'discussed(논의하다)'이다.
② 평가하다 ③ 알리다 ④ 대체하다

05-06

해석

선거 전 마지막 토론회를 시청하세요

우리 시의 시장 자리를 위한 경쟁이 그 어느 때보다 치열합니다. 지역 여론 조사에 따르면 Shawn Murphy 후보와 Darlene Summers 후보가 통계적으로 동률을 이루고 있습니다. 선거가 2주 남았으니 어떤 일이든 일어날 수 있습니다.

Murphy 후보와 Summers 후보는 이미 두 차례 토론회를 개최했지만, 대중의 요청에 따라 선거 바로 일주일 전에 한 번 더 토론회를 개최하기로 합의했습니다.

날짜: 10월 30일 화요일
시간: 오후 7시 30분 - 오후 8시 30분
장소: Watertown 컨벤션 센터

모든 지역 주민의 참석을 환영합니다. 티켓은 필요하지 않지만 좌석은 500명으로 제한됩니다. 좌석은 선착순으로 배정됩니다.

이번 토론회에서 다루는 주제는 지역 경제와 도시 기반 시설입니다. 토론회는 직접 참석하지 못하는 분들을 위해 채널 10에서 방송될 예정입니다.

11월 6일 화요일에 꼭 투표하세요. 모든 투표가 중요합니다.

어휘 mayor 시장 survey 설문 조사 candidate 후보 statistical 통계적 tie 동률 hold 개최하다 debate 토론 demand 요구 election 선거 resident 주민 attend 참석하다 require 필요하다 limit 제한하다 award 수여하다 first-come, first-served 선착순 basis 기준 economy 경제 infrastructure 기반 시설 broadcast 방송하다 count 중요하다 air 방송하다 opportunity 기회

07

정답 ④

해설 잘 차려입으면 자신감이 더 생긴다는 주장과 함께 차려입는 방법들을 제시하는 글이다. 따라서 글의 요지로 가장 적절한 것은 ④ '옷을 잘 입는 것은 자신감을 향상시킨다.'이다.
① 겉모습은 많은 사람을 속인다. → 사람들이 겉모습만 보고 속는다는 내용이 아니며, 오히려 겉모습을 긍정적으로 묘사하고 있으므로 적절하지 않다.
② 아름다움은 외모에만 근거하는 것이 아니다. → 내면의 중요성을 설파하는 내용이 아니며, 글의 중심 소재인 '자신감'을 포함하고 있지 않은 선지이므로 정답이 될 수 없다.
③ 자신감은 내면의 힘에서 나온다. → 반대로 외적 요소에서 비롯된다는 내용이다.

해석 더 자신감을 느낄 필요가 있을 때, 당신이 어떻게 옷을 입는지에 주의를 기울여라. 당신이 가장 좋아 보인다고 느낄 때, 당신은 더 자신감을 가지고 행동할 가능성이 더 크다. 당신은 다른 사람들과 잘 지내기 더 쉽다는 것을 알게 될 것이고, 당신이 어떻게 보이는지에 대해 걱정하느라 주의가 산만해지지 않을 것이다. 당신은 새 옷에 많은 돈을 쓸 필요는 없지만, 당신을 '더 맵시 있게' 보이도록 도울 수 있는 몇 가지 작은 변화를 줄 수 있다. 최신식으로 머리를 자르고, 옷이 당신에게 적절하게 그리고 돋보이는 방식으로 맞는지 확인하고, 몇 가지 훌륭한 장신구에 투자하고, 당신이 다림질되고 손질되어 있는지 확인하라.

어휘 confident 자신감 있는 carry oneself 행동하다, 처신하다 get along with ~와 잘 지내다 distract 주의를 산만하게 하다 wardrobe 옷, 옷장 sharp 예리한, 맵시 있는 flattering 돋보이게 하는 press 다림질하다 polish 광내다, 손질하다 outward 겉보기의, 외형의 deceive 속이다

08

정답 ④

해설 인간화하는 일은 조직이 직원의 생각과 느낌을 인식하는 일을 제공할 것을 요구한다는 내용의 주어진 글 다음에는 그것이 무엇을 의미하는지를 설명하는 (C)가 와야 한다. 그다음에는 (C)에서 언급된 직원들이 자동화에 직면하여 일회용이거나, 기계적이거나, 상품화된 것으로 느끼는 경험을 these experiences로 받아, 이를 겪지 않도록 조직이 해야 할 일을 서술하는 (B)가 와야 한다. 마지막으로 (B)에서 언급한 여가(leisure time)를 Leisure itself ~로 받아 그것이 인간화에 있어 중요함을 강조하는 내용으로 글을 마무리하는 (A)가 오는 것이 자연스럽다. 따라서 글의 순서로 가장 적절한 것은 ④ '(C) - (B) - (A)'이다.

해석 인간화는 다른 사람들을 사고하고 느끼는 존재로 인식하는 것을 포함하기 때문에, 인간화하는 일은 조직이 직원의 생각과 느낌을 인식하는 일을 제공할 것을 요구한다. (C) 이것은 사람들에게 의미 있고 도전적인 일을 주고 그들에게 충분히 보상하는 것을 의미하지만, 그것은 또한 무언가를 더 포함한다. 그것은 자동화에 직면하여 직원들이 일회용이거나, 기계적이거나, 상품화된 것으로 느끼지 않도록 보장하는 것을 포함한다. (B) 이러한 경험을 피하기 위해 조직은 직원들의 가장 특징적인 인적 기술을 동원하는 일을 제공함과 동시에 일에서 사람들의 정체성을 분리할 수 있는 충분한 여가를 제공해야 한다. (A) 여가 그 자체는 로봇이 절대 습득할 수 없는 기술이며, 그러므로 휴식을 취해서든, 음악을 들어서든, 그저 마음이 떠다니도록 내버려두어서든 간에 여가를 경험하는 것은 사람들이 로봇 '그 이상'이라고 느낄 수 있게 한다.

어휘 humanization 인간화 leisure 여가 drift 떠다니다 automaton 로봇(같은 사람)(pl. automata) distinctively 특징적으로 sufficient 충분한 detach 분리하다 challenging 도전적인 compensate 보상하다 disposable 일회용의 mechanical 기계적인 commoditize 상품화하다

09

정답 ④

해설 정보가 우리의 공식적인 사고 과정에 입력되기도 전에, 시상은 어떤 상황에 대한 기본적인 판단, 즉 그 상황이 긍정적인지 부정적인지에 대한 판단을 먼저 내려 몸을 대비시킨다는 내용의 글이다. 따라서 글의 흐름상 어색한 문장은 시상이 위험을 처리하기 '전에' 근육이 활성화될 수 있다고 서술함으로써, 시상을 가장 우선적인 처리 기관으로 보는 글의 맥락과 어긋나는 내용의 ④이다.

해석 과학자들은 평가에 대한 욕구를 우리 뇌의 중심부인 시상으로 추적해 왔다. 뇌간 위에 있는 시상은 뇌의 고차원적인 사고 영역의 모든 부분과 연결된다. 정보가 당신의 공식적 사고 과정에 들어오기도 전에 당신이 매우 좋거나 나쁜 사람과 만났는지에 관해 그것은 매우 기본적인 판단을 내린다. 예를 들어, 만약 어떤 사람이 당신에게 미소를 짓고 있거나 소리를 지르고 있다면, 시상은 이 긍정 대 부정의 유인가를 해독하고(긍정적인지 부정적인지를 해석하고), 그 사람이 무슨 말을 하고 있는지를 이해하기도 전에 반응할 것이다. 일단 시상이 긍정-대-부정 판단을 내리고 나면, 그것은 (그 사람에) 접근하거나 피하기 위해 당신 신체의 행동 중추에게 근육을 준비시키도록 신호를 보낸다. (예를 들어, 위협적인 상황에서는 시상이 위험을 완전히 처리하기 이전에도 신호가 근육을 활성화할 수 있다.) 그런 다음 시상은 말해지는 말과 더불어, 긍정이나 부정에 대한 해석을 뇌의 더 고차원적인(그리고 더 느린) 사고 영역에 전달한다.

어휘 trace 추적하다 drive 본능적 욕구, 충동 sit on ~의 위에 있다 brain stem 뇌간 encounter (우연히) 만나다 formal 공식적인 versus 대(對) decode 해독하다 valence 유인가(특정 자극에 대한 긍정 또는 부정으로의 정서적 방향성) prepare 준비시키다 activate 활성화하다 process 처리하다 interpretation 해석

10

정답 ③

해설 소년과 소녀 모두를 지도할 때 소녀들이 양쪽에 더 좋은 지도를 할 수 있게 해준다는 내용의 글이다. 소녀들에게 말하는 법을 소년들에게 그대로 적용했을 때 더 효과적이었다는 예와 더불어, 소녀들이 팀 소속감을 느끼며 동료들에게 좋은 말을 해주는 점이 팀 화합 개선을 위해 소년들에게도 그대로 적용되었을 것을 추론할 수 있으므로, 빈칸에 들어갈 말로 가장 적절한 것은 ③ '팀 동료가 하는 말의 중요성'이다.
① 훈련 방법에 대한 믿음
② 기술 발달의 필요성
④ 경쟁에 대한 노출의 결과 → 앞에서 대응되는 소녀 팀의 특성은 경쟁이 아닌 화합을 강조하고 있으므로 적절하지 않다.

해석 나에게는 고등학교 수준에서 소년과 소녀 모두를 지도한 경험이 아주 많은 친구가 있다. 그는 소녀들이 그를 양쪽에 더 좋은 코치로 만들었다고 말했다. 처음에 소녀들의 감정을 상하게 하고 싶지 않은 것에 관해 걱정했던 그는 더 건설적인 언어를 사용하고 그것을 더 부드러운 어조로 말하는 법을 배웠다. 그리고 나서 그는 같은 기술이 그를 소년들에게 더 효과적이게 만든다는 것을 발견했다. 그는 또한 일반적으로 소녀들이 자신들이 같은 팀에서 뛰고 있다는 것을 더 많이 의식한다는 것을 발견했다. 그들은 다른 선수를 비판할 가능성이 더 작고, 격려하고 뛰어난 경기를 인정할 가능성은 더 컸다. 그는 자신이 소년 팀들에 팀 동료가 하는 말의 중요성을 가르쳤을 때 그들의 분위기와 궁합이 상당히 개선되었다고 느꼈다.

어휘 extensive 아주 많은, 광범위한 initially 처음에 constructive 건설적인 acknowledge 인정하다 outstanding 뛰어난 atmosphere 분위기 chemistry (사람 사이의) 화학 반응, 궁합 significantly 상당히 consequence 결과 exposure 노출

01	①	02	③	03	①	04	④	05	③
06	①	07	④	08	①	09	④	10	②

01

정답 ①

해설 그녀가 모든 세부 사항을 다듬고 품질을 보장하는 데 집중할 수 있었다는 것을 보아 프로젝트를 마칠 시간이 충분했음을 알 수 있다. 따라서 빈칸에 들어갈 말로 가장 적절한 것은 ① 'ample(충분한)'이다.
② 긴급한 ③ 제한된 ④ 불확실한

해석 그녀는 마감일 전에 프로젝트를 마칠 충분한 시간이 있었기 때문에, 모든 세부 사항을 다듬고 품질을 보장하는 데 집중할 수 있었다.

어휘 deadline 마감일 refine 다듬다 ensure 보장하다 quality 품질

02

정답 ③

해설 주절에 과거 사실의 반대를 나타내는 가정법 과거완료(could have been prevented)가 쓰였으므로 if절에도 가정법 과거완료를 써야 하며, 경고 표지판이 진지하게 '받아들이는' 것이 아니라 '받아들여지는' 것이므로 수동태로 쓰여야 한다. 따라서 빈칸에 들어갈 말로 가장 적절한 것은 ③ 'had been taken'이다.

해석 경고 표지판들이 더 진지하게 받아들여졌더라면, 그 사고는 예방될 수도 있었을 것이다.

어휘 warning sign 경고 신호[표지판] take sth seriously ~을 진지하게 받아들이다

03

정답 ①

해설 (remaining → remain) 등위접속사 but으로 두 문장이 병렬된 구조인데, but 뒤 문장에는 동사가 없으므로 준동사 remaining을 주어인 복수 명사 their cause and control에 수일치하여 복수 동사 remain으로 고쳐야 한다.
② if절의 과거동사 were을 보았을 때 가정법 과거가 쓰이고 있음을 알 수 있으므로, 주절에 '조동사 과거형 + RV'인 would be가 온 것은 적절하다.
③ 비교급인 safer를 수식하는 비교급 강조 부사 much의 쓰임은 적절하다.
④ '~의 수'라는 뜻의 the number of 뒤에는 '복수 명사 + 단수 동사'가 와야 하므로 단수 동사 continues가 쓰인 것은 적절하다.

해석 교통사고는 익숙해졌지만, 그 원인과 관리는 오늘날 심각한 문제로 남아 있다. 이 문제는 운전자, 도로, 차량이란 세 요인을 수반한다. 모든 운전자가 항상 좋은 판단을 한다면, 교통사고가 거의 없을 것이다. 그러나 이는 모든 사람이 정직하다면 범죄가 없을 거라고 말하는 것과 같다. 개선된 도로 설계가 고속도로를 훨씬 더 안전하게 만드는 데 도움을 주었다. 하지만 도로 위 자동차 수의 빠른 증가 때문에 사고 수는 계속해서 증가하고 있다.

어휘 vehicle 차량 highway 고속도로 rapid 빠른 automobile 자동차

04

정답 ④

해설 점심 식사 메뉴에 관해 이야기를 나누는 상황이다. 빈칸 앞에서 B가 근처에 더 건강한 메뉴를 제공하는 곳이 더 많았으면 좋겠다고 이야기하고 있다. 빈칸 뒤에서는 B가 드디어 신선하고 영양가 있는 식사를 할 수 있는 곳이 생겼다며 긍정적인 반응을 보이고, 그곳이 언제 여는지 물었으므로 빈칸에는 A가 그런 식당이 새로 생기고 있다고 알려주는 내용이 오는 것이 자연스럽다. 따라서 빈칸에 들어갈 말로 가장 적절한 것은 ④ '우리 사무실 옆에 하나 새로 생기고 있어요'이다.
① 언제 한번 다른 메뉴를 시도해 보죠
② 공유 업무 공간이 곧 열릴 예정이에요
③ 우리가 샐러드를 직접 준비해야 한다고 생각해요

해석 A: 오늘 점심으로 뭐 먹고 싶어요?
B: 잘 모르겠어요. 소화가 잘 안 되는 음식은 좀 질리는 것 같아요.
A: 저도 그래요. 차라리 샐러드 같은 가벼운 음식을 먹고 싶어요.
B: 근처에 더 건강한 메뉴를 제공하는 곳이 더 많았으면 좋겠어요. 다양한 선택지가 있으면 좋을 텐데요.
A: 말이 나와서 말인데요, 우리 사무실 옆에 하나 새로 생기고 있어요.
B: 좋은 소식이네요! 드디어 신선하고 영양가 있는 식사를 할 수 있는 곳이 생겼네요. 언제 여나요?
A: 다음 달이라고 들었어요. 영업을 시작하면 한번 들러 보죠.

어휘 heavy meal 소화가 잘 안되는[기름진] 음식 a variety of 다양한 speaking of which 말이 나온 김에 nutritious 영양분이 많은 stop by 가는 길에 들르다 coworking space 공유 업무 공간

05

정답 ③

해설 출장으로 2주 동안 집을 떠나기 때문에 집으로 오는 우편 서비스를 일시적으로 중단할 것을 요청하는 글이다. 따라서 글의 목적으로 가장 적절한 것은 ③ '일정 기간 우편을 배송하지 말라고 요청하려고'이다.
① 늦은 우편 배송에 대해 불평하려고 → 늦은 우편 배송에 대한 내용은 언급된 바 없다.
② 배송 주소를 일시적으로 변경하려고 → 배송 주소를 변경하는 것이 아닌 배송을 중단해 달라고 요청하고 있다.
④ 웹사이트 문서의 문제를 설명하려고 → 웹사이트 문서를 작성해서 첨부했다고 언급될 뿐, 문서에 문제가 있다는 언급은 없다.

06

정답 ①

해설 메일 서비스를 중단하기 위해 필요한 양식을 웹사이트에서 다운로드해 첨부했다는 내용이다. 맥락상 attached는 '첨부하다'라는 뜻으로 쓰였으므로, 이와 의미가 가장 가까운 것은 ① 'included(포함하다)'이다.
② 승인하다 ③ 제출하다 ④ 완성하다

05-06

해석 수신: 고객 서비스 <customerservice@georgetownpostoffice.gov>
발신: Darren McDonald <darrenmcdonald@mtp.com>
날짜: 4월 11일
제목: 우편 서비스 관련
첨부 파일: 양식_1

관계자분께,

제 이름은 Darren McDonald이며 현재 Georgetown의 West가 94번지에 거주하고 있습니다. 저는 귀 기관으로부터 받은 서비스에 매우 만족해 왔으며 이번엔 중요한 요청을 도와주셨으면 합니다. 제 집 주소로 오는 우편 서비스를 2주 동안 중단해 주실 것을 요청하고 싶습니다.

저는 4월 20일에 출장으로 출국해서 5월 4일에 집으로 돌아올 예정입니다. 그 기간 동안 제 모든 우편물을 보관해 주셨으면 합니다. 귀 기관의 웹사이트에서 다운로드한 양식을 첨부했습니다. 여기에는 일시적으로 우편 서비스를 중단하는 데 필요한 모든 정보가 포함되어 있습니다.

양식에 문제가 있는 경우 가능한 한 빨리 알려주시기 바랍니다. 저는 떠나기 전에 매우 바쁠 예정이며 귀 기관의 요청에 응하기 위해 며칠이 필요할 수 있습니다.

진심을 담아,
Darren McDonald 드림

어휘 currently 현재 reside 거주하다 satisfy 만족시키다 assist 도와주다 suspend 중단하다 depart 떠나다 contain 포함하다 temporary 일시적인 basis 기준 inform 알려주다 document 문서

07

정답 ④

해설 마지막 문장에서 공학 및 과학 수업과 같은 일부 수업에서는 학생들이 실험실에서 작업해야 할 수도 있다고 언급되므로, 글의 내용과 일치하는 것은 ④ '학생들은 일부 강의를 위해 특별한 시설이 필요할 수도 있다.'이다.
① Bayside 대학교는 이미 온라인 강좌를 제공하고 있다. → 첫 문장에서 Bayside 대학교가 원격 학습 프로그램을 시행하기로 결정했다고 언급될 뿐, 이미 온라인 강좌를 제공하고 있다는 내용은 언급되지 않았으므로 옳지 않다.
② 원격 학습의 모든 강의는 온라인으로만 제공된다. → 3번째 문장에서 원격 학습 강의는 주로 온라인으로 제공되지만 일부 교수는 우편으로 과제를 제출해야 하는 통신 강좌를 가르칠 것이라고 언급되므로 옳지 않다.
③ 대부분의 원격 학습 강의는 동기식일 것이다. → 마지막 2번째 문장에서 대부분의 강의는 비동기식일 것이라고 언급되므로 옳지 않다.

해석 **원격 학습 기회**

학생 단체의 희망에 따라 Bayside 대학교는 원격 학습 프로그램을 시행하기로 결정했습니다. 학생들은 대부분의 경우 캠퍼스에 발을 들이지 않고도 학습하고 학위를 받을 수 있게 됩니다. 원격 학습 강의는 주로 온라인으로 제공되지만 일부 교수는 학생들이 우체국을 통해 과제를 보내서 제출해야 하는 통신 강좌를 가르칠 것입니다. 학생들이 실시간 강의를 시청해야 하는 동기식 강의도 있지만, 대부분은 학생들이 자신의 속도에 맞춰 이수할 수 있는 비동기식 강의가 될 것입니다. 공학 및 과학 수업과 같은 일부 수업에서는 학생들이 실험실에서 작업하거나 캠퍼스에서 일주일간 진행되는 워크숍에 참석해야 할 수도 있습니다.

어휘 distance learning 원격 학습 opportunity 기회 in accordance with ~에 따라 implement 시행하다 degree 학위 set foot on ~에 발을 들이다 course 강의, 강좌 primarily 주로 offer 제공하다 professor 교수 correspondence 통신 submit 제출하다 synchronous 동기식의 real-time 실시간 lecture 강의 majority 대부분 asynchronous 비동기식의 complete 이수하다 pace 속도 engineering 공학 laboratory 실험실 attend 참석하다 facility 시설

08

정답 ①

해설 이 글은 포크가 유럽에 도입된 이후, 이탈리아에서는 인기를 끌었으나 알프스 북부, 특히 영국에서는 환영받지 못했다는 역사적 사실을 다루고 있다. 따라서 글의 제목으로 가장 적절한 것은 ① '포크가 유럽에서 받아들여진 방식의 차이'이다.
② 로마 가톨릭 사제들이 포크를 멀리하게 만든 것 → 마지막에 언급되는 내용이나, 포크를 대하는 태도 중 하나일 뿐이므로 정답이 되기엔 지엽적이다.
③ 포크가 처음 유럽에 도입된 시기 → 첫 문장에서 언급되긴 하나, 글의 중심 소재인 포크에 대한 유럽의 태도를 설명하기 위한 서론에 불과하다.
④ 포크가 여성성의 상징이 된 방법 → 여성성은 포크가 영국에서 배척당한 이유 중 하나일 뿐이다.

포크는 10세기에 (신성 로마 제국의) 황제 Otto 2세의 부인인 Theophanu Byzantine에 의해 유럽에 도입되었다. 그것은 11세기 무렵 이탈리아에 진출했고 14세기 무렵에는 (이탈리아의) 상인들 사이에서 인기가 많아졌다. 포크는 곧 유럽 전역에서 친숙한 광경(물건)이 되었지만, 알프스 북부에서는 오랫동안 눈살의 찌푸림을 받았다. 우리의 유럽 이웃사촌들이 새로운 철제 식사 도구를 가지고 열심히 먹는 동안 영국인들은 이탈리아인들의 이런 '여성스러운 허식'을 그저 비웃었다. 영국 남자들은 손가락으로 먹으며 자랑스러워하곤 했다! 설상가상으로, 심지어 교회도 포크의 사용에 반대했다. 로마 가톨릭교회를 위해 글을 쓰는 몇몇 작가들은 하느님이 그의 지혜로 우리 손가락에 자연스러운 포크를 선사하셨으며 그것을 이 금속 기구로 대체하는 것은 그에 대한 모욕이라고 말하면서, 그것(포크)을 지나친 섬세함이라고 단언했다.

어휘 emperor 황제 make one's way 진출하다 merchant 상인 frown 눈살을 찌푸리다 tuck in 열심히 먹다 eating irons 철제 식사 도구 feminine 여성스러운 affectation 가장, 허식 declare 단언하다 excessive 지나친 delicacy 섬세함 insult 모욕 substitute 대체하다 metallic 금속성의 priest 사제

09

정답 ④

해설 So로 시작하는 주어진 문장은 농촌 거주자들이 합리적인 세금을 대가로 토지에 대한 완전한 소유권을 받는 것을 거부할 가능성이 적다는 내용으로, 앞에는 거부 가능성이 적다고 말하는 근거가 와야 하며, 뒤에는 완전한 토지 소유권을 받는 것과 관련된 내용이 와야 한다. ④ 앞에서 토지에 대한 불안정한 또는 공유된 권리의 폐해가 언급되었으며, ④ 뒤에서는 그들이 이제 토지를 소유하여 자녀들에게 물려줄 수 있다고 했다. 즉, 주어진 문장이 ④에 위치해야 ④ 뒤 문장의 They가 주어진 문장의 rural dwellers를 지칭하면서 ④ 앞뒤 맥락의 단절이 발생하지 않으므로, 주어진 문장이 들어갈 위치로 가장 적절한 것은 ④이다.

해석 가족 기반 소작농은 농업 인구가 상속권을 부여받아 가족 단위로 토지를 소유할 때 생겨난다. 이전에는 가족들이 때때로 사용 권리를 재분배하는 큰 마을 공동체의 일원으로서, 혹은 대토지 소유주에 의해 부여된 불안정한 보유권을 가짐으로써 매우 불안정한, 또는 공유된 권리를 주로 누렸다. 이 두 제도 모두 가족에게 심각한 불이익이 있다. 그것들은 그것(가족)이, 열심히 일하는 사람이라면 누구나 자신이 더 게으른 마을 사람들을 부양하고 있거나 지주의 변덕에 휘둘리고 있다고 느끼는 경향에 취약한 상태로 둔다. 그래서 농촌 거주자들이 대개 그들이 생산할 수 있는 것에 근거한 합리적인 세금을 대가로 토지에 대한 완전한 소유권을 받을 때, 그들이 거부할 가능성은 거의 없다. 그들은 이제 토지를 소유하며 그것을 사실 태어날 때부터 그 토지의 공동 소유자인 자녀들에게 안전하게 물려줄 수 있다. 그 제도는 흔히 생산적이며 수확량에 있어 현저한 향상이 이루어질 가능성이 크다.

어휘 rural 시골[농촌]의 dweller 거주자 ownership 소유권 reasonable 합리적인 peasantry 소작농 inheritance 상속권 right 권리 insecure 불안정한 redistribute 재분배하다 from time to time 때때로 tenure 보유권 grant 부여하다 grave 심각한, 중대한 vulnerable 취약한 at the mercy of ~에 휘둘리는 whim 변덕 co-owner 공동소유자 noticeable 현저한 yield 수확량

10

정답 ②

해설 보이지 않는 손이 시장을 규제하여 정부의 규제는 완전히 불필요하다는 Friedman의 자유 시장 경제 이론을 소개하는 글이다. Friedman의 이름이 약칭으로 불릴 대상은 곧 그를 믿는 사람들일 것이므로, 빈칸에는 그의 이론을 설명하는 내용이 올 것임을 추론할 수 있다. 따라서 빈칸에 들어갈 말로 가장 적절한 것은 ② '시장이 외부 도움 없이 스스로 규제할 수 있다'이다.
① 정부가 경제에서 적극적인 역할을 해야 한다 → 정부 역할(규제)의 축소를 요구하는 Friedman의 이론과 반대된다.
③ 시장이 공급과 수요 사이의 균형을 맞추지 못할 것이다 → 시장이 스스로 잘 규제된다는 Friedman의 이론과 반대된다.
④ 지나친 규제는 정부 폐쇄로 이어진다 → 지나친 정부 규제의 결과에 관해서는 언급되지 않았다.

해석 경제학자이자 노벨상 수상자인 Milton Friedman은 자유 시장 경제의 확고한 옹호자로서 가장 잘 알려져 있다. Friedman은 (자유 시장 경제에) 의구심을 품었던 Adam Smith보다 훨씬 더 경쟁적 이기심의 보이지 않는 손이 궁극적으로 시장을 규제할 것이며, (정부의) 규제를 완전히 불필요한 것으로 만들 것이라고 믿었다. Friedman은 시카고 대학에서 수년간 강의했으며, 전 세계의 경제에 영향을 미치기 위해 나선 많은 경제 학도들에게 영향을 미쳤다. Friedman의 지지자들은 종종 'Friedmanites'라고 불리며, Friedman의 이름은 시장이 외부 도움 없이 스스로 규제할 수 있다고 믿는 사람들을 지칭하는 약칭이 되었다.

어휘 defender 옹호자 invisible 보이지 않는 self-interest 사리사욕, 이기심 ultimately 궁극적으로 regulate 규제하다 shorthand 약칭(의) shutdown 폐쇄

16 하프 모의고사

| 01 | ④ | 02 | ③ | 03 | ③ | 04 | ② | 05 | ① |
| 06 | ③ | 07 | ③ | 08 | ④ | 09 | ① | 10 | ④ |

01
정답 ④

해설 코치는 경기 도중 부상당한 선수를 상태가 좋은 다른 팀원으로 교체해야만 했을 것을 추측할 수 있다. 따라서 빈칸에 들어갈 말로 가장 적절한 것은 ④ 'substitute(교체하다)'이다.
① 분류하다 ② 연관 짓다 ③ 인정하다

해석 그 선수는 경기 도중 부상을 입어서 코치는 그를 휴식을 취한 팀원으로 교체할 수밖에 없었다.

어휘 athlete 선수 injury 부상 mid-game 경기 도중 have no alternative but to RV ~할 수밖에 없다 rested 휴식을 취한, 기운찬

02
정답 ③

해설 세입자가 나간 후 아파트가 몇 달간 먼지 쌓인 상태로 있었다는 것으로 보아, 그동안 그곳에 사는 사람이 없었다는 것을 알 수 있다. 따라서 빈칸에 들어갈 말로 가장 적절한 것은 ③ 'vacant(비어 있는)'이다.
① 생생한 ② 모호한 ④ 진공의

해석 세입자가 나간 후, 그 아파트는 먼지가 쌓인 채로 몇 달 동안 비어 있었다.

어휘 tenant 세입자 dust 먼지 pile up 쌓이다

03
정답 ③

해설 (avail → available) 'there be + 명사' 구문에서 be동사 are이 이미 동사 역할을 하고 있으므로, 뒤에 오는 동사 avail은 문법적으로 동사 자리에 올 수 없다. 따라서 중복된 동사를 피하고 앞의 명사 tools를 후치 수식하기 위해, 동사 avail이 아닌 형용사 available로 고쳐야 한다.
① every는 'every + 단수 명사 + 단수 동사'로 사용하므로, 단수 동사 performs는 적절하다.
② 양을 나타내는 부정대명사 Much가 불가산명사로 쓰인 inefficiency를 수식하고 있는 것은 적절하다.
④ that 뒤에는 완전한 절이 오고 있으므로, to ensure의 목적어로 명사절을 이끄는 접속사 that이 쓰인 것은 적절하다.

해석 효과적인 의사소통은 사무실에서 필수적이다. 모든 사무실은 수많은 작업을 수행하지만, 의사소통이 실패하면 절차가 느려지고 작업은 불완전한 상태로 남게 된다. 비효율성의 대부분은 부족한 의사소통의 직접적인 결과이다. 사무실에는 사무실 직원들의 의사소통을 돕기 위해 사용할 수 있는 많은 도구들이 있다. 그러나 메시지가 의도된 수신인에게 효율적으로 전달되고 메시지가 완전히 이해됐는지 확실하게 하는 것이 중요하다.

어휘 countless 무수한 ensure 확실하게 하다, 보증하다 intended 의도된, 대상으로 삼은 recipient 수령인, 수취인

04
정답 ②

해설 Sally와 Tim이 배송 지연 관련 고객 불만에 관해 이야기하는 상황이다. 빈칸 앞에서 Tim이 아직 소포가 창고에서 나오지 않았다고 말한 후 빈칸 뒤에서 물류팀에서 처리 중이고 늦어도 오늘 저녁까지 도착한다고 했으므로, 빈칸에서는 Sally가 언제 배송이 완료되는지 물었음을 알 수 있다. 따라서 빈칸에 들어갈 말로 가장 적절한 것은 ② '예상 배송 시간은 언제인가요'이다.
① 어떤 것이 늦게 배송되고 있나요
③ 고객이 언제 주문을 했나요
④ 어느 팀이 배송 지연에 책임이 있나요

해석 Sally: Tim, 방금 한 고객이 전화해서 배송 지연에 대해 불만을 제기했어요. 주문 상황 확인하셨나요?
Tim: 네, 확인해 보니 배송 문제가 있었던 것 같아요. 소포가 아직 창고에서 나오지 않았어요.
Sally: 예상 배송 시간은 언제인가요?
Tim: 물류팀이 지금 처리 중이라고 했고, 늦어도 오늘 저녁까지 도착할 거예요.
Sally: 알겠습니다. 고객에게 그렇게 알려드리겠습니다.
Tim: 좋아요. 도움이 더 필요하면 알려주세요.

어휘 complain 불평하다 delay 미루다 status 상황 shipping 배송 issue 문제 package 소포 storage 창고 logistics 물류 at the latest 늦어도 notify 알리다 accordingly 그에 맞춰 assistance 도움 expected 예상되는 place an order 주문하다

05
정답 ①

해설 중고 물품을 판매하는 플리마켓이 겨울에 닫았다가 다시 열린다고 알리는 내용의 글이다. 따라서 글의 제목으로 가장 적절한 것은 ① '지역 플리마켓이 재개장됩니다'이다.
② 모든 중고 물품을 판매하세요 → 판매에 대한 내용도 언급되긴 하지만 이 글은 구매하는 사람을 대상으로 하고 있다.
③ 수제 상품을 구매할 수 있는 장소 → 수제 상품에 대한 내용은 언급된 바 없다.
④ 할인된 새 물품을 위한 최고의 시장 → 플리마켓에서는 새 물품이 아닌 중고 물품을 판매한다.

06
정답 ③

해설 글의 후반부에서 구매는 현금으로만 가능하다고 언급되므로, 글의 내용과 일치하지 않는 것은 ③ '플리마켓은 모든 종류의 결제 방식을 받는다.'이다.
① 다양한 중고 물품들이 플리마켓에서 거래된다. → 글의 초반부에서 언급된 내용이다.
② Bradbury 플리마켓은 주말에 열린다. → 글의 중반부에서 언급된 내용이다.
④ 사람들은 판매자가 되기 위해 Richard West에게 연락할 수 있다. → 글의 후반부에서 언급된 내용이다.

05-06

해석

지역 플리마켓이 재개장됩니다

이번 주말 중고품 쇼핑을 즐길 준비가 되셨나요? 옷, 도구, 책, 가전 제품 및 기타 물품들을 얻을 수 있는 기회입니다. 플리마켓에서는 어떤 숨겨진 보물을 찾을 수 있을지 모릅니다.

Bradbury 플리마켓은 겨울 내내 문을 닫았지만, 이제 봄이 왔으니 앞으로 몇 달 동안 매주 주말에 열릴 예정입니다.

Bradbury 플리마켓은 4월 2일부터 매주 토요일과 일요일 오전 10시부터 오후 5시까지 열릴 예정입니다. 플리마켓은 Bradbury 커뮤니티 센터의 큰 잔디밭에서 열릴 예정입니다.

모든 구매는 현금으로만 가능합니다. 수표, 신용카드, 직불카드, 은행 송금은 허용되지 않습니다. 모든 판매는 최종적입니다. 환불 및 반품은 허용되지 않습니다.

* 플리마켓에서 판매자가 되고 싶은 사람은 Richard West에게 6930-2373으로 연락하셔야 합니다.

어휘 secondhand 중고의 acquire 얻다 appliance 가전제품 treasure 보물 hold 열다 take place 열리다 field 잔디밭 purchase 구매 check 수표 credit card 신용카드 debit card 직불카드 transfer 송금 refund 환불 return 반품 vendor 판매자 discount 할인하다 a variety of 다양한 payment 결제 reach out ~에게 연락하다

07

정답 ③

해설 미국은 의학을 선도하는 국가이지만, 비싼 의료비용 때문에 평균 수명이 선진국 중에서 가장 짧은 나라 중 하나이며 유아 및 아동 사망률도 높은 편이라는 내용의 글이다. 따라서 글의 요지로 가장 적절한 것은 ③ '미국의 높은 의료비용은 기대 수명을 단축시킨다.'이다.
① 미국의 의료 시스템은 빠르게 성장해 왔다. → 미국 의학이 세계를 선도한다고 언급되나, 이와 대조적인 실황을 강조하기 위한 서론일 뿐이다.
② 미국인의 1인당 의료 지출은 매우 높다. → 미국의 값비싼 의료 시스템으로 인해 평균 수명이 짧다는 것이 글의 핵심이므로, 1인당 의료 지출이 높다는 단순 사실은 글의 주제를 포괄하지 못한다.
④ 경쟁이 미국 의료 기술의 발전을 초래했다. → 미국의 의료 기술이 무엇 때문에 발전했는지에 대해서는 언급되지 않았다.

해석 미국 의학은 의심할 여지 없이 세계를 선도하지만, 그 나라의 민간 및 상업 의료 시스템은 선진국의 평균보다 1인당 2.5배 더 비싸다. 다른 선진국에서는 정부가 의료 서비스 제공자들과 더 낮은 가격을 협상함으로써 의료비를 통제하는 데 적극적인 역할을 하는 반면, 미국에서는 정부가 수익성 있는 민간사업을 그대로 내버려 둘 것이 요구된다. 그러나 값비싼 미국 시스템의 결과는 좋지 않은데, 왜냐하면 그것이 모든 시민을 책임지지 않기 때문이며, 또한 다른 면에서도 나라에 상당한 불평등이 존재하기 때문이다. 미국인들은 선진국 중에서 기대 수명이 가장 짧은 나라 중 하나이다. 게다가, 연방 주들 사이의 소득 격차의 크기는 기대 수명과 분명한 상관관계가 있는데, 격차가 클수록 더 짧은 기대 수명을 의미한다. 유아 및 아동 사망률은 쿠바, 벨라루스, 또는 리투아니아보다 미국에서 더 높다.

어휘 undoubtedly 의심할 여지 없이 commercial 상업의 per capita 1인당 developed country 선진국 play a role 역할을 하다 negotiate 협상하다 provider 제공자 leave sth alone ~을 그대로 내버려 두다 profitable 수익성 있는 considerable 상당한 inequality 불평등 respect 사항, (측)면 life expectancy 기대 수명 disparity 격차 correlate with ~와 상관관계에 있다 infant 유아 mortality 사망률

08

정답 ③

해설 마케팅 시 교묘한 심리적 신호가 소비자 행동에 영향을 미칠 수 있음을 설명하는 주어진 글 다음에는, 스니커즈 바의 매출에 대한 서로 다른 홍보의 영향을 살펴본 한 관련 연구를 소개하는 (C)가 와야 한다. 첫 번째 홍보의 결과를 제시하는 (C)에 이어, Then they changed the promotion ~으로 시작해서 두 번째 홍보의 결과를 제시하는 (A)가 온 다음, In neither case ~로 시작하여 두 경우 가격이 같았지만 홍보 효과는 달랐다고 마무리 짓는 (B)가 오는 것이 자연스럽다. 따라서 글의 순서로 가장 적절한 것은 ③ '(C) - (A) - (B)'이다.

해석 마케팅에서 소비자 행동에 영향을 미치는 데 있어 교묘한 심리적 신호는 강력한 효과를 지닐 수 있다. (C) 한 연구에서, 과학자들은 서로 다른 홍보가 스니커즈 바의 매출에 미친 영향을 살펴보았다. 첫 번째 홍보는 오로지 행동에 대한 요청('몇 개를 사서 냉장고에 넣으세요')으로만 구성되었다. 이 홍보는 평균 1.4개의 판매로 이어졌다. (A) 그러고 나서 그들은 '18개를 사서 냉장고에 넣으세요'라는 행동 고정 장치를 추가하여 홍보를 바꿨다. 이것은 우스꽝스럽게 보일 수도 있지만, 그 영향은 상당했다. 이번에 판매된 바의 평균수는 2.6개였다. (B) 어느 경우에도 가격은 할인되지 않았다. 그저 인지할 수 있고 실체적인 고정 장치로 더 높은 숫자를 추가함으로써 그들은 태도 변화라는 선행 단계 없이, 매출을 거의 두 배로 만들었다.

어휘 when it comes to ~에 관해서라면 subtle 교묘한 cue 신호 anchor 고정 장치 freezer 냉장고 ridiculous 우스꽝스러운 significant 상당한 discount 할인하다 perceivable 인지 가능한 tangible 실체적인, 유형의 preceding 선행하는 call 요청

09

정답 ③

해설 이 글은 사막과 인간의 상호작용에 관한 내용으로, 인간 활동이나 환경 변화로 인해 생산적인 토지가 사막으로 변하거나 거주에 부적합해지는 등 부정적인 사례들을 위주로 설명하고 있다. 따라서 글의 흐름상 어색한 문장은 사막이 생물 다양성에 기여한다는 생태학적 관점 및 긍정적 가치를 강조하는 ③이다.

해석 수많은 사회들은 수천 년 동안 사막과 그 주변 지역에 거주해 왔다. 이 기간 동안 사람들은 사막 환경의 힘들고 예측할 수 없는 특성에 맞는 생활 방식을 발전시켜 왔다. 분명, 인간의 활동이 사막 풍경에 큰 영향을 끼치기도 했다. 수 세기 동안 사람들이 건조한 땅과 맺어온 변화하는 관계의 일부에는 생산적인 땅이 사막으로 손실된 사례가 포함되어 있다. (사막은 또한 희귀하고 특화된 종들을 지원하는 독특한 서식지를 제공하여 세계 생물 다양성에 기여하기도 한다.) 어떤 경우에, 그 원인은 인간이 건조한 땅의 자원을 남용하고 잘못 관리한 것에 있는 반면에, 또 어떤 경우에는 환경의 자연적 변화가 인간의 거주를 위한 그러한 지역의 적합성을 감소시켰다. 흔히 인간적 요인과 자연적 요인의 결합이 작용하고 있다.

어휘 occupy 거주하다, 점거하다 margin 주변부 unpredictable 예측할 수 없는 nature 특성 shifting 변화하는 dryland 건조지 instance 사례 habitat 서식지 specialized 특화된 biodiversity 생물 다양성 overuse 남용 mismanagement 잘못된 관리 suitability 적합성 at work 작용하는

10

정답 ④

해설 이 글은 소아 영양실조의 원인에 대해 설명하고 있으며, 어린아이들은 위가 작기 때문에 한 번에 먹을 수 있는 음식량이 제한되어 있으므로 영양 밀도가 높은 음식이 필요하다는 내용이다. 따라서 빈칸에 들어갈 말로 가장 적절한 것은 ④ '열량이 높지만 양은 적은'이다.
① 쉽게 소화될 수 있는 → 일부 도움은 될 수 있으나 어린아이들의 위 크기 및 음식 열량과 관련된 영양 밀도와는 관련이 없는 내용이다.
② 채소의 영양분을 공급하는 → 오히려 채소 중심 식단을 지지한다는 것이므로 이 글의 내용과 상반된다.
③ 대량으로 구할 수 있는 → 아이들이 많은 양을 먹을 수 없다는 내용과 반대되는 보기이다.

해석 어린아이들은 위가 더 작다. 그들은 열량이 높지만 양은 적은 농축된 음식이 필요하다. 이는 실제로 유아 영양실조의 주요 원인 중 하나이다. 많은 국가에서 아이들이 영양실조에 걸리는 반면 어른들은 그렇지 않다. 그러나 어른들이 전부 먹고 아이들을 위해서는 아무것도 남기지 않는다고 믿는 것은 오해일 것이다. 부모들은 자녀들을 주의 깊게 살핀다. 그들은 자녀들을 먹이기 위해 자신의 음식을 기꺼이 포기할 것이다. 문제는 많은 경우 가족이 구할 수 있는 유일한 음식이 섬유질이 풍부하지만 열량이 낮은 채소와 뿌리로 이루어져 있다는 점이다. 성인은 위가 충분히 커서 그들이 필요한 만큼 모두 먹을 수 있다. 그리고 충분한 양이라면 어떤 음식도 사람을 살찌울 것이다. 어린아이들은 아무리 열심히 노력하더라도 살찌는 데 필요한 양만큼의 채소를 먹을 수 없는데, 이는 그들의 위에 충분한 공간이 없기 때문이다.

어휘 stomach 위 concentrated 농축된 infant 유아(의) malnutrition 영양실조 malnourished 영양실조의 available 구할 수 있는 consist of ~으로 구성되다 fiber 섬유질 quantity 양 fatten 살찌우다 digest 소화하다 nutrient 영양분 volume 양

01	②	02	①	03	④	04	①	05	③
06	②	07	③	08	②	09	④	10	③

01

정답 ②

해설 쉽게 이동할 수 있도록 설계되었다는 것을 보아 스피커가 휴대용임을 알 수 있다. 따라서 빈칸에 들어갈 말로 가장 적절한 것은 ② 'portable(휴대용의)'이다.
① 고정된, 움직이지 않는 ③ 융통성 없는 ④ 취약한

해석 이 휴대용 스피커는 뛰어난 음질을 제공하며, 쉽게 이동할 수 있도록 설계되어 어디서든 좋아하는 음악을 즐길 수 있다.

어휘 deliver 제공하다, 전달하다 remarkable 뛰어난 quality 질 design 설계하다 transport 이동

02

정답 ①

해설 'cannot but RV'는 '~하지 않을 수 없다'라는 뜻의 관용 표현으로, cannot but 뒤에 동사원형이 와야 한다. 따라서 빈칸에 들어갈 말로 가장 적절한 것은 ① 'admire'이다.

해석 그녀는 항상 많은 시간과 노력을 기울여 왔기 때문에 나는 그 프로젝트에 대한 그녀의 헌신에 감탄하지 않을 수 없다.

어휘 dedication 헌신 a great deal of 많은

03

정답 ④

해설 (happening → happen) that은 뒤에 주어가 될 만한 것이 없는 것으로 보아 주격 관계대명사임을 알 수 있는데, 현재 that이 이끄는 절 내에 동사가 없는 상태이다. 따라서 준동사 형태의 happening을 동사로 고쳐야 하는데, 이때 that의 선행사가 복수 명사인 satellite failures이므로 그에 수일치한 복수 동사 happen이 되어야 한다.
① 명사절 접속사 that이 완전한 절을 이끌며 동사 asks의 목적어 역할을 하고 있는 것은 적절하다.
② 주장·요구·명령·제안·충고·결정 동사인 ask가 당위(~해야 한다)의 의미를 지니는 that절을 목적어로 취할 경우, that절 내의 동사는 '(should) + RV'의 형태로 써야 하므로 remove의 쓰임은 적절하다.
③ 난이형용사 구문에서 to 부정사의 목적어가 주어 자리로 갈 경우 to 부정사 뒤에는 목적어 자리를 비워두어야 한다. 여기서는 to enforce 뒤의 목적어인 지시대명사 this가 문장의 주어 자리로 간 형태이므로 to enforce 뒤에 목적어가 없는 것은 적절하다.

유엔은 모든 회사들이 그들의 임무 종료 후 25년 이내에 그들의 인공위성을 궤도에서 제거할 것을 요청한다. 그러나, 이것은 예기치 않게 발생하는 인공위성 고장 때문에 시행하기 어렵다.

어휘 satellite 인공위성 orbit 궤도 enforce 시행하다 failure 고장 unexpectedly 예기치 않게

04

정답 ①

해설 B가 택시에 탑승했는데, 목적지를 우회해서 가느라 이동 시간이 예상보다 더 오래 걸리는 상황이다. B가 빈칸 앞에서 자신이 제시간에 도착하지 못할 것이라고 말한 후, 빈칸 뒤에서는 제일 가까운 역에 내려 달라고 요청하는 것으로 보아, 빈칸에는 A가 대중교통을 이용할 것을 제안하는 내용이 오는 것이 자연스럽다. 따라서 빈칸에 들어갈 말로 가장 적절한 것은 ① '지하철을 이용하는 건 어때요'이다.
② 역까지 걸어가는 건 어때요
③ 당신도 행진에 참여하나요
④ 거기 가는 데 얼마나 걸리는지 아시나요

해석 A: 좋은 아침입니다! 오늘 어디로 가실까요?
B: 안녕하세요! 여의도 공원으로 가고 싶어요.
A: 그 지역에서 지금 대규모 행진이 진행되고 있어서 우회해야 합니다. 그러면 이동 시간이 약 30분 더 걸릴 거예요.
B: 20분 안에 도착해야 하는데, 그럼 제시간에 도착하는 건 절대 불가능하겠네요.
A: 그렇다면, 지하철을 이용하는 건 어때요?
B: 그게 더 나은 선택일 것 같아요. 가장 가까운 역에 내려 주시겠어요?

어휘 parade 행진 detour 우회로 make it 도착하다 on time 제시간에 drop sb off ~를 내려주다 participate 참여하다

05

정답 ③

해설 가격 제안을 하며 집을 구매하고자 하는 의사를 밝히는 내용의 글이다. 따라서 글의 목적으로 가장 적절한 것은 ③ '집 구매 제안을 하려고'이다.
① 집을 보기 위해 방문을 요청하려고 → 이미 집은 본 상태이다.
② 대출 옵션에 대해 문의하려고 → 대출은 필요 없다고 언급하고 있다.
④ 집주인과 미팅을 잡으려고 → 집주인과 상의해서 알려달라고 하고 있을 뿐, 집주인과 만나려는 것은 아니다.

06

정답 ②

해설 집주인이 집의 가격을 매물 가격보다 낮출 의향이 있다고 했으므로 매물 가격보다 더 낮은 가격을 제안하는 내용이다. 맥락상 propose는 '제안하다'라는 뜻으로 쓰였으므로, 이와 의미가 가장 가까운 것은 ② 'suggest (제안하다)'이다.
① 선택하다 ③ 약속하다 ④ 요구하다

05-06

해석 수신: Alice Jewel <ajewel@jewelrealty.com>
발신: Thomas Walters <thomas_walters@greenmail.com>
날짜: 7월 11일
제목: Robinson로 48번지

Jewel 씨에게,

아내와 저에게 Robinson로 48번지에 위치한 집을 보여 주셔서 정말 감사합니다. 저희와 세 자녀가 살기에 이상적인 집이라고 생각했습니다. 저희는 이 집을 집주인에게서 구입하기로 결정했습니다.

그 집의 매물 가격이 210,000달러라는 것을 알고 있지만, 당신은 집주인이 가격을 조금 더 낮출 의향이 있다고 장담하셨습니다. 따라서 저는 그 집에 대해 195,000달러를 지불할 것을 제안합니다. 전액 현금으로 지불할 예정이므로 은행에서 대출을 받을 필요가 없습니다. 집주인과 상의해서 어떻게 생각하는지 알려주세요.

언제든지 사무실을 방문하여 서류에 서명할 수 있습니다. 내일 은행의 정규 업무 시간 중에 은행에 들러 송금을 준비할 수도 있습니다.

곧 연락을 기다리겠습니다.

안부를 전하며,
Thomas Walters 드림

어휘 locate 위치시키다 ideal 이상적인 realize 알다 assure 장담하다 willing 기꺼이 하는 come down (가격을) 낮추다 intend 의도하다 entire 전체의 financing 대출 consult 상의하다 paperwork 서류 drop by 들르다 arrange 준비하다 transfer 송금 regular 정규의 look forward to ~을 기대하다 purchase 구매하다

07

정답 ③

해설 마지막 2번째 문장에서 앱은 일별 및 주간 예보를 제공한다고 언급되므로, 글의 내용과 일치하지 않는 것은 ③ '한 달 동안의 일기 예보가 제공된다.'이다.

① 앱은 특정 지역에 대한 날씨 업데이트를 제공한다. → 2번째 문장에서 언급된 내용이다.

② 사람들은 출퇴근 경로에 대한 날씨 정보를 받을 수 있다. → 4번째 문장에서 언급된 내용이다.

④ 앱은 악천후에 대한 지속적인 알림을 준다. → 마지막 2번째 문장과 마지막 문장에서 언급된 내용이다.

해석 업그레이드된 앱으로 지역별 날씨 업데이트를 받아 보세요

Weather.org에서 최근 날씨 앱을 업그레이드했으며, 이것은 이제 그 어느 때보다 많은 기능을 갖게 되어, 현존하는 최고의 날씨 앱으로 거듭났습니다. 예를 들어, 이 앱은 전국의 개별 지역에 대한 지역별 날씨 업데이트를 제공합니다. 한 지역에 거주하지만 다른 지역에서 근무하시나요? 앱에 두 곳의 주소를 입력하면 직장과 집 위치에 대한 날씨 업데이트를 받을 수 있을 뿐만 아니라 매일 출퇴근길의 기상 상황에 대한 알림도 받을 수 있습니다. 이 앱은 정확한 일별 및 주간 예보를 제공하며 비, 눈, 우박 또는 결빙이 예보될 경우 알림을 보내줍니다. 마지막으로 사용자는 앱에서 토네이도, 허리케인, 눈보라 경고 및 정기적인 실시간 업데이트를 제공하는 메시지를 받게 됩니다.

어휘 localize 지역화하다 function 기능 existing 현존하는 neighborhood 지역 notify 알리다 condition 상황 commute 통근 accurate 정확한 forecast 예보 alert 알림 hail 우박 blizzard 눈보라 regular 정기적인 real-time 실시간 specific 특정한 entire 전체의, 온 constant 지속적인 severe weather 악천후

08

정답 ②

해설 매일 꾸준히 일하면 그런 자신을 보고 안심하고 고무되어 더 많은 것을 해낼 수 있게 되는 반면, 매일 일하지 않으면 공황과 절망을 느끼고 일에 본격적으로 덤벼들 가능성이 작아진다는 내용의 글이다. 따라서 글의 제목으로 가장 적절한 것은 ② '더 꾸준히 일할수록 생산성은 더 커진다'이다.

① 동료들과 함께 일하는 것의 어려움

③ 높은 목표를 세워라, 그러면 당신의 마음이 아이디어를 만들어 낼 것이다 → 큰 목표가 언급되긴 하나 그를 향한 점진적 성취의 중요성을 강조한 내용이며, 아이디어 생성에 관한 언급은 없다.

④ 해야 할 일을 미루고픈 유혹에 저항하라 → 미루는 것에 관한 언급은 꾸준하지 않을 때의 부정적인 결과를 설명하기 위한 부연일 뿐으로, 글의 중심 소재는 '꾸준함'이다.

해석 매일 일하면 더 많은 것을 해낼 가능성이 크다는 것은 놀라운 일이 아니다. 하루하루의 성취라는 바로 그 사실은 다음날의 일이 더 순조롭고 즐거워지도록 돕는다. 큰 목표를 향해 꾸준히 나아가는 자신을 보는 것보다 더 만족스러운 것은 없다. 차근차근 당신은 앞으로 나아간다. 그것이 매일 글쓰기 연습을 하거나 매일 블로그를 관리하는 것과 같은 습관이 매우 도움이 될 수 있는 이유이다. 당신은 자신이 일하는 것을 보고, 이는 당신에게 당신이 그 일을 할 수 있다는 것을 보여 준다. 진척은 안심시키고 고무시킨다. 매일 아무것도 하지 않는 자신을 발견하면 공황과 그런 다음 절망이 시작된다. 직장 생활의 괴로운 아이러니 중 하나는, 미루는 것에 대한 불안이 흔히 사람들이 미래에 본격적으로 달려들 가능성을 훨씬 더 작게 만든다는 것이다.

어휘 smoothly 순조롭게 pleasantly 즐겁게 steadily 꾸준히 practice 습관, 관행 progress 진척 reassure 안심시키다 inspire 고무하다 panic 공황 despair 절망 set in 시작되다 procrastination 미루기, 꾸물거림 buckle down 본격적으로 덤비다 generate 만들어 내다 put off 미루다

09

정답 ④

해설 과학계가 다소 고립되어 있다는 내용의 글이다. 주어진 문장은 가장 탁월한 과학자들의 이름이 대중에게 완전히 알려지지 않은 경우가 흔하다는 내용으로, 위대한 과학자였으나 학식 있는 사람들도 잘 모르는 Paul Dirac으로 예를 든 문장 바로 앞에 와야 한다. 따라서 주어진 문장이 들어갈 위치로 가장 적절한 것은 ④이다.

해석 현실에 대한 이해의 진실성이 과학적 노력의 목표이기는 하지만, 많은 과학자들에게 있어서 명성에 대한 욕구가 강력한 동기라는 점은 부정할 수 없다. 여러 가지 면에서 과학계는 다소 고립되어 있다. 우리 문화는 과학적 문제를 접근하기 어려운 것으로 간주하면서 그것에 진지한 관심을 가지려는 시도를 거의 하지 않는다. 언론과 다른 매체에서 과학적 발견을 다루는 방식은 부적절하고 종종 무의미하며, 중요한 사건은 무시한 채 사소한 일에 초점을 맞추곤 한다. 더 많은 대중들에게 과학적 생각을 전달하는 것을 목표로 하는 책들은 흔히 과학 저널 밖의 리뷰 칼럼에서는 거의 또는 전혀 관심을 받지 못한다. 가장 큰 탁월함을 지닌 과학자들의 이름은 대중에게 완전히 알려져 있지 않은 경우가 흔하다. Paul Dirac은 Isaac Newton이나 James Clerk Maxwell과 동시에 언급될 가치가 있는 이론 물리학자였지만, 심지어 교육받은 사람들 사이에서도 그의 이름은 많은 사람들에게 인식되지 못하고, 그의 뛰어난 발견이 무엇이었는지 말할 수 있는 사람은 거의 없을 가능성이 크다.

어휘 distinction 탁월함 truthfulness 진실성 endeavor 노력 desire 욕구 fame 명성 motivation 동기, 자극 somewhat 다소 isolated 고립된 inaccessible 접근하기 어려운 press 언론 inadequate 부적절한 careless 무의미한 trivial 사소한 convey 전달하다 theoretical 이론의 physicist 물리학자 in the same breath 동시에, 잇따라 outstanding 뛰어난 discovery 발견

10

정답 ③

해설 장르는 유사성과 차이를 통해 서사 과정을 만들어 낸다는 내용의 글이다. 마지막 3번째 문장에서의 '체계적이고 구조화된 반복'은 '유사성'의 측면을 나타내는데, 이후 However로 이어진 문장에서는 원문의 차이, 즉 '차이'의 측면을 언급한다. In other words로 시작하는 빈칸 문장은 바로 앞에서 언급한 '차이'의 내용과 더 앞에서 언급된 유사성의 측면을 모두 포함한, 글 전체 주제를 담는 내용이어야 한다. 따라서 빈칸에 들어갈 말로 가장 적절한 것은 ③ '다른 것들과 같으면서도 동시에 그것들과 다르기도 해야'이다.

① 그것이 일관성을 유지하도록 반복되어야 → 장르가 체계적이고 구조화된 반복을 포함한다고 언급되나, 빈칸은 이러한 '유사성'과 함께 '차이'에 관한 내용도 담아야 하므로 적절하지 않다.

② 다른 것들과 조화를 이루는 보편적인 방식을 발전시켜야 → '조화'를 '유사성'으로 볼 때, 다른 것과 유사해지기 위해 보편적인 방식을 택해야 한다는 내용은 언급되지 않았을 뿐더러, 목적은 '유사성'에만 있지는 않으므로 적절하지 않다.

④ 그것의 서사 과정을 단순화하고 복잡한 요소를 배제해야 → 서사 과정이 단순해야 한다는 내용은 언급되지 않았다.

해석 장르는 문학, 텔레비전, 또는 영화에 적용될 때, 로맨스 소설, 서부극, 갱스터 영화, 느와르 영화 등과 같은 그룹을 만들어 내는 유형 또는 종류의 분류이다. 따라서 장르는 유사성과 차이의 패턴을 통해 일관성과 신뢰성을 낳는 서사 과정을 조절한다. 장르는 그 서사 과정을 구조화하고 그것을 담고 있는데, 그것(장르)은 통일성과 타당성을 낳기 위해 특정한 요소들과 요소들의 결합을 사용하여 특정한 방식으로 그것(서사 과정)을 조절한다. 장르는 서사에서 문제와 해결책의 체계적이고 구조화된 반복을 포함한다. 그러나 장르는 또한 의미와 즐거움을 창출하기 위한 충분한 수준의 원문 차이를 포함하기도 해야 한다. 다시 말해, 각각의 서부극이나 각각의 뮤지컬은 다른 것들과 같으면서도 동시에 그것들과 다르기도 해야 한다.

어휘 genre 장르 classification 분류 literature 문학 western 서부극 film noir 느와르 영화 and so forth 기타 등등 regulate 조절하다 narrative 서사(의) coherence 일관성 credibility 신뢰성 structure 구조화하다 specific 특정한, 구체적인 element 요소 combination 결합 unity 통일성 plausibility 타당성 systematic 체계적인 repetition 반복 sufficient 충분한 textual 원문의, 본문상의 generate 창출하다 consistency 일관성 exclude 제외[배제]하다

01	④	02	②	03	③	04	③	05	④
06	④	07	③	08	④	09	④	10	①

01

정답 ④

해설 홍수 후 마을의 집들이 파괴되고 자원이 고갈되어 회복에 대한 희망이 없는 상황은 절망적인 상황이라고 볼 수 있다. 따라서 빈칸에 들어갈 말로 가장 적절한 것은 ④ 'desperate(절망적인)'이다.
① 하찮은 ② 안전한 ③ 끊임없는

해석 그 마을은 홍수 후 절망적인 상황에 처해 있었고, 집들은 파괴되고 자원은 고갈되어 주민들에게 회복에 대한 희망이 거의 없는 상태였다.

어휘 flood 홍수 destroy 파괴하다 exhaust 고갈시키다 resident 주민 recovery 회복

02

정답 ②

해설 새로운 기술 덕분에 더 많은 수확과 원활한 운영이 이루어졌다는 것은 곧 농부들이 번영했음을 나타낸다. 따라서 빈칸에 들어갈 말로 가장 적절한 것은 ② 'prospered(번영하다)'이다.
① 거절하다 ③ 변동하다 ④ 중단하다

해석 처음에는 회의적이었지만, 새로운 기술이 더 많은 수확과 원활한 운영을 이끌어내면서 농부들은 결국 번영하게 되었다.

어휘 initially 처음에 skeptical 회의적인 eventually 결국 harvest 수확 operation 운영

03

정답 ③

해설 (hear → had heard) 참가자들이 반응했던 시점이 과거이고 이야기를 들었던 것은 그보다 더 이전의 일이므로, 현재시제로 쓰인 hear를 과거완료시제인 had heard로 고쳐야 한다.

① 주어인 연구팀이 '놀라게 한' 것이 아니라 '놀란' 것이므로, 수동의 과거분사 surprised는 적절하게 쓰였다.

② who의 선행사인 참가자들이 이야기를 '말해준' 것이 아니라 '들은' 것이므로, 수동태로 쓰인 had been told는 적절하다. 또한 참가자들이 반응했던 시점이 과거이고 이야기를 들었던 것은 그보다 더 이전의 일이므로, 과거완료 시제로 쓴 것 또한 적절하다. 참고로 4형식 동사로 쓰인 tell은 수동태로 전환되어도 뒤에 명사가 오는 것에 유의해야 한다.

④ indicating 이하는 앞의 절을 부연하는 분사구문인데, 타동사 indicate 뒤에 목적어인 명사절이 오고 있으며, 의미상으로도 앞에 나온 사실이 어조가 내용보다 지각에 더 큰 영향을 미친다는 것을 '나타내는' 것이므로 능동의 현재분사 indicating은 적절하게 쓰였다.

해석 연구팀은 중립적인 어조로 이야기를 들은 참가자들이 감정적으로 강조된 어조로 이야기를 들은 참가자들보다 더 비판적으로 반응했다는 사실에 놀랐는데, 이는 내용보다 어조가 지각에 더 큰 영향을 미친다는 것을 나타낸다.

어휘 participant 참가자 neutral 중립적인 tone 어조 critically 비판적으로 emphasis 강조 indicate 나타내다 perception 지각, 인식 content 내용

04

정답 ③

해설 PeakSolution이 TrustMove에 사무실 이사 견적을 요청하는 상황이다. TrustMove가 빈칸 뒤에서 사무실 크기와 이동할 물품, 취급 주의 물품 여부에 따라 더 비싸질 수도 있다고 언급하는 것으로 보아, 빈칸에는 PeakSolution이 이전 비용에 반영되는 요소를 묻는 내용이 오는 것이 자연스럽다. 따라서 빈칸에 들어갈 말로 가장 적절한 것은 ③ '사무실 이전의 총비용에 영향을 미치는 것은 무엇인가요'이다.
① 할인 옵션에 대해 알려주실 수 있나요
② 이사가 언제 완료될 것으로 예상하시나요
④ 견적을 내는 데 시간이 얼마나 걸릴까요

해석 PeakSolution: 안녕하세요, 저희는 사무실 이사를 계획 중이며 비용 견적을 요청하고 싶습니다.
TrustMove: 물론이죠. 저희 직원이 먼저 귀사의 사무실을 방문해야 합니다. 저희가 방문하기에 편한 시간은 언제인가요?
PeakSolution: 이번 주 금요일 오후 3시쯤이 가장 좋습니다.
TrustMove: 좋습니다! 그렇게 일정 잡겠습니다.
PeakSolution: 그런데, <u>사무실 이전의 총비용에 영향을 미치는 것은 무엇인가요?</u>
TrustMove: 사무실의 크기와 옮겨야 할 물품에 따라 달라집니다. 만약 깨지기 쉬운 물품이 있다면, 비용이 더 커질 수 있습니다.
PeakSolution: 알겠습니다. 설명해 주셔서 감사합니다.

어휘 request 요청하다 estimate 견적(서) delicate 깨지기 쉬운 relocation 이전 come up with ~을 내놓다

05

정답 ④

해설 지역사회 주민들을 위해 다양한 서비스를 제공하는 안과 클리닉을 연다고 소개하는 글이다. 따라서 글의 제목으로 가장 적절한 것은 ④ '다양한 서비스를 제공하는 새로운 안과 클리닉'이다.
① 와서 무료로 안경을 받으세요 → 개원일에 무료 검진을 제공하는 것이지, 무료로 안경을 제공하는 것은 아니다.
② 안과 진료 서비스에 자원봉사하세요 → 자원봉사에 대한 내용은 언급된 바 없다.
③ Alexander 박사가 막 고용되었습니다 → Alexander 박사는 고용된 것이 아니고 직접 클리닉을 연 것이다.

06

정답 ④

해설 글의 후반부에서 녹내장 및 백내장 수술을 진행한다고 언급되므로, 글의 내용과 일치하지 않는 것은 ④ '안과 클리닉에서는 수술 절차를 진행하지 않을 것이다.'이다.
① Alexander 박사는 모든 연령대의 사람들을 진료할 것이다. → 글의 초반부에서 언급된 내용이다.
② 안과 클리닉은 쇼핑센터의 2층에서 찾을 수 있다. → 글의 중반부에서 언급된 내용이다.
③ Alexander 박사는 사람들의 시력을 검사할 것이다. → 글의 중반부에서 언급된 내용이다.

05-06

해석

다양한 서비스를 제공하는 새로운 안과 클리닉

Corey Alexander 박사가 우리 지역사회의 모든 사람들에게 봉사하기 위해 안과 클리닉을 열었습니다. Alexander 안과 클리닉은 어린이, 청소년, 성인 및 노인의 필요에 부응하는 데 전념할 것입니다.

클리닉은 Evergreen 쇼핑센터 2층에 위치하고 있으며 Richardson 백화점과 이탈리안 레스토랑 Primo's 사이에 있습니다. 월요일부터 토요일까지 오전 9시부터 오후 7시까지 운영됩니다. 클리닉의 개원일은 7월 1일 월요일입니다.

Alexander 박사와 직원들은 다음과 같은 업무를 수행합니다:
* 정기적인 시력 검사 실시
* 안경 및 콘택트렌즈 처방
* 안과 질환 및 시력 문제 진단 및 치료
* 녹내장 및 백내장 수술 수행

클리닉 개원을 기념하여 7월 1일과 2일의 모든 안과 검진은 완전히 무료입니다. 예약하시려면 6954-9333으로 전화하세요.

어휘 serve 봉사하다 community 지역사회 dedicate 전념하다 senior citizen 노인 locate 위치시키다 conduct 실시하다 routine 정기적인 examination 검사 prescribe 처방하다 diagnose 진단하다 treat 치료하다 disease 질병 vision 시력 glaucoma 녹내장 cataract 백내장 operation 수술 celebrate 기념하다 absolutely 완전히

07

정답 ③

해설 보건복지부 산하의 지역아동센터 운영 및 신청에 관한 공지문으로, 18세 미만 아동들을 대상으로 폭넓은 발달을 지원하는 다양한 돌봄 프로그램이 제공된다는 내용이다. 따라서 글의 요지로 가장 적절한 것은 ③ 'MOHW는 지역사회 아동을 위한 다양하고 풍부한 돌봄을 보장한다.'이다.
① MOHW의 프로그램은 방학 돌봄 서비스를 주요 특징으로 한다. → 학기 중에도 평일 오후 2시부터 8시까지 돌봄이 제공된다고 언급되므로 옳지 않다.
② MOHW의 지역 프로그램은 세계 아동 복지 목표와 일치한다. → 세계 아동 복지 목표가 무엇인지에 대해서는 언급된 바 없다.
④ MOHW의 비전은 모든 어린이에게 원스톱 보건 서비스를 제공하는 것이다. → 보건 서비스가 아닌 건강 관리, 학습 지원, 현장학습, 정서 상담 등까지 포괄하는 폭넓은 돌봄 활동을 제공하는 것이 센터 운영의 목표이다.

지역아동센터

보건복지부(MOHW) 산하로 운영되는 지역아동센터는 18세 미만의 아동을 대상으로 필수 방과후 돌봄 및 발달 프로그램을 제공합니다. 이 센터는 아동들의 전인적 발달 지원을 위해 설계된 활동들로 아동들이 안전하게 배우고 놀 수 있는 환경을 조성합니다.

운영 시간:
◆ 학기 중: 월-금요일, 오후 2시 - 오후 8시
◆ 방학 중: 월-금요일, 오후 12시 - 오후 5시

프로그램: 이용 가능한 프로그램에는 일상생활 기술, 건강 관리, 학업 지원, 현장 학습, 정서 상담이 포함됩니다. 또한, 보호자 교육과 행사 모임이 지역 자원과의 연계를 돕습니다.

온라인 신청: 정부24(www.gov.kr)를 방문하여 '올데이 케어 원스톱 서비스'를 이용해 신청하세요. 자격 확인 및 조정은 지역 구청에서 관리합니다.

어휘 operate 운영하다 cater to ~의 필요에 맞추다 essential 필수적인 foster 조성하다, 장려하다 all-around 전인적인 management 관리 field trip 현장학습 counseling 상담 guardian 보호자 application 신청 eligibility 자격 verification 확인, 입증 coordination 조정 district office 구청 correspond to ~와 일치하다 enriched 풍부한

08

정답 ④

해설 페루와 칠레 해안을 따라 부는 바람이 강한 용승을 일으킨다는 내용의 주어진 글 다음에는 strong upwelling을 The upwelling으로 받아 용승이 그 해안(these waters)에 가져오는 변화를 설명하는 (C)가 와야 한다. 그다음에는 보통 12월에 용승이 줄어들고 물이 더 따뜻해진다는 (C)의 내용을 this change in currents로 받아 이 변화가 크리스마스쯤에 일어나 '엘니뇨'라고 불리게 되었다는 내용의 (B)가 와야 한다. 그리고 (B)의 마지막 문장에서 언급된 평소보다 훨씬 더 두드러지는 변화를, 물이 훨씬 더 따뜻해지고 용승이 완전히 멈추는 것이라고 설명하는 (A)가 이어지는 것이 자연스럽다. 따라서 글의 순서로 가장 적절한 것은 ④ '(C) - (B) - (A)'이다.

해석 '엘니뇨'라는 용어는 원래 페루와 칠레 해안을 따라 흐르는 수면 해류의 변화를 가리켰다. 연중 대부분 이 해안을 따라 부는 바람은 남쪽에서 북쪽으로 불며 강한 용승을 일으킨다. (C) 그 용승은 수면에 영양분을 가져와, 이 해역을 세계에서 가장 풍부한 어장 중 하나로 만든다. 매년, 보통 12월에, 용승은 줄어들고, 물은 더 따뜻해진다. 지역 주민들은 그것이 어업 성수기의 끝을 알리기 때문에 수 세기 동안 이 사건에 익숙해져 왔다. (B) 이 해류의 변화가 크리스마스쯤에 오기 때문에, 그들은 그것을 '엘니뇨', 즉 '아이'라고 불렀다. 그러나 몇 년마다, 그 변화는 보통 때보다 훨씬 더 뚜렷하다. (A) 수면 해역은 훨씬 더 따뜻해지고, 용승은 완전히 멈춘다. 일차 생산은 거의 없어지고, 보통 이 해역에 바글거리는 물고기들이 사라진다.

어휘 current 해류 upwelling 용승(湧昇) cease 그치다 primary production 일차 생산(식물이 무기물로 유기물을 만드는 일) teem 바글거리다, 풍부하다 distinct 뚜렷한 nutrient 영양분 local 현지인 signal 알리다

09

정답 ④

해설 도시에서 주관성을 자유롭게 표현하는 것은 사회적 규범, 법, 공간적 질서 같은 일련의 공적인 체제에 의존함으로써 가능해진다는 내용의 글이다. 이러한 체제가 부재한 도시에서는 불안정성이 조성될 수 있다고 말하고 있으므로, 글의 흐름상 어색한 문장은 공공기관, 즉 공적인 체제가 더 적은 도시에서 오히려 대화가 더 자유롭게 이루어진다고 서술하며 글의 전체적인 맥락과 상반되는 내용을 제시하는 ④이다.

해석 도시에서의 감정 표현은 전체적으로 합리성에 의해 형성되는 폐쇄적인 시스템에 구멍을 만드는 것처럼 보인다. 이것은 특히 주관성이 자유롭게 표현되고 전달될 수 있을 때 매력적일 수 있다. 그러나 이러한 표현은 일련의 공적인 체제에 의존함으로써 가능해진다. 이러한 체제에는 사회적 규범, 법, 공간적 질서가 포함되는데, 그것들은 다른 사람들에게 위협이 되지 않고 주관성을 자유롭게 표현하는 것을 지지한다. 세계의 일부 가난한 도시에서와 마찬가지로, 이러한 사회 기반 시설이 작동하지 않거나 제대로 갖춰져 있지 않을 때, 감정의 표현은 축적되어 아무도 그런 자유를 누릴 수 없는 도시 생활에 불안정성을 조성할 수 있다. (반면에 공공기관이 더 적은 도시는 중앙 집권적인 권력에 의해 개인의 목소리가 억압될 가능성이 더 적기 때문에 열린 대화의 장이 더 많이 마련되는 경우가 많다.) 시민의 안전이나 쓰레기 수거와 같은 기본적인 사회 기반 시설이 작동하지 않는 곳에서는, 어떤 개성과 감정의 표현도 집단적 불편함과 심지어 고통을 초래할 수 있다.

어휘 opening 구멍, 틈 overall 전반적으로 rationality 합리성 subjectivity 주관성 framework 체제, 틀 norm 규범 spatial order 공간적인 질서 threaten 위협하다 infrastructure 사회 기반 시설 in place 제대로 갖춰져 있는 accumulate 축적되다 instability 불안정성 public institution 공공기관 dialogue 대화 suppress 억압하다 centralize 중앙집권화하다 authority 권력 individuality 개성 collective 집단적인 misery 고통

10

정답 ①

해설 전 세계에 수십억 개의 일자리가 있고 수백만 개의 회사가 있어서 각자의 특별함을 내세우지만, 그 이면에는 보편적 특성 및 용어의 차이에 불과한 유사성이 있다는 내용이므로, 빈칸에 들어갈 말로 가장 적절한 것은 ① '고유성'이다.
② 경험 → 조직들은 자기들만의 인재상이 있다고 믿지만 실제로는 모두 비슷하다는 내용으로, 조직의 '경험'을 과대평가한다는 내용은 언급된 바 없다.
③ 보편성 → 오히려 다양한 조직들을 망라하는 보편성을 인지하지 못하고 있다는 내용이므로 적절하지 않다.
④ 잠재력 → 조직들이 자신의 '미래 가능성'을 과대평가한다는 내용이 아니다.

해석 개인과 마찬가지로, 조직들도 자신들의 고유성을 과대평가한다. 물론, 모든 직업은 각자 다르고 수십억 개의 직업과 수백만 개의 기업들이 있다. 그러나 동시에 재능 있는 직원들은 다양한 직업, 기업, 산업을 망라하여 놀라울 정도로 그들을 비슷하게 만드는 어떤 보편적 특성을 공유하는 경향이 있다. 마찬가지로, 대부분의 조직들은 자신들만의 재능 모델을 가지고 있고, 그들이 직원들에게 원하는 특수한 자질들의 밑그림을 그리는 데 많은 시간과 돈을 투자하지만, 우리가 가령 '기민한' 대 '유연한', '의욕이 넘치는' 대 '의욕이 있는', '다른 이들을 고무하다' 대 '팀을 형성하는 사람'과 같은 전문 용어들의 차이를 극복하면 모든 모델은 놀라울 만큼 비슷해 보인다.

어휘 overestimate 과대평가하다 talented 재능 있는 universal 보편적인 by the same token 마찬가지로 invest 투자하다 outline 윤곽을 그리다 specific 특유의, 독특한 remarkably 놀라울 만큼 overcome 극복하다 agile 기민한 versus 대(對) adaptable 융통성 있는 driven 의욕이 넘치는 motivated 의욕이 있는 inspire 고무하다

01	④	02	④	03	①	04	③	05	④
06	②	07	③	08	①	09	③	10	②

01

정답 ④

해설 승객의 안전을 위해서 보안과 유지 보수 같은 항공 규정들이 우선시되어야만 함을 알 수 있다. 따라서 빈칸에 들어갈 말로 가장 적절한 것은 ④ 'imperative(필수적인)'이다.
① 치명적인, 운명의 ② 부적절한, 관계없는 ③ 임의의

해석 승객의 안전을 위해 보안, 유지 보수, 운영 절차와 같은 항공 규정을 우선시하는 것이 필수적이다.

어휘 prioritize 우선시하다 regulation 규정 security 보안 maintenance 유지 보수

02

정답 ④

해설 문장의 주어는 The pictures이며, 이를 받는 문장의 동사가 없으므로 빈칸은 동사 자리임을 알 수 있다. 또한 복수 주어인 사진들이 '전시된' 것이므로 be동사가 복수 취급된 형태의 수동태로 쓰여야 한다. 따라서 빈칸에 들어갈 말로 가장 적절한 것은 ④ 'were displayed'이다.

해석 우리의 잊을 수 없는 유럽 여행 중 촬영된 사진들은 모두가 감탄하며 즐길 수 있도록 갤러리에 전시되었다.

어휘 unforgettable 잊을 수 없는

03

정답 ①

해설 (them → whom) 두 개의 절 'The world's most ~ each day'와 'many ~ smile'을 연결하는 접속사가 없으므로 접속사 역할을 하는 관계대명사가 필요하다. 따라서 전치사 of의 목적어 자리에 있는 인칭대명사 them을 목적격 관계대명사로 고쳐야 한다. 이때 맥락상 모델의 미소에 사로잡히는 것은 visitors이므로, 인칭대명사 them은 사람 선행사를 받는 관계대명사 whom으로 고쳐야 한다.
② dress는 '~에게 옷을 입히다'라는 뜻의 3형식 타동사인데, 젊은 여성에게 옷이 '입혀진' 것이므로 명사구 a young woman을 뒤에서 수식하는 과거분사 dressed는 적절하게 쓰였다. 또한 부사 modestly가 분사 dressed를 뒤에서 수식하는 것 역시 알맞게 쓰였다.
③ 콤마 뒤에 접속사가 없는 것으로 보아 분사구문의 주어가 주절의 주어와 같아 생략된 분사구문임을 알 수 있다. 이때 타동사로 쓰인 leave 뒤에 목적어가 있으며 의미상 주어인 The seemingly ordinary portrait이 방문객들을 궁금하게 '두는' 것이므로, 능동의 현재분사 leaving은 적절하게 쓰였다.
④ '유도부사 there + be동사 + 명사' 구문이 쓰인 경우, be동사는 뒤에 나온 명사 주어에 수일치해야 한다. 따라서 주어 자리에 불가산명사로 쓰인 attention이 왔으므로 단수 동사 is가 적절하게 쓰였다.

해석 세계에서 가장 유명한 미술 작품인 'Mona Lisa'는 매일 수천 명의 방문객을 루브르 박물관으로 끌어들이는데, 그들 중 많은 이들이 모델의 신비로운 시선과 수수께끼 같은 미소에 사로잡힌다. 얇은 베일을 두르고 어두운색의, 장신구 없이 수수한 옷차림을 한 젊은 여성의 겉보기에는 평범한 이 초상화는 또한 방문객들을 놀라게 만들며, 왜 이렇게 많은 관심이 쏠리는지 궁금하게 둘지도 모른다.

어휘 draw 끌어당기다 compel (반응을) 자아내다, 굴복시키다 sitter (초상화의) 모델 enigmatic 수수께끼 같은 seemingly 겉보기에는 ordinary 평범한 portrait 초상화 modestly 수수하게 somber 어두침침한 attention 주의, 관심

04

정답 ③

해설 취업 상담을 하는 상황이다. 빈칸 앞에서 B가 서류 전형에서 탈락했다고 말했으며, 이후 빈칸 뒤에서 A가 이를 함께 검토해서 개선하자고 제안하자 B가 지난번에 제출한 버전을 가져오겠다고 하였다. 따라서 빈칸에서는 A가 탈락의 원인이 제출한 서류 때문일 가능성을 언급했을 것으로 유추할 수 있다. 따라서 빈칸에 들어갈 말로 가장 적절한 것은 ③ '당신의 이력서 때문이었을 수도 있습니다'이다.
① 면접에서 당신의 복장은 중요합니다
② 지원 마감일은 어제였습니다
④ 제 서류를 더 열심히 준비했어야 했습니다

해석 A: 관심이 있는 특정 분야가 있나요?
B: 네, 마케팅 회사에서의 인턴 경험과 관련된 일을 찾고 싶어요.
A: 그거 좋네요! 그 직무에 지원해 본 적이 있나요?
B: 지원한 적은 있지만 면접까지 가지 못했어요. 서류 심사 전형을 통과하지 못했습니다.
A: 당신의 이력서 때문이었을 수도 있습니다. 같이 검토해서 보완해 보는 건 어때요?
B: 그러면 정말 도움이 될 것 같아요. 지난번 지원 때 제출했던 버전을 가져올게요.

어휘 specific 특정한 field 분야 internship 인턴(직) firm 회사 apply for ~에 지원하다 position 직무 document 서류 screening 서류 심사 go over ~을 검토하다 improvement 개선 outfit 복장 matter 중요하다 deadline 마감일 résumé 이력서

05

정답 ④

해설 주문한 옷이 잘못 배송되어 행사에 입고 가지 못했다고 말하며, 상품의 환불을 요청하는 내용의 글이다. 따라서 글의 목적으로 가장 적절한 것은 ④ '잘못된 물품이 배송된 것에 대해 불평하려고'이다.
① 옷 사이즈 교환을 요청하려고 → 옷이 더 이상 필요하지 않으므로 교환은 필요 없다고 하며 환불을 요청하고 있다.
② 주문한 옷의 품질을 평가하려고 → 옷의 품질을 평가하는 내용은 언급된 바 없다.
③ 회사의 실수에 대해 사과를 요구하려고 → 환불을 요청할 뿐, 실수에 대한 사과를 요구하고 있지는 않다.

06

정답 ②

해설 주문한 옷을 디너 파티에서 입을 것을 기대했다는 내용이다. 맥락상 anticipating은 '기대하다'라는 뜻으로 쓰였으므로, 이와 의미가 가장 가까운 것은 ② 'expecting(기대하다)'이다.
① 계획하다 ③ 상기시키다 ④ 시도하다

05-06

해석 수신: 고객 서비스 <customerservice@groverclothes.com>
발신: Katherine Lewis <klewis@destinymail.com>
날짜: 5월 11일
제목: 주문 #249-MK48

관계자분께,

주문 #249-MK48과 관련하여 이 글을 씁니다. 저는 이 주문을 5월 5일에 했으며, 5월 8일까지 도착할 것이라는 확답을 받았습니다. 5월 10일에 있을 행사에서 그 물품이 필요했기 때문에 그것은 이상적이었습니다. 하지만 5월 8일에 소포가 도착했는데 잘못된 물품이 포함되어 있었습니다.

저는 스몰 사이즈의 파란색 블라우스와 스몰 사이즈의 흰색 원피스를 구매했습니다. 하지만 두 물품 모두 소포에 들어 있지 않았습니다. 대신 분홍색 블라우스와 라지 사이즈의 흰색 원피스를 받았습니다. 10일에 참석하는 디너 파티에서 이 옷을 입기를 기대했지만, 당연히 그렇게 할 수 없었습니다.

저는 물품을 반품할 것이고 더 이상 그것들이 필요하지 않으므로 교환은 필요 없습니다. 대신 제 계좌로 그 금액을 환불해 주세요. 이런 문제가 다시는 발생하지 않기를 바랍니다.

유감을 표하며,
Katherine Lewis

어휘 concern 관련되다 with regard to ~에 관해 assure 확신시키다 ideal 이상적인 contain 포함하다 incorrect 잘못된 purchase 구매하다 receive 받다 attend 참석하다 obviously 분명히, 당연히 return 반품하다 replacement 교환 require 필요하다 refund 환불하다 account 계좌

07

정답 ③

해설 마지막 2번째 문장에서 시민들에게 범죄나 의심스러운 행동을 근무 중인 경비원에게 신고할 것을 권장하고 있으므로, 글의 내용과 일치하는 것은 ③ '사람들은 주차장 경비원에게 범죄를 신고할 수 있다.'이다.
① 일부 주차장의 조명은 너무 밝았다. → 2번째 문장에서 일부 주차장의 조명은 해가 지면 매우 어두웠다고 언급되므로 옳지 않다.
② 시에서는 밤 시간에만 보안을 제공한다. → 4번째 문장에서 시는 보안업체를 고용해 모든 주차장에 24시간 서비스를 제공한다고 언급되므로 옳지 않다.
④ 주차장에서의 범죄는 이미 감소하고 있다. → 마지막 문장에서 주차장에서의 범죄를 줄이기 위해 노력을 기울일 것이라고 언급될 뿐, 범죄가 이미 감소하고 있다는 내용은 언급되지 않으므로 옳지 않다.

해석 **공영 주차장의 개선된 안전 조치**

Brighton 시 정부는 최근 공영 주차장에서 여러 건의 범죄가 발생함에 따라 공영 주차장의 안전을 개선하기 위해 조치를 취했습니다. 한 가지 조치는 해가 지면 매우 어두웠던 일부 주차장의 조명을 개선하는 것이었습니다. 추가된 조명은 사람들이 차량까지 걸어가는 동안 편안함을 느끼게 합니다. 또한 시는 모든 주차장에서 24시간 서비스를 제공하는 사설 보안업체를 고용했습니다. 시민들에게는 범죄나 의심스러운 행동을 근무 중인 경비원에게 신고하거나 지역 경찰에 신고할 것을 권장합니다. 이러한 주차장에서 발생하는 범죄 건수를 줄이기 위해 모든 노력을 기울일 것입니다.

어휘 measure 조치 public 공공의 parking lot 주차장 improve 개선하다 crime 범죄 commit (범죄를) 저지르다 lighting 조명 enable 가능하게 하다 vehicle 차량 engage 고용하다 security 보안 encourage 권장하다 suspicious 의심스러운 behavior 행동 on duty 근무 중인 occur 발생하다 decline 감소하다

08

정답 ①

해설 가상현실 훈련은 실제 근무 환경을 모방하도록 설계되어, 훈련생이 자신이나 환경에 피해를 줄 수 있는 기술들을 안전하고 현장감 있게 배울 수 있도록 해준다는 내용의 글이다. 따라서 글의 주제로 가장 적절한 것은 ① '가상현실 훈련의 이점'이다.

② 가상현실의 역사와 미래 → 글의 중심 소재는 '가상현실'이 아닌 '가상현실 훈련'이며, 가상현실의 역사와 전망에 관해서는 언급되지 않았다.

③ 가상현실 훈련의 잠재적 위험 요인 → 실제 근무 환경에서 개발될 경우 피해가 발생할 수 있는 기술들을 가상현실 훈련을 통해 안전하게 배울 수 있다고 하였으므로 적절하지 않다.

④ 긍정적인 근무 환경을 만드는 방법 → 가상의 환경에서 익힌 것을 실제 근무 환경에서 적용할 수 있다는 내용일 뿐, 실제 근무 환경 자체를 조성하는 것에 관해서는 언급되지 않았다.

해석 가상현실 훈련은 인위적인 3차원 맥락에서 근무 환경을 모의 실험하도록 설계된다. 가상현실 훈련은 훈련생들이 실제 근무 환경에서 개발될 경우 훈련생에게 해를 끼치거나 환경에 피해를 줄 수 있는 기술들을 배울 수 있게 한다. 예를 들어, Blanchard와 Thacker는 가상현실 훈련이 속도위반 차량을 안전하게 멈추게 하는 방법에 대해 경찰관들을 훈련시키는 데 사용되어 왔다고 보고했다. 그 방법은 훈련생이 그 환경에서 "원격 현장감"을 경험하기 때문에 효과적이다. 훈련생은 위, 아래, 왼쪽, 오른쪽을 보면서 다양한 시각적 이미지를 경험하여, 실제 근무 환경에서 사용될 수 있는 기술들을 학습한다.

어휘 virtual 가상의 simulate 모의 실험하다 artificial 인위적인 three-dimensional 3차원의 permit 가능하게 하다 trainee 훈련생 speeding 속도위반(의) telepresence 원격 현장감(공간적으로 떨어져 있는 장소나 가상의 장소를 신체적으로 경험하는 것)

09

정답 ③

해설 주어진 문장은 But으로 시작하여, 일이 자동화될수록 오히려 그 일을 단계별로 설명하는 것이 어려워진다는 역설적인 상황을 제시하고 있다. 따라서 주어진 문장 앞에는 '일의 자동화'에 관한 내용이, 뒤에는 자동화로 인한 '설명의 어려움'이 언급되면서, 주어진 문장 없이는 앞뒤로 맥락의 단절이 발생해야 한다. ③ 앞까지는 반복과 숙련을 통해 행동이 점차 자동화되는 과정이 서술되며, ③ 뒤에는 숙련자가 초보자를 가르칠 때 겪는 어려움이 제시되고 있다. 이때 주어진 문장은 그 어려움의 원인을 제시하고 있으므로, ③ 뒤의 This is why와도 자연스럽게 이어진다. 따라서 주어진 문장이 들어갈 위치로 가장 적절한 것은 ③이다.

해석 TV를 보면서 뜨개질하거나 운전하면서 라디오를 들을 수 있는 사람이라면 누구나 학습된 일을 그다지 많은 의식적인 생각 없이도 수행할 수 있다는 것을 알고 있다. 우리가 한 가지 일을 계속 반복적으로 하면서 연습을 통해 발전하면 그 과정은 점차 의식적인 노력에서 자동적인 행동으로 전환된다. 그리고 결국, 우리는 그 일을 거의 노력하지 않고서도 수행하고 있는 자신을 발견하게 된다. <u>그러나 역설적이게도, 그 일이 자동화될수록, 그것을 단계별로 설명하는 것의 어려움은 더 커진다.</u> 이 때문에 숙련된 수행자는 종종 초보자를 가르치는 데 어려움을 겪는데, 그 동작들이 너무 자연스러워서 그것들을 세분화하는 것이 불필요하거나 심지어 혼란스럽게 보이기 때문이다. 한때는 신중한 생각과 노력이 필요했던 것이 이제는 본능이 된 것이다.

어휘 ironically 역설적이게도 automatic 자동의, 무의식적인 challenge 어려움 step-by-step 단계적인 knit 뜨개질하다 conscious 의식적인 gradually 점차 shift 전환되다 effortlessly 노력하지 않고, 쉽게 struggle to RV ~을 하는 데 어려움을 겪다 break sth down ~을 세분화하다 demand 필요로 하다 instinct 본능

10

정답 ②

해설 과거부터 현재까지 세상엔 항상 언어적 다양성이 존재해 왔다는 내용의 글이다. 빈칸 문장은 언어적 다양성과 반대 개념인 단일 언어적 통일성에 관한 내용이므로, 빈칸에는 이것이 존재하기 어려웠다는 내용이 와야 한다. 따라서 빈칸에 들어갈 말로 가장 적절한 것은 ② '상정하기는 쉽지 않다'이다.

① 경시하는 것은 옳지 않다 → 사람들이 고대의 단일 언어적 통일성을 경시한다거나 이를 해서는 안 된다는 내용은 언급되지 않았다.

③ 탐구하는 것이 필수적이다 → 글에서는 단일 언어적 통일성을 가정하지 않았을 뿐더러, 이에 대한 탐구의 필요성을 강조하지도 않았다.

④ 제안하는 것이 당연하다 → 이 글은 단일 언어적 통일성을 찾기 힘들다는 내용이므로 반대된다.

해석 과거로 시간을 거슬러 올라가 보면 우리는 지난 5,000년 동안의 문자 기록의 모든 단계마다, 항상 많은 언어들이 세상에 존재해왔음을 알게 된다. 수메르의 우루크는 다양한 언어들이 공존하는 대도시였으며, 고대 오리엔트에 있는 다른 많은 도시 국가들도 마찬가지였다. 그 고대 이후로 줄곧 단일 언어 사용은 가장 강력한 꿈, 이상, 혹은 규범이었는지도 모른다. 그러나 사실은 이 세계에 언어적 다양성이 항상 존재해 왔다는 것이다. 오늘날의 여러 언어를 사용하는 뉴욕과 런던에서 우루크 시대로 거슬러 올라가면, 우리는 알려진 역사의 모든 중간 단계, 즉 로마 제국, 헬레니즘 세계, 페르시아뿐만 아니라 18세기 유럽, 르네상스, 중세 시대에서도 그것의 존재를 추적할 수 있다. Rankin이 말했듯이, "고대에 사람들이 거주했던 그 어떤 지역에 대해서든 단일 언어적인 통일성을 <u>상정하기는 쉽지 않다.</u>"

어휘 multilingual 여러 언어를 사용하는 metropolis 대도시 monolingualism 단일 언어 사용 norm 규범 linguistic diversity 언어적 다양성 track 추적하다 intermediate 중간의 uniformity 통일성 inhabited (사람이) 거주하는 undervalue 과소평가하다, 경시하다 assume 추정[상정]하다

01	②	02	②	03	④	04	④	05	②
06	③	07	①	08	③	09	④	10	④

01

정답 ②

해설 고객 서비스팀이 불만 사항을 시기적절하고 전문적으로 처리한 능력으로 칭찬받았다는 점에서 이는 불만을 해결한 것으로 볼 수 있다. 따라서 빈칸에 들어갈 말로 가장 적절한 것은 ② 'resolve(해결하다)'이다.
① 제기하다 ③ 유발하다 ④ 복잡하게 만들다

해석 고객 서비스팀은 불만 사항을 시기적절하고 전문적으로 해결하는 능력으로 칭찬받았다.

어휘 complaint 불만 timely 시기적절한 professional 전문적인

02

정답 ②

해설 목격자가 너무 많은 것을 드러내는 것이 자신의 생명을 위험에 빠뜨릴 수 있다고 생각했다는 점에서, 범죄의 세부 사항을 밝히는 것을 주저했음을 알 수 있다. 따라서 빈칸에 들어갈 말로 가장 적절한 것은 ② 'divulge(밝히다)'이다.
① 왜곡하다 ③ 속이다 ④ 발견하다

해석 그 목격자는 너무 많은 것을 드러내는 것이 자신의 생명을 위험에 빠뜨릴 수 있다고 믿었기 때문에, 범죄의 세부 사항을 밝히는 것을 주저했다.

어휘 witness 목격자 reluctant 꺼리는 detail 세부 사항 crime 범죄 reveal 드러내다

03

정답 ④

해설 (do → does) 명사절인 that절을 목적어로 갖는 동명사 knowing이 주어이므로 단수 동사로 수일치해야 한다. 따라서 복수 동사인 do를 단수 동사인 does로 고쳐야 한다.
① 주어는 앞에 나온 명사절 'That laws are restrictive for medical tests'이므로, 이때 동사는 단수 취급해야 한다. 따라서 단수 동사 causes가 쓰인 것은 적절하다.
② 뒤에는 주어가 없는 불완전한 문장 구조이므로, 앞 내용 전체를 선행사로 받는 주격 관계대명사 which가 쓰인 것은 적절하다.
③ 주어는 복수 명사 many scientists이므로 재귀대명사 themselves가 쓰인 것은 알맞다.

해석 의료 검사에 대한 법이 제한적인 것은 임상 시험이 승인받는 것이 더 어려워지게 하는데, 이는 많은 과학자들이 그들 자신에게 실험하는 것을 선택하는 이유이다. 그러나, 한 가지 분명한 단점은 이와 관련된 위험인데, 그것이 존재한다는 것을 아는 것은 그것을 감소시키는 데 아무것도 (기여)하지 않는다.

04

정답 ④

해설 운전면허증 갱신에 관해 이야기하는 상황이다. 빈칸 앞에서 A가 제출된 사진이 기존 면허증과 동일하다고 언급한 후 빈칸 뒤에서 B는 지금은 최근 사진이 없다고 하는 것으로 보아, 빈칸에는 최근 촬영한 사진을 요청하는 내용이 오는 것이 자연스럽다. 따라서 빈칸에 들어갈 말로 가장 적절한 것은 ④ '최근 6개월 이내에 촬영된 사진만 인정합니다'이다.
① 현재 면허증은 반납해야 합니다
② 사진은 흰 배경에서 촬영해야 합니다
③ 면허가 만료되기 전에 갱신해야 합니다

해석 A: 좋은 아침입니다, 어떻게 도와드릴까요?
B: 안녕하세요, 제 운전면허증이 곧 만료될 예정이라 갱신하고 싶습니다.
A: 알겠습니다. 제출하신 사진이 현재 면허증에 있는 사진과 같네요.
B: 그게 문제가 될까요?
A: 갱신을 위해서는, 최근 6개월 이내에 촬영된 사진만 인정합니다.
B: 아, 그건 몰랐네요. 지금은 최근 사진이 없는데, 새 사진을 제출할 시간을 좀 더 가질 수 있을까요?
A: 물론이죠. 천천히 하시고 새로운 사진을 준비하신 후에 다시 신청서를 제출해 주세요.

어휘 renew 갱신하다 driver's license 운전면허증 expire 만료되다 submit 제출하다 current 현재의 recent 최근의 application 신청서

05

정답 ②

해설 많은 돈을 벌 수 있는 다양한 투자 옵션에 대해 배울 수 있는 세미나를 소개하는 글이다. 따라서 글의 제목으로 가장 적절한 것은 ② '당신의 돈을 늘려드립니다'이다.
① 주식 중개인: 미래를 위한 투자자들 → 주식 중개인에 대한 내용은 언급된 바 없다.
③ 금융 산업에서 일자리를 찾으세요 → 금융 자산에 대해 알려주는 글이지, 금융 산업에서 일자리를 찾으라는 글이 아니다.
④ 고위험 투자 전략을 사용하세요 → 어떤 것이 고위험 투자에 해당하는지에 대해 알려준다고만 언급될 뿐, 고위험 투자 전략을 사용하라는 내용은 언급된 바 없다.

06

정답 ③

해설 글의 후반부에서 혼란스러운 용어와 다양한 시장의 작동 방식, 고위험 투자에 대해 배운다고만 언급될 뿐, 계좌 개설 방법에 대한 언급은 없으므로 글의 내용과 일치하지 않는 것은 ③ '참석자들은 계좌 개설 방법을 배울 것이다.'이다.
① 일부 금융 용어는 사람들에게 무서울 수 있다. → 글의 초반부에서 언급된 내용이다.
② 행사들은 같은 주에 열릴 것이다. → 글의 중반부에서 언급된 내용이다.
④ 참석자들은 투자 전문가와 상담할 수 있다. → 글의 후반부에서 언급된 내용이다.

05-06

당신의 돈을 늘려드립니다

주식 시장, 채권, 귀금속, 암호화폐와 같은 단어는 많은 사람들에게 두려운 느낌을 줍니다. 하지만 이러한 자산을 거래함으로써 많은 돈을 벌 수 있으며, 저희 Davidson 금융 서비스는 여러분이 이러한 자산에 대해 배울 수 있도록 돕고자 합니다.

다음 주에는 두 번의 행사를 개최하여 참석자들에게 투자 옵션에 대해 알려드릴 예정입니다.

세부 정보
날짜: 4월 21일 화요일, 4월 23일 목요일
시간: 오후 7시 - 오후 9시
위치: Marbury가 39번지 (Davidson 금융 서비스 빌딩)

* 금융 전문가가 혼란스러운 용어를 설명하고 다양한 시장의 작동 방식에 대해 설명할 것입니다. 그들 사이의 차이점을 논의하고 어떤 것이 고위험 투자에 해당하는지 알아볼 것입니다.
* 세미나가 끝나면 모두가 저희 몇몇 투자 전문가와 일대일로 대화할 수 있는 기회를 가질 것입니다.

예약은 필요하지 않습니다. 자세한 내용은 (407) 555-2743으로 전화하세요.

어휘   stock market 주식 시장 bond 채권 precious metal 귀금속 cryptocurrency 암호화폐 frighten 겁먹게 만들다 plenty of 많은 trade 거래하다 host 개최하다 attendee 참가자 when it comes to ~에 관해 investing 투자 financial 금융의 expert 전문가 confuse 혼란스럽게 하다 term 용어 discuss 논의하다 difference 차이점 identify 알아보다 high-risk 고위험의 opportunity 기회 reservation 예약

07

정답   ①

해설   이 글은 삼림 벌채의 정의와 원인을 설명하고 있다. 삼림 벌채의 주요 원인으로 농작물 수확, 소 방목, 야자유 농장 개간을 제시하고 있다. 따라서 글의 제목으로 가장 적절한 것은 ① '왜 우리는 숲을 잃고 있을까?'이다.
② 삼림 벌채에 대한 해결책은 존재하는가? → 삼림 벌채의 해결책에 관해서는 언급되지 않았다.
③ 삼림 벌채가 생태계에 미치는 영향들 → 마지막 문장에서 삼림 벌채가 생태계에 끼치는 해로운 영향을 두 배로 늘린다고 언급되긴 하나 이는 야자유 농장 개간에 관한 부연에 불과하며, 삼림 벌채의 영향들을 구체적으로 제시하는 글 또한 아니다.
④ 삼림 벌채: 야생동물 멸종으로 가는 길 → 삼림 벌채로 인해 야생동물이 멸종 위기에 처하게 되었다는 내용이 아니다.

해석   삼림 벌채는 숲 외의 무언가를 위한 공간을 만들기 위해 나무를 영구적으로 제거하는 것이다. 과학자들은 스위스 크기(14,800제곱마일)의 지역이 매년 삼림 벌채로 손실된다고 추정한다. 인간이 붙이는 불은 보통 농사용 땅을 개간하는 데 사용된다. 일꾼들은 귀중한 목재를 수확한 다음, 콩 같은 작물이나 소 방목을 위한 길을 내기 위해 남은 초목을 태운다. 게다가 많은 숲이 야자유 농장을 위한 길을 내기 위해 개간된다. 야자유는 가장 흔하게 생산되는 식물성 기름이며 모든 슈퍼마켓 제품의 절반에서 발견된다. 그 기름을 생산하는 나무를 기르는 것은 토착숲의 파괴와 지역 이탄지의 파괴를 필요로 하는데, 이는 생태계에 끼치는 해로운 영향을 두 배로 늘린다.

어휘   deforestation 삼림 벌채 permanent 영구적인 estimate 추정하다 human-lit 인간이 (불) 붙인 clear 개간하다 agricultural 농업의 harvest 수확하다 timber 목재 vegetation 초목 graze 방목하다 palm 야자수 plantation 농장 level (나무를) 완전히 무너뜨리다 destruction 파괴 peatland 이탄지

08

정답   ③

해설   주어진 문장은 거의 모든 유적지에 지질층들이 있다는 내용이고, 그다음엔 주어진 문장의 geological layers를 those geological layers로 받아 그러한 지질층의 퇴적 순서를 설명하는 (C)가 와야 한다. 이후 역접 접속사 however로 시작해 모든 유적지가 그 순서를 지키는 것은 아니라고 하는 (A)가 온 다음, (A)에서 언급된 유물의 층 이동을 such movements로 받아서 그렇기에 고고학자들이 그 이동을 발견하는 훈련을 받는다는 내용으로 이어가는 (B)가 와야 한다. 따라서 글의 순서로 가장 적절한 것은 ③ '(C) - (A) - (B)'이다.

해석   고대인들이 살았던 거의 모든 장소는 지질층들로 덮여 왔다. (C) 그 일련의 지질층들의 더 깊은 곳에서 발견되는 물체들은 그 일련의 층들의 더 얕은 곳에서 발견되는 물체들 이전에 퇴적된 것인데, 이는 그저 층들이 시간이 지나면서 계속 쌓이기 때문이다. (A) 하지만 모든 고고학 유적지들이 순서대로 잘 보존된 것은 아니다. 무덤 도굴꾼들, 굴 파는 설치류들, 심지어 지렁이들과 다른 요인들이 물체들을 한 층에서 다른 층으로 옮길 수 있고 실제로 옮긴다. (B) 그래서 고고학자들은 그러한 이동의 흔적을 발견하도록 훈련을 받고 보통 연구의 초점을 더 깊이 있는 것이 정말로 더 오래된 것을 의미하는, 건드려지지 않은 유적지들에 맞춘다.

어휘   geological 지질학의 layer 층 archaeological 고고학의 site 장소, 유적지 tomb 무덤 raider 침입자, 도굴꾼 burrow 굴을 파다 rodent 설치류 earthworm 지렁이 spot 발견하다 undisturbed 누구도 건드리지 않은 deposit 퇴적시키다 shallow 얕은 stack up 계속 쌓이다

09

④

해설 16세기에 시작하여 19세기와 20세기 동안 산업화와 연관된 운송상의 변혁 덕분에 공간적 한계가 극복되었다는 내용의 글이다. 따라서 글의 흐름상 어색한 문장은 환경 오염이 산업화의 부작용으로, 환경 악화의 원인이라는 내용의 ④이다.

해석 공간적, 시간적 한계를 극복하려는 행동은 서로 교차하고 강화한다. 그러나 수 세기가 지나면서, 전자가 후자보다 점진적으로 더 중요해지는 경향이 있어 왔다. 그 현상은 상업 무역이 확대된 중세 시대에 이미 명백했다. 그것은 16세기에 시작하여 세계적으로 항해가 점점 더 빈번해지면서 훨씬 더 분명해졌다. 19세기와 20세기 동안 산업화와 연관된 운송의 혁신 덕분에 결정적인 진전이 있었다. (환경 오염은 산업화의 바람직하지 않은 부작용 중 하나로, 환경 악화의 원인이었다.) 운송은 식량 공급의 문제가 다른 곳에서 해결될 수 있게 하였고, 그렇게 함으로써 농산물의 다양화와 보존에 대한 이전 결정 요인들을 줄이거나, 또는 적어도 이것들을 다른 더 중요한 부담에 결합시켰다.

어휘 spatial 공간의 temporal 시간의 intersect 교차하다 reinforce 강화[보강]하다 progressively 점진적으로 phenomenon 현상 apparent 명백한 medieval 중세의 voyage 항해 decisive 결정적인 industrialization 산업화 undesirable 바람직하지 않은 side effect 부작용 degradation (질적) 저하, 악화 settle 해결하다 elsewhere 다른 곳에서 diminish 줄이다 produce 농산물 diversification 다양화

10

④

해설 우리가 어떤 것을 볼 때, 현재 실제 그대로를 보는 것이 아니라 그것이 우리에게 '관찰되는' 모습을 보는 것이라는 내용의 글이다. 이를 설명하기 위해, 너무 멀리 있어 이미 죽은 별의 빛이 현재 우리에게 도달하는 것과 바로 앞에 있는 물건조차도 그 정보를 뇌가 인식하는 데 시차가 발생함을 예시로 들었다. 즉, 우리가 인식하는 그 물건의 모습은 그 물건의 현재가 아닌 과거의 모습이라는 내용이 빈칸에 들어가야 한다. 따라서 빈칸에 들어갈 말로 가장 적절한 것은 ④ '모두 과거의 잔상'이다.

① 서서히 닳고 있는 → 물건의 과거와 현재 모습이 다를 수는 있으나, 그 물건 자체의 변화에 대한 내용이 아닐뿐더러 그 변화를 닳는 것에 한정 짓지도 않았다.

② 탐구에서 비롯된 → 물건을 자세히 살펴보는 것과는 관계가 없다.

③ 그 순간에 속한 → 우리 눈에 보이는 모습은 실제 그 순간의 모습과 다르다는 글의 내용과 반대된다.

해석 과학은 세상이 그것에 대한 우리의 관찰과 어떻게 별개인지가 아닌, 세상이 우리에게 어떻게 보이는지를 말해 줄 수 있을 뿐이고, 따라서 '바로 지금'은 항상 과학을 벗어날 것이다. 당신이 우주를 들여다볼 때, 당신은 먼 옛날의 과거를 들여다보고 있는 것이다. 몇몇 별들은 이미 오래전에 죽었지만 우리는 그 별들의 이동하는 빛 때문에 여전히 그것들을 본다. 우리가 대략 6천만 광년 떨어진 곳에 위치한 그 별들 중 하나에 있다고 해 보자. 우리가 지구를 겨냥한 정말 (성능이) 좋은 망원경을 가지고 있다면, 우리는 공룡들이 걸어 다니고 있는 것을 볼 것이다. 우주의 끝은 아마도 너무 오래되었을 거라 우리가 그 망원경을 가지고 있다면 그 시작을 볼 수 있을지도 모른다. 멀리 떨어진 것들 외에도, 우리 주위에 가까이 있는 물체들조차 모두 과거의 잔상인데 이는 빛의 반사가 우리 눈에 도달하는 데 여전히 시차가 있기 때문이다. 우리 몸이 느끼는 모든 감각은 그 정보가 뇌에 전달되기를 기다려야 한다.

어휘 independent 별개의, 독자적인 elude (교묘히) 벗어나다 ancient 아주 오래된 situate 위치시키다 awesome 기막히게 좋은 telescope 망원경 immediate 아주 가까이에 있는 time lag 시간적 지체, 시차 reflection 반사 wear away 차츰 닳다 derive 끌어내다 afterimage 잔상

Staff

Writer	심우철
Director	정규리
Researcher	장은영 / 이예은
Design	강현구
Manufacture	김승훈
Marketing	윤대규 / 한은지 / 유경철 / 윤채림

발행일: 2025년 4월 18일

내용문의: http://cafe.naver.com/shimson2000